Produktivitätsmanagement
für Finanzdienstleister

Band 1

Schriftenreihe des Zentrums für Ertragsorientiertes Bankmanagement, Münster

begründet und herausgegeben von
Prof. Dr. Bernd Rolfes
Prof. Dr. Henner Schierenbeck

Produktivitätsmanagement für Finanzdienstleister

Beiträge zum Münsteraner Top-Management-Seminar

Herausgegeben von

Prof. Dr. Bernd Rolfes
Prof. Dr. Henner Schierenbeck
Dr. Stephan Schüller

Mit Beiträgen von
Dr. R. Holdijk, H. Koch, Dr. J. Krumnow, Dr. R. Pelizäus,
Prof. Dr. B. Rolfes, Prof. Dr. H. Schierenbeck,
Dr. St. Schüller, Dr. B. Thiemann, Dr. P. Weigert

Fritz Knapp Verlag · Frankfurt am Main

ISBN 3-7819-0528-4

© 1992 by Verlag Fritz Knapp GmbH, Frankfurt am Main
Gesamtherstellung: Druckhaus Beltz, Hemsbach
Printed in Germany

Inhaltsverzeichnis

Autorenverzeichnis

Dr. Rudolf Holdijk
Stellvertretendes Vorstandsmitglied der WestLB Westdeutsche Landesbank Girozentrale,
Düsseldorf/Münster

Harald Koch
Geschäftsführer der dvg - Datenverarbeitungsgesellschaft der niedersächsischen
Sparkassenorganisation mbH, Hannover

Dr. Jürgen Krumnow
Vorstandsmitglied der Deutsche Bank AG, Frankfurt

Dr. Rainer Pelizäus
Abteilungsdirektor der DEVK Versicherungen, Köln

Prof. Dr. Bernd Rolfes
Ordinarius für Banken und Finanzwirtschaft sowie Leiter des Fachgebietes für
Banken und Finanzwirtschaft der Universität - GH - Duisburg

Prof. Dr. Henner Schierenbeck
Ordinarius für Bankmanagement und Controlling sowie Vorstand des Instituts für
Betriebswirtschaft der Universität Basel

Dr. Stephan Schüller
Stellvertretendes Vorstandsmitglied der Vereins- und Westbank AG, Hamburg

Dr. Bernd Thiemann
Vorstandsvorsitzender der DG Bank Deutsche Genossenschaftsbank, Frankfurt

Dr. Peter Weigert
Direktor der Commerzbank AG, Frankfurt

Vorwort

In den vergangenen Jahren hat die anwendungsbezogene Entwicklung von Steuerungsinstrumenten und ihre praktische Umsetzung tiefe Spuren im Managementverhalten der deutschen Finanzwirtschaft hinterlassen. Den verantwortlichen Entscheidungsträgern wird mehr und mehr bewußt, daß die modernen Kalkulationssysteme zwar eine unabdingbare Voraussetzung für ertragsorientiertes Bankmanagement sind, jedoch nicht quasi automatisch zu besseren Ergebnissen führen. Dies betrifft vor allem einen Bereich, der angesichts der massiven Strukturveränderungen im Finanzgewerbe und der sich schon abzeichnenden Einbrüche in den klassischen Geschäftsfeldern zum Thema Nr. 1 der 90er Jahre für die Finanzdienstleister geworden ist: *Das Produktivitäts- und Kostenmanagement.*

Das Bewußtsein und Know-how für die Produktivitätssteuerung ist angesichts der "heilen Welt", in der Banken und Versicherungen bislang lebten, noch relativ schwach ausgeprägt. So fehlt vielfach eine aussagefähige Stückkostenkalkulation, um die vermuteten Reserven in den eigenen Kostenblöcken lokalisieren zu können. Auch sind ausgefeilte Instrumente zur Steuerung des Produktivitätsergebnisses in der Praxis nur selten anzutreffen. Daneben bereitet gerade das Zusammenspiel des Produktivitätsmanagements mit der Vertriebs- und Marktergebnissteuerung sowie die Ableitung und Handhabung von Produktivitätsnormen häufig erhebliche Schwierigkeiten. Schließlich werden die Auswirkungen der modernen und an den Grundfesten bankbetrieblicher "Produktionsprozesse" rüttelnden Technologien auf die Produktivitätsentwicklung und deren strategische Folgen vielfach noch kaum durchschaut.

Insbesondere die Vielzahl der konkreten Anfragen aus der Praxis hat uns dazu bewogen, im Herbst 1991 in Münster, in der Tradition unserer Management-Seminare in einem kleinen Kreis die Konzeption und die Verfahren eines integrierten Produktivitätsmanagements zu diskutieren sowie Fragen zur Produktivitätsentwicklung bei Finanzdienstleistungen und deren strategische Konsequenzen zu erörtern. Das Ziel dieses Top-Management-Seminares war es, einen Knowhow-Austausch und Transfer zwischen Experten und Spitzenkräften der deutschen Kreditwirtschaft zu initiieren. Dazu konnten wir hochkarätige Fachleute, die mit ihren Instituten Vorreiter-Rollen in der Umsetzung eines effizienten Produktivitätsmanagements einnehmen, für Vorträge gewinnen.

Die im Rahmen dieses Seminares gehaltenen Referate werden nun in diesem Sammelband erstmals der breiten Öffentlichkeit zugänglich gemacht. Unser besonderer Dank gilt dabei den Referenten, die nicht die Mühe gescheut haben, ihre Ausführungen zusätzlich noch schriftlich abzufassen. Unser Dank gilt aber auch den Teilnehmern, die mit ihren Fragen und Diskussionsbeiträgen den Erfolg der Veranstaltung garantierten.

Zudem sind wir für die Mitarbeit bei der Erstellung diese Sammelbandes einigen Mitarbeitern zu Dank verpflichtet. Die Geschäftsführerin des ZEB Zentrum für Ertragsorientiertes Bankmanagement, Frau Dipl.-Betriebsw. Carola Ernst, und Herr Dipl.-Kfm. Wilhelm Menninghaus, Mitarbeiter von Professor Dr. Rolfes, haben für die technisch-organisatorische Gesamtkoordination verantwortlich gezeichnet. Für die programmtechnische Umsetzung der Manuskripte sowie der zahlreichen Abbildungen hat sich Frau Kerstin Hoffmann, Sekretärin von Professor Dr. Rolfes, verdient gemacht.

Wir hoffen, daß die Lektüre des vorliegenden Bandes allen Interessierten bei der Umsetzung eines effizienten Produktivitätsmanagements in dem eigenen Unternehmen Hilfestellung leistet.

Prof. Dr. Bernd Rolfes   Dr. Stephan Schüller
                    Prof. Dr. Henner Schierenbeck

Prof. Dr. Henner Schierenbeck
Institut für Betriebswirtschaft
Universität Basel

Kostenmanagement als zentrale bankstrategische Herausforderung

1. Kostenmanagement im Strategiekonzept der 90'er Jahre

Seit Anfang der 80'er Jahre hat sich mit der Abkehr vom volumensorientierten Denken hin zum ertragsorientierten Bankmanagement ein wesentlicher Wandel in der Geschäftspolitik der Kreditinstitute vollzogen. Während dabei zunächst die Erzielung angemessener Erträge primäres Ziel der Geschäftspolitik der Kreditinstitute war, ist in den letzten Jahren eine zunehmende Orientierung auch an der zweiten Haupt-Ergebniskomponente im Bankbetriebsergebnis, den Kosten des Betriebsbereichs und der damit verbundenen Entwicklung eines effizienten, in sich geschlossenen Kostenmanagements erkennbar. Ursache dafür ist zum einen der erhöhte Wettbewerbsdruck, der es immer weniger zuläßt, die ständig steigenden Personal- und Sachkosten über den Preis der Bankleistung einfach abzuwälzen. Zum anderen begründet sich die Bedeutung des Kostenmanagements aus dem Konzept des ertragsorientierten Bankmanagements selbst: Einfache Volumenssteigerungen als Konzept zum Auffangen von Kostensteigerungen gelten hier als unzulässig, so daß Wachstum bei stagnierenden oder sinkenden Margen nur über sinkende Kostenraten möglich ist.

Eine weitere Begründung für die notwendige Kostenreduzierung ergibt sich aus dem "**Turbo Marketing**"-Konzept (KOTLER 1988). Hiernach zeigt sich Kompetenzführerschaft eines Kreditinstituts im Wettbewerb vor allem in der Wahrung "**Komparativer Konkurrenzvorteile**" (BACKHAUS 1990). Sie ergeben sich dadurch, daß es die einzelne Bank versteht,

- besser,
- schneller und/oder
- billiger

zu sein als die relevante Konkurrenz. Abbildung 1 zeigt Beispiele für die Umsetzung dieser allgemeinen in bankspezifische Zielkriterien, gegliedert nach den vier maßgeblichen bankpolitischen Gestaltungsbereichen:

- der detaillierten Gestaltung der **Bankprodukte** im Programm,
- der Schaffung effizienter und kostengünstiger **Produktionssysteme** für Bankprodukte mit internen Leistungen,
- dem Aufbau von schlagkräftigen **Vertriebssystemen** sowie
- der Konstruktion ertragsorientierter **Preis- und Gebührenmodelle**.

Nicht vernachlässigt werden dürfen dabei die vorhandenen Interdependenzen in den einzelnen Gestaltungsbereichen z.B. zwischen der geforderten Individualität einer Bankleistung, die zwangsläufig mit hohen Kosten verbunden ist und der erwähnten Forderung, die Bankprodukte möglichst kostengünstig zu produzieren.

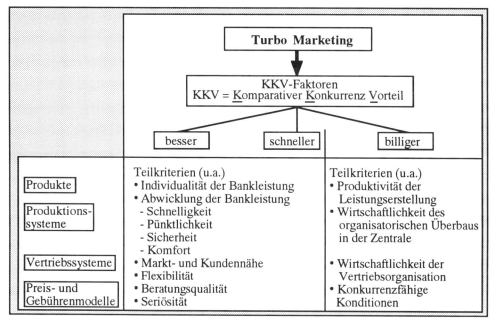

Abb. 1: Bankspezifische Zielkriterien für die Umsetzung des "Turbo-Marketing"-Konzepts

Die geschäftspolitische Notwendigkeit einer verstärkten Ertragsorientierung im allgemeinen und eines wirksamen Kostenmanagements im besonderen zeigt sich auch in den Ertragsrechnungen der deutschen Kreditinstitute. Eine Auswertung der Monatsberichte der Deutschen Bundesbank von 1971 bis 1988 macht deutlich, daß die durchschnittliche Eigenkapitalrentabilität deutscher Kreditinstitute im Trend fortlaufend gesunken ist (vgl. Abb. 2).Während 1972 noch eine Eigen-kapitalrendite von 8,4 % erzielbar war, lag sie 1987 nur noch bei einem Wert von 5,4 %.

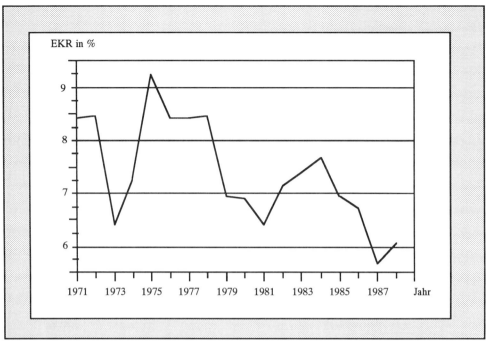

Abb. 2: Entwicklung der Eigenkapitalrentabilität nach Steuern

2. Systematische Kostenanalysen - conditio sine qua non für effektives Kostenmanagement

Unabdingbare Voraussetzung für ein effektives Kostenmanagement in Kreditinstituten sind systematische Kostenanalysen. Sie liefern die Informationen für gezielte Maßnahmen zur Kostensenkung sowie für eine optimierende Ressourcenallokation. Im einzelnen lassen sich bei den Kostenanalysen zwei Teilbereiche unterscheiden (Abb. 3):

Zum einen geht es um die Frage, welche Kosten im Bankbereich aus welchen Gründen existieren (**Kostenursachenanalysen**), zum anderen um die Untersuchung der wirkungsmäßigen Zusammenhänge zwischen den identifizierten Kostenkategorien und der Bankenrentabilität (**Kostenwirkungsanalysen**).

4

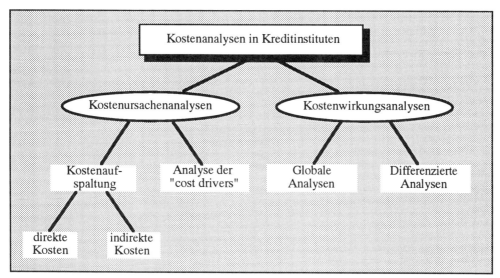

Abb. 3: Teilbereiche der Kostenanalyse in Kreditinstituten

2.1. Kostenursachenanalysen

2.1.1. Analyse der Kostenarten und "cost drivers"

Zur Durchführung einer systematischen Kostenursachenanalyse bietet sich zunächst eine Differenzierung der Kostenarten in direkte und indirekte Kosten an.

Direkte Kosten stehen in einem unmittelbaren Zusammenhang zu bestimmten betrieblichen Geschäftsvorgängen und -abläufen innerhalb der Bank. Dazu zählen z.B. anfallende Kosten bei der Abwicklung des Zahlungsverkehrs, der Bearbeitung von Kreditanträgen und der Durchführung von Kauf- und Verkaufsaufträgen im Wertpapiergeschäft. Diese Kosten sind den einzelnen Geschäftsvorgängen somit vollständig und eindeutig zurechenbar. **Indirekte Kosten** hingegen stehen nur in einem mittelbaren Zusammenhang zu den bankbetrieblichen Geschäftsvorgängen und werden in ihrer Höhe von diesen Abläufen unterschiedlich und ungleichmäßig beeinflußt. Aus diesen Gründen ist - meistens noch zusätzlich bedingt durch Wirtschaftlichkeitsüberlegungen - eine eindeutige Zuordnung dieser Kostengrößen nicht möglich.

Innerhalb der einzelnen Kostengruppen ist des weiteren die Identifikation der **"cost drivers"** vorzunehmen. Sie stehen als "Kostenantriebskräfte" hinter den Geschäftsvorgängen innerhalb der Bank und sind deshalb für die Kostenhöhe in den einzelnen Bereichen verantwortlich.

Im einzelnen lassen sich durch die Aufteilung in direkte/indirekte Kosten folgende Kostenarten innerhalb des Betriebsbereichs unterscheiden, wobei deren durchschnittlich üblicher, global geschätzter Anteil an den Gesamtkosten in Klammern vermerkt worden ist (vgl. Abb. 4):

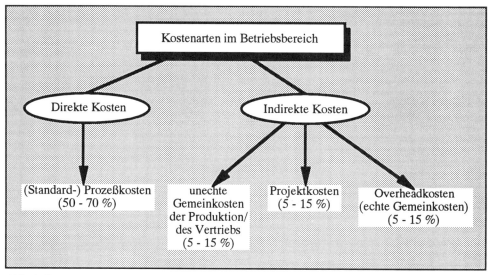

Abb. 4: Kostenarten im Betriebsbereich (Anteil an den Gesamtkosten in %, global geschätzt)

• **(Standard-)Prozeßkosten:** Diese Kosten entstehen im Zusammenhang mit operativen, sich prinzipiell wiederholenden Geschäftsvorgängen und lassen sich als direkte Kosten einwandfrei entsprechenden Ablaufprozessen zuordnen. Da sich diese Abläufe ständig wiederholen, können diese Kostensätze vor dem Hintergrund von Wirtschaftlichkeitsüberlegungen standardisiert werden, um die kostenrechnerische Kalkulation der Abläufe zu erleichtern. Als wichtigster "cost driver" in dieser Kostenart ist die **Technologie** zu nennen, da sie die Veränderungen in den Prozeßabläufen bestimmt und somit wesentlichen Einfluß auf die Kostenhöhe hat. Eng mit der Technologie verbunden sind die **Organisationsabläufe**, die um die Technologie herum in Bankbetrieben installiert sind und das reibungslose Funktionieren der Leistungserstellungsprozesse gewährleisten. Des weiteren müssen bei der Suche nach den Kostenantriebskräften innerhalb der (Standard-) Prozeßkosten noch die **rechtlichen Vorschriften** berücksichtigt werden, in dessen Rahmen die kostenverursachenden Prozesse abzulaufen haben. Sie sind als exogene Determinanten den Kreditinstituten vorgegeben und müssen bei der Analyse der (Standard-) Prozeßkosten berücksichtigt werden (z.B. Einhaltung der KWG-Vorschriften im Kreditgeschäft etc.).

Für die konzeptionellen Überlegungen zum Kostenmanagement sind die (Standard-) Prozeßkosten von herausragender Bedeutung, wenn man bedenkt, daß ihr Anteil am Gesamtkostenblock im Bankbetrieb zwischen 50 und 70 % liegt, je nach dem Differenzierungsgrad des eingesetzten Kostenrechnungssystems.

Im Bereich der indirekten Kosten, die also nur mittelbar mit operativen Geschäftsvorgängen zusammenhängen, lassen sich drei verschiedene Kostenarten unterscheiden:

• **Unechte Gemeinkosten der Produktion / des Vertriebs:** Als erste Hauptgruppe dieser Kostenart, deren Gesamtkostenanteil zwischen 15 und 25 % beträgt, sind die **Restkosten** zu nennen. Sie ergeben sich durch die nicht erfolgreiche Nutzung vorhandener kostenwirksamer Kapazitäten im Bankbetrieb. Da sie keiner einzelnen Geschäftsstelle oder Abteilung konkret zugerechnet werden können, sind sie als Gemeinkosten zu charakterisieren. Kostenantriebskräfte und Hauptursachen für die Restkosten können dabei im wesentlichen dreifacher Natur sein:

  • **Unterauslastung der Mitarbeiter:** Die Mitarbeiter sitzen an ihren Arbeitsplätzen, ohne produktiv arbeiten zu können, da ihnen die entsprechenden Aufträge/Kunden fehlen.

  • **Ineffizienz bei der Leistungserstellung:** Die Mitarbeiter sind nicht in der Lage, ökonomisch effizient zu arbeiten, so daß die kalkulierten Soll-Bearbeitungszeiten für bestimmte Vorgänge regelmäßig überschritten werden.

  • **Mangelnde Abschlußorientierung:** Die Mitarbeiter arbeiten zwar im Rahmen ihrer Zeitvorgaben effizient, sind aber nicht in der Lage, die in die Verkaufsgespräche investierten Zeiten auch in einen erfolgreichen Geschäftsabschluß umzusetzen. Somit ist es nicht möglich, eine produktive Beziehung zwischen dem Input bei der Leistungserstellung und dem Output - einem erfolgreichen Geschäftsabschluß - herzustellen, so daß auch diese Kostenanteile wiederum als Restkosten auszuweisen sind.

Hier gilt es, durch eine konsequente Offenlegung der Restkosten gezielte Abbaumaßnahmen des Kostenmanagements zu fördern und dadurch zu einer erhöhten Kostenwirtschaftlichkeit beizutragen. Die Verantwortlichkeiten für diese Kostengrößen sind dabei grundsätzlich beim Abteilungs- bzw. Geschäftsstellenleiter festzulegen, da sie für die Kapazitätsdimensionierung ihres Personals zuständig sind und somit regelmäßige Unterauslastungen bzw. Überanspruchungen ihrer Mitarbeiter vermeiden können.

Neben den Restkosten entstehen im Bereich der operativen Geschäftsvorgänge zusätzlich **unechte Gemeinkosten** bei der Produktion und dem Vertrieb der Bankprodukte, die z.B. aus

Gründen der Wirtschaftlichkeit nicht prozeßbezogen kalkuliert und/oder nicht standardisiert werden.

Eine stärkere Beachtung und Analyse dieser Kostengrößen würde eine eindeutigere Zurechnung und dann eventuell mögliche Standardisierung fördern. Dadurch wäre es z.b. denkbar, Abweichungsanalysen durchzuführen und daran anschließend Handlungsempfehlungen geben zu können, um im Endergebnis eine Kostenreduzierung zu erreichen.

• **Projektkosten:** Sie entstehen nur durch die Initiierung von Projekten innerhalb der Bank und können somit keinen direkten, unmittelbaren Bezug zu operativen Geschäftsvorgängen aufweisen. Weil es sich bei diesen Projekten in den meisten Fällen um Einzelprojekte ohne Wiederholungscharakter handelt, sind diese Kosten nicht standardisierbar. Da sie aber konkret von einem Projekt verursacht werden und somit diesem bestimmten Projekt eindeutig zurechenbar sind, sind die Projektkosten nicht als Gemeinkosten anzusehen. Typische "cost drivers" in diesem Bereich sind die **Informationstechnologie-Projekte**, die vermehrt zur Rationalisierung und Optimierung bankbetrieblicher Betriebsabläufe eingesetzt werden. Der volumensmäßige Umfang und die mangelnde Standardisierbarkeit dieser Projekte ergibt dabei für ein effektives Kostenmanagement die Notwendigkeit, die Projektkosten, deren Gesamtkostenanteil immerhin bis zu 15 % betragen kann, budgetmäßig zu limitieren.

• **Overheadkosten (echte Gemeinkosten):** Diese selbst auf oberster Kostenträgerebene nicht mehr zurechenbaren Betriebskosten entstehen weder im Zusammenhang mit operativen Geschäftsvorgängen noch mit einzelnen Projekten. Dabei handelt es sich primär um die Kosten solcher Kostenstellen, in denen keine standardisierbaren Leistungen erstellt werden wie z.B. im Bereich der Geschäftsleitung, der Stabsabteilungen und der allgemeinen Verwaltung. Neben sachlich begründbaren Entstehungsursachen für solche Overheadkosten liegen strukturelle Gründe häufig in den persönlichen Interessenlagen der unternehmenspolitischen Entscheidungsträger. So entstehen wesentliche "cost drivers" u.a. in der **Ausnutzung von Organisationsmacht** durch die Geschäftsleitung z. B. für die Inanspruchnahme kostenwirksamer Nebenleistungen. Da sich die Overheadkosten als echte Gemeinkosten aus den genannten Gründen einer verursachungsgerechten Zuordnung entziehen, kann es nur das Ziel eines effektiven Kostenmanagements sein, ihren Anteil, der je nach Betriebsgröße und Differenzierungsgrad der Kostenrechnung zwischen 5 und 15 % liegen kann, so gering wie möglich zu halten und die entsprechenden Kostenblöcke immer wieder in Frage zu stellen.

2.1.2. Standard-Einzelkostenrechnung als modernes Analyseinstrument

Um überhaupt umfassende Kostenursachenanalysen durchführen zu können, ist der Einsatz eines modernen, entscheidungsorientierten Kostenrechnungssystems unabdingbare Voraussetzung. Hierzu eignet sich besonders die seit vielen Jahren in der Bankpraxis erprobte und bewährte **Standard-Einzelkostenrechnung** (vgl. ausführlich SCHIERENBECK 1991, S. 261 ff.). Sie ähnelt durch die Aufgliederung der einzelnen kostenwirksamen Arbeitsabläufe stark der in letzter Zeit vermehrt diskutierten Prozeßkostenrechnung und bildet sozusagen den Schlüssel zur kostenrechnerischen Betreuung und Steuerung des Bankbetriebs. Dabei sind sich wiederholende, standardisierbare Geschäftsvorgänge die grundsätzliche Nebenbedingung für die Anwendung dieses Kostenrechnungssystems.

Im einzelnen arbeitet die Standard-Einzelkostenrechnung mit folgenden **Grundprinzipien** (SCHIERENBECK 1991):

(1) Orientierung an den arbeitsprozeßabhängigen Einzelkosten

Durch Isolierung der Arbeitsabläufe und Erfassung der Kostengüterverbräuche, die im direkten Zusammenhang zu den Arbeitsprozessen bzw. Ergebnissen stehen, wird die traditionell übliche - und problematische - Gemeinkostenrechnung weitgehend vermieden. Es erfolgt lediglich eine zeitliche Schlüsselung der Fixkosten, die aber durch das folgende 2. Prinzip in ihren Auswirkungen kontrolliert werden kann.

(2) Kalkulation auf der Basis von Standard-Bearbeitungszeiten bzw. Standard-Verbrauchsmengen sowie stellenbezogener Auslastungsvorgaben

Durch die Bezugnahme auf Zeit- und Mengenstandards wird das Problem der (unkontrollierten) Fixkostenproportionalisierung vermieden. Kalkuliert wird stets unter der kombinierten Voraussetzung

- Voll- bzw. Planauslastung der Kostenstellen und
- Einhaltung der Standard-Bearbeitungszeiten und Standard-Verbrauchsmengen.

Die durch das Rechnen mit Standard-Kosten auftretenden Kosten-Abweichungen werden dabei als **Restkosten** (im Regelfall Leerkosten) gesondert erfaßt und gesteuert.

Die Erfüllung der oben entwickelten Kostenrechnungsprinzipien für die Kalkulation von Stückleistungen muß durch eine saubere Operationalisierung und klar strukturierte Vorgehensweise sichergestellt werden. Entsprechend kann die Vorgehensweise der Standard-Einzelkostenrechnung durch fünf **Ablaufstufen** erläutert werden (vgl. Abb. 5):

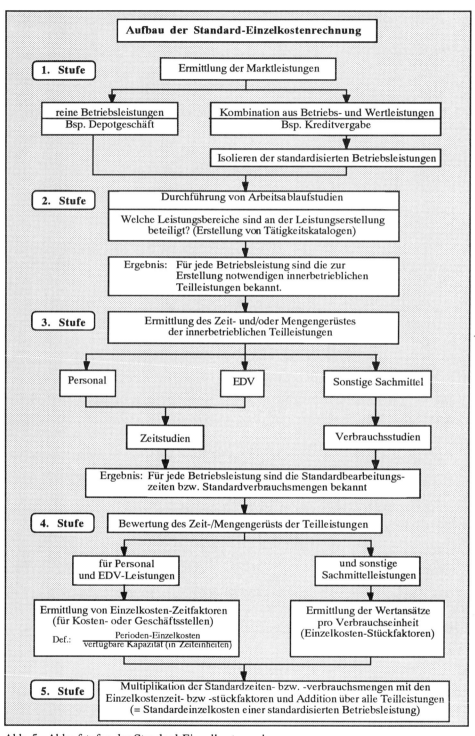

Abb. 5: Ablaufstufen der Standard-Einzelkostenrechnung

Um den in Abbildung 5 allgemein dargestellten Aufbau der Standard-Einzelkostenrechnung transparenter machen zu können, werden im folgenden an der **Kalkulation eines Kleinkredits** mit einer Laufzeit von 2 Jahren die Ablaufstufen der Standard-Einzelkostenrechnung exemplarisch dargestellt (vgl. Abb. 6).

Zunächst sind die für den Kleinkredit erforderlichen Teilleistungen zu konkretisieren (Vorgespräch, Bearbeitung des Darlehensantrages etc.) (**Stufe 1 u. 2**). Diesen sind die entsprechenden Standard-Bearbeitungszeiten und Einzelkostenfaktoren zuzurechnen (**Stufe 3 u. 4**). Hierbei ist auffällig, daß - trotz gleicher Kapazitätsdimension (personelle Arbeitszeit) - unterschiedliche Einzelkostenfaktoren in den einzelnen Teilleistungen Grundlage der Berechnung sind. So werden beispielsweise Vorgespräche von höher qualifizierten und damit höhere Kosten pro Zeiteinheit verursachenden Kundenbetreuern geführt, während die Abwicklung eines solchen Kredites, z.B. Überarbeitung des Darlehensantrages, von Mitarbeitern des Kundenberaters durchgeführt wird. Die Tätigkeit "Vorgespräch" ist somit pro Zeiteinheit teurer als andere nachgelagerte Tätigkeiten. Durch Multiplikation der tätigkeitsbezogenen Einzelkostenfaktoren und der entsprechenden Standard-Bearbeitungszeiten werden die Standard-Einzelkosten einer jeden einzelnen Teiltätigkeit ermittelt, die aufaddiert die Standard-Einzelkosten des gesamten Einzelgeschäfts ergeben. (**Stufe 5**).

Diese am Beispiel des Kleinkredites ermittelten Standard-Einzelkosten in Höhe von 124,20 DM sind für die weitere Verwendung der Standard-Einzelkostenrechnung im Rahmen des Kostenmanagements ausschlaggebend. Alle Kleinkredite der betreffenden Bank werden mit diesem einheitlichen Kostensatz belastet, unabhängig von der tatsächlichen Inanspruchnahme kostenwirksamer Ressourcen und insbesondere unabhängig von der tatsächlichen Auslastung der mit dem Kleinkreditgeschäft beschäftigten Abteilungen. Diesen Standardkosten werden dann zum Abschluß der jeweiligen Kalkulationsperiode die tatsächlichen Ist-Kosten der Abteilungen gegenübergestellt.

Den Saldo zwischen den ex ante kalkulierten und bei den einzelnen Kleinkrediten verrechneten Standard-Einzelkosten sowie den ex post tatsächlich angefallenen Ist-Einzelkosten bilden die **Restkosten**. Diese Saldogröße verdeutlicht rückblickend, ob in der abgelaufenen Kalkulationsperiode im Betriebsbereich die kalkulierten Normalbedingungen tatsächlich realisiert worden sind und ist ein Maßstab für die Auslastung bzw. die Produktivität einzelner Betriebsbereiche.

Personalleistungen

Tätigkeit	Einheiten / Kreditfall	Minuten / Einheit	Kosten (DM) / Minute	Standard-Einzelkosten (DM) / Einheit
	(1)	(2)	(3)	(4)=(1)•(2)•(3)
Vorgespräch	1	20	0,70	14,00
Bearbeitung des Antrages	1	30	0,60	18,00
Kontoeröffnung	1	10	0,60	6,00
Schufa-Meldung	1	5	0,60	3,00
Anlegen der Kreditakte	1	10	0,60	6,00
Kontoauswertung	8	8	0,70	44,80
Summe	-	-	-	91,80

EDV-Leistungen

Tätigkeit	Einheiten / Kreditfall	Sekunden / Einheit	Kosten (DM) / Sekunde	Standard-Einzelkosten (DM) / Einheit
	(1)	(2)	(3)	(4)=(1)•(2)•(3)
Kontoeröffnung bzw. -löschung	2	0,3	2,50	1,50
Kontoführung	24	0,3	2,50	18,00
Kontoabschluß	2	0,5	2,50	2,50
Summe	-	-	-	22,00

sonstige Sachmittel-Leistungen

Material	Einheiten / Kreditfall	Kosten (DM) / Einheit	Standard-Einzelkosten (DM) / Einheit
	(1)	(2)	(3)=(1)•(2)
Antragsformular	1	0,40	0,40
Formular zur Sicherheiten-bestellung	1	0,20	0,20
Schufa-Mitteilung	1	0,20	0,20
Kreditaktenordner	1	1,45	1,45
Kreditbestätigungs-formular	1	0,15	0,15
Porti u.a.	8	1,00	8,00
Summe	-	-	10,40

Standard-Einzelkosten eines Kleinkredites: (Laufzeit 2 Jahre)	124,20

Abb. 6: Kalkulation der Standard-Einzelkosten eines Kleinkredits

Eine exakte kostenstellenbezogene Abweichungsanalyse solcher Restkosten erlaubt es, Rückschlüsse auf die Kapazitätsdimensionierung und somit auf eine wirtschaftliche Betriebsführung der einzelnen Abteilungen zu ziehen, und ist deshalb für ein erfolgreiches Kostenmanagement von entscheidender Bedeutung. Dieses soll an einem weiteren Beispiel verdeutlicht werden (vgl. Abb. 7):

Standardzeit pro Vorgang		Postenstatistik 1. Quartal ´90	verrechnete Standardeinzelkosten (bei einem Einzelkosten-Minutenfaktor von 0,96 DM)	
			pro Stück	insgesamt
Kleinkredit	75,0 Min.	400	72,20 DM	28.800 DM
Giroverkehr				
- **Kontoeröffnungen**	29,0 Min.	500	27,84 DM	13.920 DM
- **Überweisungen**	1,0 Min.	20.000	0,96 DM	19.200 DM
- **Scheckeinreichungen**	2,0 Min.	5.000	1,92 DM	9.600 DM
- **Ein-/Auszahlungen**	1,5 Min.	24.000	1,44 DM	34.560 DM
Sparverkehr	1,0 Min.	3.500	0,96 DM	3.360 DM
Summe verrechnete Standardeinzelkosten Personal (1. Quartal ´90) ▶				109.440 DM
Summe Istkosten Personal (1. Quartal ´90) ▶				130.000 DM
Restkosten ▶				20.560 DM

Abb. 7: Ermittlung der Restkosten einer Geschäftsstelle

Losgelöst von der Betrachtung einer einzelnen Produktart "Kleinkredite" ist hierbei für das 1. Quartal 1990 die Analyse einer gesamten Geschäftsstelle durchzuführen, die neben dem Kleinkreditgeschäft noch das Giro- und Spargeschäft betreibt. Im Rahmen von Zeitmeßverfahren sind für die einzelnen Arbeitsvorgänge Standardbearbeitungszeiten ermittelt worden, die das Zeitgerüst der Standard-Einzelkostenrechnung für diese Geschäftsstelle bilden. Die Bewertung der innerbetrieblichen Teilleistungen (hier: nur Personal) erfolgt mit dem bereits vorher ermittelten Einzelkosten-Minutenfaktor in Höhe von 0,96 DM. Durch Multiplikation der Standardzeiten mit dem Einzelkosten-Zeitfaktor ergeben sich die Standard-Einzelkosten pro Stück. Diese wiederum mit der Anzahl der Arbeitsvorgänge im 1. Quartal 1990 multipliziert und über alle Teilleistungen aufaddiert, ergibt die Summe der verrechneten Standard-Einzelkosten - Personal - in Höhe von 109.440 DM. Um nun die Restkosten der Geschäfsstelle ermitteln zu können, sind diesem Wert die tatsächlich angefallenen Ist-Kosten für das abgelaufene 1. Quartal 1990 in Höhe von 130.000 DM gegenüberzustellen. Im Ergebnis entsteht eine Differenz in Höhe von 20.560 DM, die das Betriebsergebnis der Geschäftsstelle belasten, ohne daß ihnen eine produktive Leistung gegenübersteht.

2.2. Kostenwirkungsanalysen

Nach der Analyse der im Bankbetrieb auftretenden Kostenarten und der Ableitung konzeptioneller Handlungsempfehlungen für das Kostenmanagement, ist im Rahmen der Kostenwirkungsanalysen generell die Frage zu beantworten, wie sich die im Kostenmanagement getroffenen Maßnahmen auf die Bankenrentabilität auswirken. Im einzelnen stehen dabei die folgenden zwei Fragestellungen im Vordergrund:

1. welcher **globale** Zusammenhang besteht zwischen den Betriebskosten und der Rentabilität der Gesamtbank?

2. welche **differenzierten** Zusammenhänge bestehen zwischen einzelgeschäftsbezogenen Kosteninformationen und der Bankenrentabilität?

2.2.1. ROI-Analysen mit Hilfe gesamtbankbezogener externer Daten

Merkmal der gesamtbankbezogenen ROI-Analyse ist die Aufspaltung der Bankenrentabilität in ihre Komponenten, wobei deutlich wird, in welchem Verhältnis die einzelnen Ergebniskomponenten zueinander stehen und wie sie sich aggregiert zum Nettoergebnis bzw. zur Eigenkapitalrentabilität zusammenführen lassen. Es handelt sich hierbei um ein geschlossenes System, bei dem Veränderungen einer Größe Auswirkungen auf alle anderen nachgelagerten Größen haben. Diese gegenseitige Abhängigkeit liefert grundlegende Einsichten in die Struktur des Gesamtbankergebnisses und ist für die Durchführung von Kostenwirkungsanalysen auf Gesamtbankebene geradezu prädestiniert. Abbildung 8 verdeutlicht den arithmetischen Zusammenhang zwischen den einzelnen Ergebniskomponenten im Bankbetrieb, wobei zur beispielhaften Konkretisierung der Ergebniskennzahlen die Durchschnittswerte aus den Erfolgsrechnungen 1987 aller deutschen Kreditinstitute verwandt worden sind.

Im Mittelpunkt der Überlegungen des Kostenmanagements steht natürlich die **Bruttobedarfsspanne** in Höhe von 1,50 %, die noch weiter in die **Personalkostenspanne** (0,96 %) und **Sachkostenspanne** (0,54 %) zerlegt werden kann. Anhand der sauberen mathematischen Verknüpfung der einzelnen Ergebniskomponenten im ROI-Schema, ist nun schon eindeutig die Wirkung einer Reduzierung der Personalkosten auf die Bruttobedarfs-, Nettobedarfs-, Nettozins-, Reingewinnspanne und letzendlich - schließlich ja beabsichtigt - auf die Eigenkapitalrentabilität simulierbar. Um nun differenziertere Kostenwirkungsanalysen durchführen zu können, bietet sich zusätzlich die Zerlegung der Kostenspannen in Kostenintensitäten an.

Kostenintensitäten beziehen sich zum einen auf die Komponenten der Bruttobedarfsspanne und zum anderen auf stärker "ursachenbezogene" Bezugsgrößen, als das bei dem o.g. ROI-Schema zugrunde gelegten Geschäftsvolumen der Fall ist. Speziell für die Personalkosten bietet sich entsprechend hier die Bezugsgröße Mitarbeiterzahl an. Da im Banksektor - unter Einhaltung bestimmter typischer Relationen - die Sach- mit den Personalkosten verknüpft werden, werden allerdings auch die Sachkosten häufig auf die Bezugsgröße Mitarbeiterzahl umdimensioniert.

Damit ergeben sich für die Kostenwirkungsanalyse die folgenden Kennzahlen:

- Personalkostenspanne und Sachkostenspanne,
- Personalkosten pro Mitarbeiter, Sachkosten pro Mitarbeiter und (gesamte) Betriebskosten pro Mitarbeiter.

Für das ROI-Analysekonzept charakteristisch ist die Verknüpfung dieser Kennzahlen miteinander und mit den Kennzahlen des ROI-Schemas, hier speziell natürlich der Bruttobedarfsspanne. Diese Verbindung wird dabei für die mitarbeiterbezogenen Kennzahlen durch deren Division mit der Produktivitätskennzahl "Geschäftsvolumen pro Mitarbeiter" hergestellt.

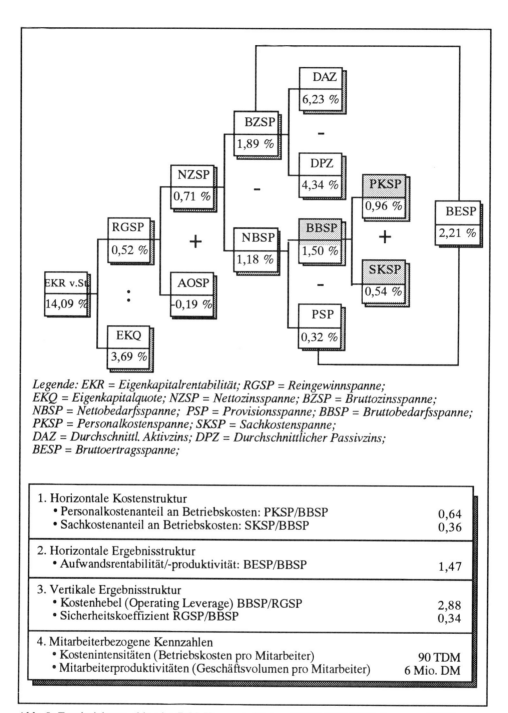

Legende: EKR = Eigenkapitalrentabilität; RGSP = Reingewinnspanne;
EKQ = Eigenkapitalquote; NZSP = Nettozinsspanne; BZSP = Bruttozinsspanne;
NBSP = Nettobedarfsspanne; PSP = Provisionsspanne; BBSP = Bruttobedarfsspanne;
PKSP = Personalkostenspanne; SKSP = Sachkostenspanne;
DAZ = Durchschnittl. Aktivzins; DPZ = Durchschnittlicher Passivzins;
BESP = Bruttoertragsspanne;

1. Horizontale Kostenstruktur	
• Personalkostenanteil an Betriebskosten: PKSP/BBSP	0,64
• Sachkostenanteil an Betriebskosten: SKSP/BBSP	0,36
2. Horizontale Ergebnisstruktur	
• Aufwandsrentabilität/-produktivität: BESP/BBSP	1,47
3. Vertikale Ergebnisstruktur	
• Kostenhebel (Operating Leverage) BBSP/RGSP	2,88
• Sicherheitskoeffizient RGSP/BBSP	0,34
4. Mitarbeiterbezogene Kennzahlen	
• Kostenintensitäten (Betriebskosten pro Mitarbeiter)	90 TDM
• Mitarbeiterproduktivitäten (Geschäftsvolumen pro Mitarbeiter)	6 Mio. DM

Abb. 8: Ergebniskennzahlen im ROI-Konzept (Daten: DEUTSCHE BUNDESBANK 1989)

Abbildung 9 zeigt dies beispielhaft auf, wobei von dem Wert für die Bruttobedarfsspanne in Höhe von 1,50 % aus dem o.g. Schema der ROI-Analyse ausgegangen wird.

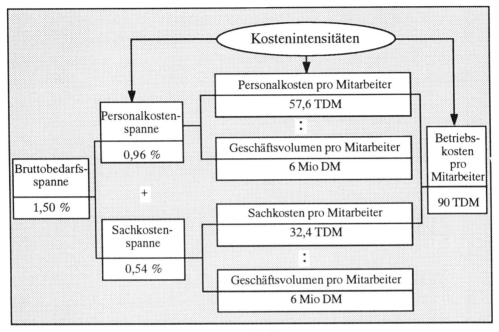

Abb. 9: Ermittlung von Kostenintensitäten im ROI-Konzept

Neben den Simulations- und Umdimensionierungsrechnungen bietet sich für eine umfassende Kostenwirkungsanalyse auch die Bildung von Strukturkennzahlen an. Hierbei werden die einzelnen Ergebniskennzahlen des ROI-Konzepts in einer bestimmten Weise zueinander ins Verhältnis gesetzt, um so ergänzende Einsichten in die horizontale bzw. vertikale Kosten- und Ergebnisstruktur der Kreditinstitute zu gewinnen. Im einzelnen sind für das Kostenmanagement dabei folgende Strukturkennzahlen von Relevanz, die in Abbildung 8 bereits berechnet worden sind:

- horizontale Kostenstruktur-Kennzahlen,
- horizontale Ergebnisstruktur-Kennzahlen und
- vertikale Ergebnisstruktur-Kennzahlen.

Bei den **horizontalen Kostenstrukturkennzahlen** erfolgt eine Aufspaltung der Bruttobedarfsspanne in einen Personalkosten- und Sachkostenanteil. Hier zeigt sich der typischerweise hohe Anteil des Personalkostenanteils im Kreditgewerbe, der in dem genannten Beispiel 64 % beträgt.

Überlegungen zur **horizontalen Ergebnisstruktur** orientieren sich im Kostenmanagement an der Frage, welchen Ertrag der "Kosteneinsatz" in den Instituten durchschnittlich erbringt. Im

17

Beispiel (Abb. 8) erwirtschaften die Kreditinstitute mit 1,- DM Einsatz im Schnitt 1,47 DM Ertrag. Diese Kennzahl kann folgerichtig als **Aufwandsrentabilität bzw. -produktivität** bezeichnet werden. Die Bedeutung dieser Kennzahl für das Kostenmanagement läßt sich anhand eines kombinierten Periodenbetriebsvergleichs zur Aufwandsrentabilität deutscher Kreditinstitute für die Jahre 1983 bis 1989 gut belegen. Hier ist eine tendenzielle Rückläufigkeit der Aufwandsrentabilität erkennbar, die sich durch alle vier Bankengruppen zieht, wobei die Regionalbanken mit einem Rückgang von 1,67 auf 1,29 am stärksten betroffen sind (vgl. Abb. 10).

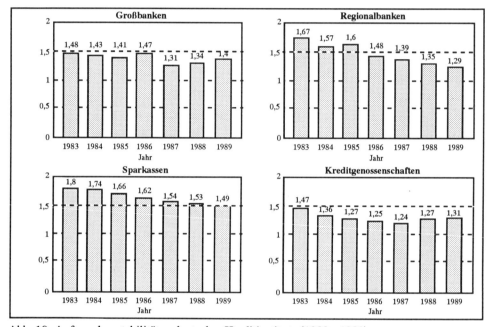

Abb. 10: Aufwandsrentabilitäten deutscher Kreditinstitute (1983 - 1989)

Die für das Kostenmanagement relevanten Kennzahlen zur **vertikalen Ergebnisstruktur** schließlich lassen sich als Risikokennzahlen deuten. Der **Kostenhebel** ("Operating Leverage") zeigt dabei, wie stark prozentuale Veränderungen der Bruttobedarfsspanne auf die Reingewinnspanne durchschlagen. So bedeutet z.B. der im ROI-Schema berechnete Kostenhebel von 2,88, daß etwa eine 10 %-ige Reduzierung der Bruttobedarfsspanne zu einer 28 %-igen Erhöhung der Reingewinnspanne führt, wenn sich gleichzeitig die Ertragsseite nicht verändert.

In unmittelbarem Zusammenhang hierzu stehen die **Sicherheitskoeffizienten**, die einfach den reziproken Wert des Kostenhebels darstellen und zum Ausdruck bringen, bei welcher prozentualer Erhöhung der Bruttobedarfsspanne die Bank ceteris paribus in die Verlustzone gerät: je niedriger dieser Prozentsatz ist, umso gefährdeter ist die Bank bei Kostensteigerungen.

Zusammenfassend kann bei der Beurteilung gesamtbankbezogener ROI-Analysen konstatiert werden, daß sich das ROI-Schema aufgrund der sauberen integrativen, sachlogischen Verknüpfung der einzelnen Ergebniskomponenten für die im Rahmen des Kostenmanagements durchzuführenden Kostenwirkungsanalysen sehr gut eignet. Auswirkungen von Kostensteigerungen und -senkungen auf die Eigenkapitalrentabilität können einwandfrei prognostiziert und damit auch in Handlungsempfehlungen für das Kostenmanagement umgesetzt werden. Diese Simulation kann dabei zusätzlich durch die Berechnung von Kostenintensitäten und Strukturkennzahlen unterstützt werden.

Ein weiterer Vorteil des ROI-Schemas liegt in dem zugrunde gelegten Datenmaterial. So werden grundsätzlich nur veröffentlichte Daten benutzt, die es erlauben, neben der Durchführung bankeigener Zeitreihen- und Soll-Ist-Vergleiche auch systematische Betriebsvergleiche durchzuführen, und damit die Aussagekraft gesamtbankbezogener ROI-Analysen zusätzlich erhöhen.

2.2.2. ROI-Analysen mit Hilfe von Daten der Einzelgeschäftskalkulation

Neben der ROI-Analyse auf der Grundlage gesamtbankbezogener Ergebnisdaten sind für eine umfassende Kostenwirkungsanalyse zusätzlich Analysen auf der Grundlage einzelgeschäftsbezogener Ergebnisdaten durchzuführen.

Im Rahmen dieser ROI-Analysen geht es in erster Linie darum, den Beitrag einzelner Kalkulationsobjekte bzw. -aggregate zum Gesamtergebnis einer Bank zu erfassen und in den Prozeß der Ergebnisentstehung einzuordnen. Ansatzpunkte hierbei bilden die Kalkulationsergebnisse der Margenkalkulation (vgl. SCHIERENBECK 1991, S. 219 ff.). Die in diesem Zusammenhang ermittelten (Netto-)Margen repräsentieren als einzelgeschäftsbezogene Ergebnisgrößen die kleinsten, unter Einbeziehung sämtlicher direkt zurechenbaren Kosten- und Erlösarten vollständig definierten Kalkulationseinheiten und bilden damit u.a. die Bausteine für die Simulationsrechnungen der Wirkungsanalyse im Kostenmanagement. Sie sind im Rahmen der einzelgeschäftsbezogenen ROI-Analyse in das Kalkulationsschema (vgl. Abb. 11) einzuordnen und über die einzelnen Aggregationsebenen hinweg bis zur Hauptzielgröße der Bankkalkulation - dem Betriebsergebnis - zu reaggregieren. Hierzu sind die Einzelgeschäftsergebnisse der Bank nach zweckmäßigen Kriterien zusammenzufassen und gemäß dem kostenrechnerischen Prinzip der relativen Einzelkostenrechnung (RIEBEL 1990) auf jeder Aggregationsebene um die erst hier als Einzelkosten direkt zurechenbaren Ergebnisbestandteile zu ergänzen. Auf diese Weise wird es möglich, den gesamten Prozeß der Ergebnisentstehung lückenlos vom Einzelgeschäft bis zum Betriebsergebnis der Gesamtbank nachzuverfolgen.

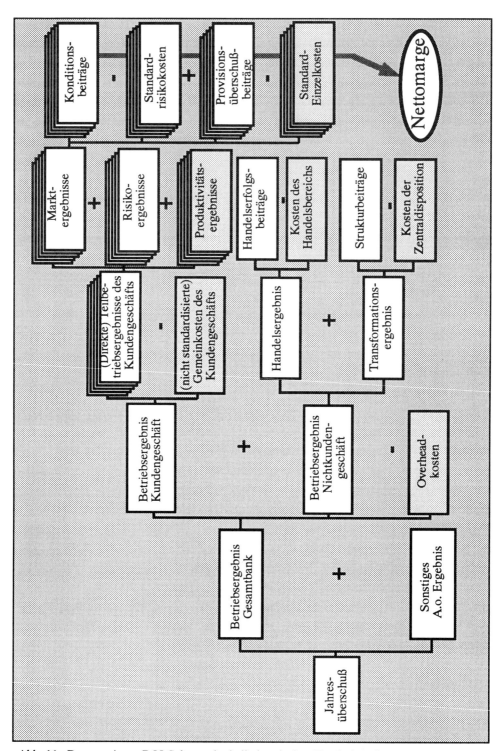

Abb. 11: Das erweiterte ROI-Schema der kalkulatorischen Ergebnisspaltung

Die Identifikation der einzelnen Kostengrößen in der Ergebnisrechnung und die damit verbundene Möglichkeit, diese Kostengrößen in einen systematischen Kennzahlenzusammenhang stellen zu können, erlaubt es, die entsprechenden Wirkungen dieser Kostengrößen bis hin zum Gesamtbankergebnis zu prognostizieren und zu analysieren.

Die für die Kostenwirkungsanalyse relevanten Ergebnisbereiche sind dabei die folgenden Ergebniskomponenten, die in der voranstehenden Abbildung 11 optisch hervorgehoben worden sind:

1. im Betriebsergebnis **Kundengeschäft:** • Standard-Einzelkosten
   • Restkosten
   • (nicht standardisierte) Gemeinkosten des Kundengeschäfts

2. im Betriebsergebnis **Nichtkundengeschäft:**
   • Kosten des Handelsbereichs/der Zentraldisposition

3. der Bereich der **Overheadkosten.**

Zusätzlich verdeutlicht werden können die Ansatzpunkte der Kostenwirkungsanalysen in der Einzelgeschäftskalkulation, indem man die Komponenten des Kundengeschäftsergebnisses näher betrachtet (vgl. Abb. 12; SCHIERENBECK 1991, S. 285 ff.) und die auftretenden Kostengrößen analysiert.

Zentrale Erfolgsquelle für das Kundengeschäft bilden die **Marktergebnisse**, innerhalb deren Berechnung derjenige Ergebnisbeitrag eines Einzelgeschäfts ermittelt wird, der unter Einbeziehung sämtlicher direkt zurechenbarer Kosten und Erlöse unter normalen Geschäftsbedingungen bei Geschäftsabschluß zu erwarten ist. Da es sich bei den im Rahmen der Marktergebnisse verwendeten Komponenten um ex ante kalkulierte Ergebnisgrößen handelt, deren Höhe standardisiert wird und vom Eintreffen zugrunde gelegter Prämissen (z.B. Eintreffen der kalkulierten Ausfallrisikoraten im Kreditgeschäft, Einhaltung der Standard-Einzelkosten) abhängig ist, kann die tatsächliche Realisierung des Geschäftes zu Abweichungen vom festgelegten Standard führen. Diese Differenzen zwischen den ex ante kalkulierten und ex post realisierten Ergebnisbeiträgen sind auf dieser ersten Stufe der einzelgeschäftsbezogenen ROI-Analyse kalkulatorisch auszugleichen. Hierzu werden sog. **Risiko-** und **Produktivitätsergebnisse** (entsprechen den bereits angesprochenen Restkosten) kalkuliert, die zusammen mit dem Marktergebnis das direkte Kundengeschäftsergebnis ergeben. Sie verdeutlichen rückblickend, ob die bei Kalkulation des Geschäftsabschlusses zugrunde gelegten Normalbedingungen auch tatsächlich eingetreten sind. Zu ihrer Berechnung werden von den ex ante kalkulierten Standardgrößen die ex post realisierten Istgrößen subtrahiert, wobei positive Ergebnisse ausdrücken, daß zum Zeitpunkt der Geschäftsabschlüsse zu hohe, negative Ergebnisse hingegen, daß zu niedrige Standardkosten kalkuliert wurden. Durch die gleichzeitige Berücksichtigung der einzelnen Standardkostengrößen in jeweils zwei verschiedenen Ergebniskomponenten werden diese Größen untereinander kompensiert, so daß nur die tatsächlichen Istkosten in das (direkte) Teilbetriebsergebnis des Kundengeschäfts einfließen (vgl. Abb. 12).

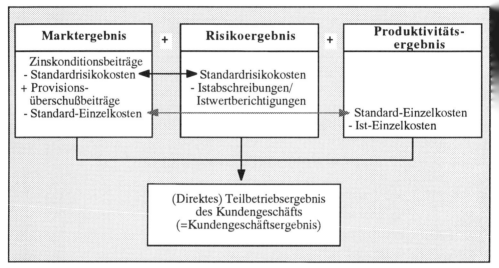

Abb. 12: Die Komponenten der Kundengeschäftsergebnisse

Die Darstellung der Zusammenhänge zwischen den einzelnen Elementen der im Rahmen der Einzelgeschäftskalkulation zu kalkulierenden (direkten) Teilbetriebsergebnisse des Kundengeschäfts verdeutlicht das Ineinandergreifen der einzelnen Ergebnisgrößen und unterstreicht die Komplexität der Wirkungsanalyse mit Hilfe der Einzelgeschäftskalkulation.

2.2.3. Analysen mit Hilfe der strategischen Geschäftsfeldkurve

Ebenso lassen sich mit Hilfe der **strategischen Geschäftsfeldanalyse** Ansatzpunkte für ein Kostenmanagement in Kreditinstituten darlegen. Diese von der Unternehmensberatungsgesellschaft MCKINSEY & CO. entwickelte Methode zur strategischen Analyse des Bankleistungsprogramms beschränkt sich auf quantitative zahlenmäßige Zusammenhänge, stellt also eine Art **strategische Rentabilitätsrechnung** dar und ist aus diesem Grunde auch für eine Kostenwirkungsanalyse gut geeignet.

Für die Entwicklung einer strategischen Geschäftsfeldkurve werden zunächst die Geschäfts-
möglichkeiten der Bank in strategische Geschäftsfelder (SGF) aufgeteilt. Darunter sind ab-
grenzbare produkt- und marktbezogene Geschäftsbereiche zu verstehen, für die sich unabhängig von anderen Geschäftsbereichen eigene Marktstrategien planen und durchführen lassen
(HINTERHUBER 1989). Für jedes SGF sind in einem ersten Schritt sämtliche ergebnisrelevanten
Größen, also

  - Zinsüberschuß,
  - Provisionsüberschuß,
  - Risikokosten,
  - direkte Betriebskosten sowie
  - das Geschäftsvolumen (Kredite und Einlagen)

zu ermitteln. Aus Vereinfachungsgründen wird im folgenden nur zwischen direkten Betriebskosten und echten Gemein- bzw. Overheadkosten unterschieden. Restkosten und unechte Gemeinkosten der Produktion oder des Vertriebs werden also vernachlässigt bzw. null gesetzt.

Zur Vervollständigung der Rentabilitäts- und Kostenwirkungsanalyse ist neben den stra-
tegischen Geschäftsfeldeinheiten auch die Sparte „Eigengeschäfte" zu berücksichtigen und die
Summe der den Geschäftsfeldern nicht direkt zurechenbaren Gemeinkosten en bloc zu erfassen.
Neben diesem Gemeinkostenblock ist innerhalb der Kostenwirkungsanalyse der Bereich der
Betriebskosten von primärem Interesse. Alle Daten zusammen können in einer „Geschäfts-
feldstruktur-Tabelle" zusammengefaßt werden (vgl. Abb. 13, V.SCHIMMELMANN 1983):

| Strategisches Geschäftsfeld | Größe (Kredite+ Einlagen) | ERTRAGSKRAFT | | | | |
		Zins- ergebnis	Provisions- ergebnis	Risiko- kosten	Betriebs- kosten	(Direktes) Betriebs- ergebnis
- SGF 1	8.900	258 (2,90)	34 (0,38)	6 (0,07)	137 (1,54)	149 (1,67)
- SGF 2	6.300	113 (1,79)	16 (0,26)	14 (0,22)	64 (1,02)	51 (0,81)
- SGF 3	7.600	96 (1,26)	36 (0,48)	32 (0,42)	80 (1,06)	20 (0,26)
- Eigengeschäft	7.200	51 (0,70)	10 (0,14)	- (-)	50 (0,69)	11 (0,15)
- Gemeinkosten					121	-121
Summe	30.000	518 (1,73)	96 (0,32)	52 (0,17)	452 (1,51)	110 (0,37)

Abb. 13: Geschäftsfeldstruktur-Tabelle

Die **Geschäftsfeldkurve** der Bank ergibt sich dann durch einfache graphische Umsetzung der ermittelten quantitativen Daten. Jedes strategische Geschäftsfeld wird dabei in einem Koordinatensystem, dessen Abszisse das Geschäftsvolumen markiert und auf dessen Ordinate die Deckungsbeiträge (Betriebsergebnisbeiträge) abgetragen werden, durch eine Gerade skizziert. Die horizontale Ausdehnung dieser Geraden stellt entsprechend für jedes Geschäftsfeld das Geschäftsvolumen (als Summe aller Aktiv- und Passivgeschäfte) dar, während die Steigung der Geraden die relative Ertragskraft (Deckungsbeitrag bezogen auf das Geschäftsvolumen) wiedergibt.

Abbildung 14 zeigt beispielhaft eine solche Geschäftsfeldkurve. Sie verdeutlicht den gegenwärtigen Ergebnisstatus der Bank mit ihren vier strategischen Geschäftsfeldern. Unten links, unter der Abszisse sind die Gemeinkosten abgetragen, die überwiegend fixer Natur sind und von allen Geschäftsfeldern gemeinsam abgedeckt werden müssen. Die strategischen Geschäftsfelder selbst sind nach ihrer Ertragskraft geordnet, wobei das Geschäftsfeld mit dem größten Steigungswinkel als erstes, das mit dem geringsten Steigungswinkel als letztes eingetragen wird.

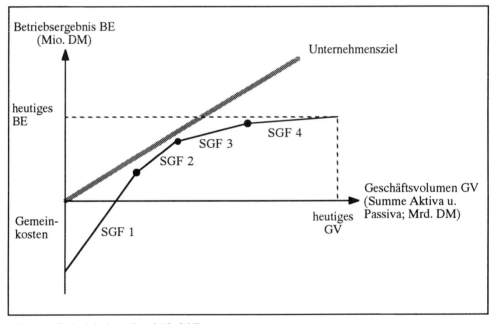

Abb. 14: Beispiel einer Geschäftsfeldkurve

Für die Rentabilitäts- und Kostenwirkungsanalyse lassen sich aus der Abbildung 14 folgende Beobachtungen festhalten:

- das Betriebsergebnis der Bank wird fast ausschließlich von den Geschäftsfeldern 1 und 2 determiniert;
- die Geschäftsfelder 3 und 4 weisen hingegen nur vergleichsweise marginale Ergebnisbeiträge auf; sie produzieren im wesentlichen nur Volumen.

Des weiteren ist in Abbildung 14 das Rentabilitätsziel der Bank eingezeichnet, das als Netto-zinsspanne (Betriebsergebnis vor Steuern bezogen auf das Geschäftsvolumen) definiert ist und eine Gerade durch den Nullpunkt mit entsprechendem Steigungsmaß bildet. Wie erkennbar kann die Bank mit ihrer gegenwärtigen Geschäftsstruktur das angestrebte Ziel nicht erreichen, so daß es zusätzlicher Anstrengungen bedarf, um das Rentabilitätsziel zu erreichen.

Abgeleitet aus der Ist-Geschäftsfeldkurve (vgl. Abb. 14) ergeben sich die folgenden **konzeptionellen Grundüberlegungen**, wobei das Kostenmanagement speziell die Maßnahmen 2 und 3 umschließt:

1. volumensmäßiger Ausbau der überdurchschnittlich ertragreichen und volumensmäßige Drosselung der unterdurchschnittlich ertragsreichen Geschäftsfelder;
2. Reduzierung der Kostenraten speziell in den unterdurchschnittlich ertragreichen Geschäftsfeldern;
3. generelle und dauerhafte Senkung der Overhead- bzw. Gemeinkosten.

Konkret lassen sich aus den drei Grundüberlegungen detaillierte Handlungsempfehlungen - z.B. durch die Vorgabe von Volumens- und Kostenzielen - für die vier strategischen Geschäftsfelder (incl. Eigengeschäfte) ableiten, die in der folgenden Abbildung 15 durch schwarze Pfeile zusätzlich verdeutlicht worden sind.

Spezielle Ansatzpunkte für das Kostenmanagement ergeben sich besonders im strategischen Geschäftsfeld 3 und im Bereich der Gemeinkosten. Zum einen möge im SGF 3 durch eine Reduzierung der Kostenspanne von 1,06 % auf 0,82 % - bei Konstanz des Volumens und der anderen Ertragskennzahlen - nahezu eine Verdopplung der Ergebnismarge auf 0,50 % erreichbar sein. Zum anderen sei angenommen, daß sich im Bereich der Gemeinkosten durch Erhöhung der Verwaltungseffizienz eine ca. 25 %-ige Reduzierung des Kostenblocks erreicht werden kann. Zusammen mit den volumensbezogenen Maßnahmen in den Geschäftsfeldern 1 und 2 sowie dem Eigengeschäft sei so eine zieladäquate Geschäftsstruktur insgesamt darzustellen (vgl. Abb. 15).

Strategisches Geschäftsfeld	Größe (Kredite+ Einlagen)	ERTRAGSKRAFT				
		Zins-ergebnis	Provisions-ergebnis	Risiko-kosten	Betriebs-kosten	(Direktes) Betriebs-ergebnis
- SGF 1	9.000 ↑	261 ↑ (2,90) ↑	34 (0,38)	6 (0,07)	139 ↑ (1,54) ↑	150 ↑ (1,67) ↑
- SGF 2	8.900 ↑	159 ↑ (1,79) ↑	23 ↑ (0,26) ↑	20 ↑ (0,22) ↑	91 ↑ (1,02) ↑	71 ↑ (0,81) ↑
- SGF 3	7.600	96 ↑ (1,26) ↓	36 ↓ (0,48) ↓	32 ↓ (0,42) ↓	62 ↓ (0,82) ↓	38 ↑ (0,50) ↑
- Eigengeschäft	3.500 ↓	25 ↓ (0,70) ↓	5 ↓ (0,14) ↓	- (-)	24 ↓ (0,69) ↓	6 ↓ (0,15) ↓
- Gemeinkosten					90	-90
Summe	29.000 ↓	541 ↑ (1,87) ↑	98 ↑ (0,34) ↑	58 ↑ (0,20) ↑	406 ↓ (1,40) ↓	175 ↑ (0,60) ↑

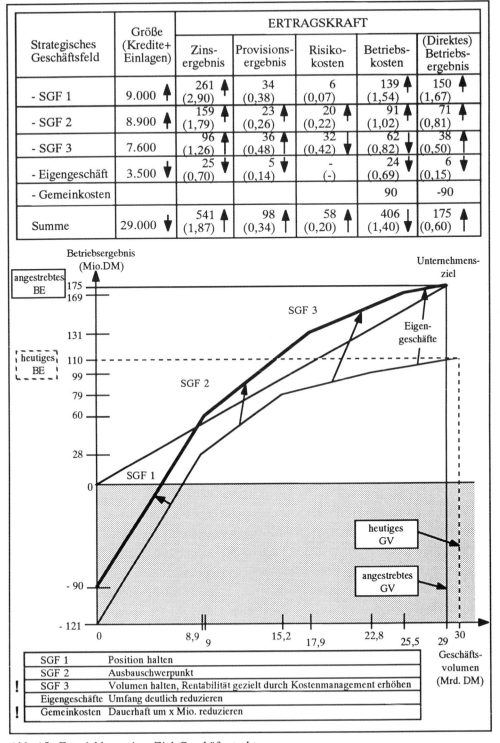

	SGF 1	Position halten
	SGF 2	Ausbauschwerpunkt
!	SGF 3	Volumen halten, Rentabilität gezielt durch Kostenmanagement erhöhen
	Eigengeschäfte	Umfang deutlich reduzieren
!	Gemeinkosten	Dauerhaft um x Mio. reduzieren

Abb. 15: Entwicklung einer Ziel-Geschäftsstruktur

3. Einbindung des Kostenmanagements in das Konzept ertragsorientierter Banksteuerung

Die bisherigen Überlegungen zum Kostenmanagement sind grundsätzlich einzubetten in eine Managementkonzeption, die die betonte Ertragsorientierung zum tragenden Fundament ihrer Geschäftspolitik erhebt. Diese im Konzept der ertragsorientierten Banksteuerung konkretisierte Controlling-Philosophie erfordert dabei als elementare Voraussetzung die Entwicklung und erfolgreiche Implementierung einer - unter Berücksichtigung bankspezifischer Gegebenheiten - controlling-adäquaten Infrastruktur. Eine solche Infrastruktur soll zum einen den Controlling-gedanken auf allen Ebenen der Bank manifestieren und zum anderen die Gestaltung eines Managementsystem ermöglichen, das die organisatorischen, die planungs- und kontrollrelevanten sowie die informationsbedingten Voraussetzungen einer ertragsorientierten Unternehmenssteuerung bieten kann.

In Übertragung des im Konzept der ertragsorientierten Banksteuerung bereits angewendeten Bausteinmodells zum Aufbau einer controlling-adäquaten Infrastruktur (SCHIERENBECK 1991), lauten die vier Bausteine eines in dieses Konzept integrierten Kostenmanagements somit wie folgt:

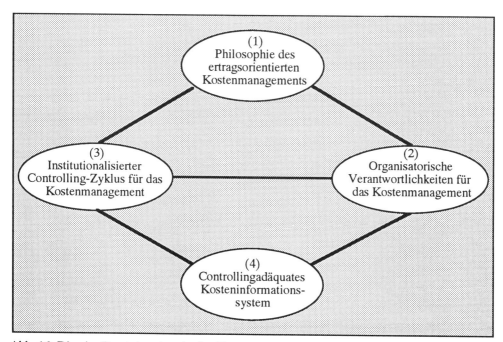

Abb. 16: Die vier Bausteine eines in das Konzept ertragsorientierter Banksteuerung integrierten Kostenmanagements

Im folgenden sollen diese vier Bausteine des Kostenmanagements näher dargestellt werden.

3.1. Philosophie des "ertragsorientierten" Kostenmanagements

Die ertragsorientierte Geschäftsphilosophie als Kernelement eines integrierten Controlling-Systems muß auch für das Kostenmanagement der Grundstein aller planerischer Aktivitäten sein. Um diese Forderung in allen Teilbereichen des Bankmanagements konsequent durchsetzen zu können, müssen speziell für das Kostenmanagement folgende Fragen positiv beantwortet werden können:

• Sind **Kosten- und Produktivitätsziele** in die **ertragsorientierte Zielkonzeption** der einzelnen Geschäftsbereiche und der Zentrale eingebunden ? Ist dabei die wahrscheinliche Existenz interner Zielkonflikte zwischen einzelnen Zielen ausreichend berücksichtigt ?

• Existieren hinreichende **Anreize für wirtschaftliches Handeln** in den Entlohnungs- und Leistungsbeurteilungssystemen der Kostenentscheidungsträger ? Ergeben sich also z. B. für den Geschäftsstellenleiter monetäre oder karrieremäßige Vorteile, wenn er die Kosten- und Produktivitätsziele entsprechend den Vorgaben umsetzt ?

• Werden aufwendige **Kostenbudgets** mit der **Tragfähigkeit** der Geschäftsbereiche gerechtfertigt oder werden sie an **Kostenstandards** gemessen ? Wird der Leistungsfähigkeit einzelner Geschäftsfelder beim Beurteilungsprozeß im Kostenmanagement entsprechend Rechnung getragen ?

• Besteht eine hinreichende **Sensibilisierung** für die hauptsächlichen **"cost drivers"** ? Ist es dadurch möglich, die notwendige Identifikation der wichtigsten Kostenantriebskräfte möglichst vollständig zu gewährleisten ?

• Inwieweit existiert ein Konzept zur **Kontrolle "unproduktiver" Kosten** und zur **Lenkung "produktiver" Kosten** in die wertschöpfenden Bereiche, in denen letztlich die Erträge der Bank erwirtschaftet werden ?

3.2. Organisatorische Verantwortlichkeiten für das Kostenmanagement

Den zweiten Baustein für eine controlling-adäquate Infrastruktur bildet die konkrete Festlegung der organisatorischen Verantwortlichkeiten innerhalb des Kostenmanagements. Hierbei geht es primär um die Errichtung eines organisatorischen Rahmens, der es erlaubt, die in Baustein 1 genannte Philosophie des "ertragsorientierten" Kostenmanagements auch in allen Geschäftsbereichen der Bank umsetzen zu können. Im einzelnen stehen dabei für das Kostenmanagement die folgenden Fragen im Vordergrund:

- Ist das Kostenmanagement als **strategische und dauerhafte Aufgabe der Geschäftsleitung** organisatorisch verankert ?

- Bestehen organisatorische **Verantwortlichkeiten** für die wichtigsten **"cost drivers"** ?

- Existieren **organisatorische Regelungen** (und somit auch Verantwortlichkeiten) **für** die einzelnen im Rahmen der Kostenursachenanalyse identifizierten **Kostenarten,** z.B.:

  - bei der Initiierung kostenwirksamer Projekte (**Projektkosten**),
  - bei der Verrechnung von **Standardkosten** in die Konditionen,
  - bei der Zurechnung der **"Restkosten"** auf die Veranwortlichen und
  - bei der periodische Durchleuchtung der **Overheadkosten** ?

3.3. Institutionalisierter Controlling-Zyklus für das Kostenmanagement

Bei einem im Kostenmanagement aufzubauenden Controlling-System handelt es sich um so ein komplexes Steuerungssystem, bei dem die einzelnen Planungs- und Kontrollaktivitäten nicht isoliert und unverbunden, sondern nur ineinander vermascht durchgeführt werden können. Es gilt somit einen Controlling-Zyklus zu institutionalisieren, bei dem die **strategischen Kosten- und Produktivitätsziele** vor dem Hintergrund der Geschäftsphilosophie des Kostenmanagements **formuliert** und ihre **Erreichung bzw. Nichterreichung kontrolliert** werden können. Als Beispiel für dieses Vorgehen sei an dieser Stelle nur kurz auf das Vorgehen bei der Geschäftsfeldanalyse verwiesen, bei der durch Vorgabe der entsprechenden Kosten- und Volumensziele konkretes Kostenmanagement betrieben wurde, und deren Zielerreichung anhand der Ziel-Geschäftsstruktur abzulesen war. Neben der oben dargestellten grundsätzlichen Hauptaufgabe des Controlling-Zyklus' sind bei dessen Institutionalisierung folgende Anforderungen mit zu berücksichtigen:

- Existiert ein **strategisches Frühwarnsystem** mit dem durch die Sensibilisierung für "schwache Signale" gefährliche Kostenentwicklungen rechtzeitig erkannt werden, um durch gezielte Gegensteuerungsmaßnahmen deren operative Wirkungen auf die einzelnen Geschäftsbereiche weitestgehend zu vermeiden ?

- Erfolgt die **Kostenplanung explizit im Rahmen des Budgetzyklus'** oder sind Kosten eher eine Restgröße für das Ergebnisbudget?

- Werden **Kostenabweichungen** im Budget **systematisch kontrolliert,** Abweichungsursachen festgestellt und, auf Grundlage dieser Ergebnisse, Verantwortlichkeiten in den sie betreffenden Geschäftsbereichen benannt?

- Ist das Kostenmanagement eingebettet in das Konzept des **Self-Controlling,** also der marktbezogenen, dezentralen Selbststeuerung im Rahmen des "Dualen Steuerungsmodells"?

3.4. Controlling-adäquates Kosteninformationssystem

Als ein weiterer zentraler Baustein eines in das Konzept ertragsorientierter Banksteuerung integrierten Kostenmanagements ist die Existenz eines controlling-adäquaten Kosteninformationssystems anzusehen. Dieses soll vor allem der **Erfassung, Speicherung** und **Distribution** aller für die Kostenursachen- und Kostenwirkungsanalysen **relevanten Informationen** dienen, um damit die informatorischen Grundlagen zu verbessern sowie die Qualität von Entscheidungen und Handlungsempfehlungen im Kostenmanagement zu erhöhen. Im einzelnen soll ein **systematisches Informationsmanagement** dabei Antworten auf die folgenden Fragen geben können:

- Sind die **Standardkostensätze** für einzelne Bankgeschäfte den Entscheidungsträgern **bekannt** (und bewußt)?

- Existieren **Informationsabfragen für Break-Even-Volumina** im Kundengeschäft?

- Werden regelmäßige **Informationen über unproduktive Kosten (Restkosten)** der Geschäftsbereiche geliefert?

- Können die Geschäftsbereiche und die Geschäftsleitung bei Bedarf oder periodisch **systematische Kostenwirkungsanalysen** auf der Grundlage von

      - gesamtbankbezogenen ROI-Analysen bzw.
      - einzelgeschäftsbezogener Ergebnissystematik

abrufen?

- Existiert zur Durchführung dieser Art von Analysen ein **integriertes Kosten- und Ertragssystem**, indem neben den im Rahmen des Kostenmanagements festgelegten Standardkostensätzen auch die für die Ertragsberechnung notwendigen Marktzinssätze vorhanden sind?

Wegen der großen Flut von Informationen, die den Kostenentscheidungsträgern einer Bank ständig zur Verfügung gestellt werden, ist beim Aufbau eines controlling-adäquaten Informationssystems darauf zu achten, daß nicht Informationen über alles Relevante zusammenzutragen sind, sondern im Sinne einer **Informationsaskese** eine Beschränkung auf das für das Kostenmanagement Wesentliche erfolgen sollte.

4. Schlußbemerkungen

Abschließend muß an dieser Stelle betont werden, daß bei einem auf systematischen Kostenanalysen aufbauenden Kostenmanagement die richtige **Philosophie**, also die Art des Denkens und des Handelns der Beteiligten bzw. der Betroffenen, den grundlegenden Baustein einer **integrierten, ertragsorientierten Managementkonzeption** in Kreditinstituten darstellt. Nur wenn es gelingt, die angesprochenen Bausteine dadurch so aufeinander abzustimmen, daß ein integriertes, einheitliches Vorgehen der Aktivitäten im Kostenmanagement gewährleistet ist, wird es möglich sein, das Kostenmanagement als *die* bankstrategische Herausforderung der 90'er Jahre zu erkennen und erfolgreich zu bestehen.

Die Annahme dieser Herausforderung bedingt neben der Integration der vier Bausteine, die **Entwicklung eines Kalkulationsinstrumentes**, das den Anforderungen eines effizienten Kostenmanagements gerecht werden kann. Dazu gehört es, die Prozeßabläufe innerhalb der Bank systematisch zu analysieren, die wichtigsten "cost drivers" zu identifizieren und eine controlling-adäquate Prozeß- und Gemeinkostenrechnung aufzubauen. So wird es möglich sein, einerseits Ansatzpunkte für eine Optimierung der Standard-Stückkosten und andererseits Maßnahmen für eine Senkung der Rest- und Overheadkosten zu entwickeln.

LITERATURANGABEN

Backhaus, K.: Investitionsgütermarketing, 2. Aufl., München 1990.

Deutsche Bundesbank (Hrsg.): Monatsberichte der Deutschen Bundesbank, 41. Jg., (August 1989).

Hinterhuber, H.H.: Strategische Unternehmensführung, Band 1: Strategisches Denken, 4. Aufl., Berlin/New York 1989.

Kotler, P.: Zusammengefaßtes Referat in: Marketing - quo vadis ?, Arbeitspapier Nr. 49 der wissenschaftlichen Gesellschaft für Marketing und Unternehmensführung e.V., Hrsg.: H. Meffert/H. Wagner, München 1988.

Riebel, P.: Einzelkosten- und Deckungsbeitragsrechnung, Grundfragen einer markt- und entscheidungsorientierten Unternehmensrechnung, 6. Aufl., Wiesbaden 1990.

Schierenbeck, H.: Ertragsorientiertes Bankmanagement, 3. Aufl., Bern/ Wiesbaden 1991.

Schimmelmann, W.v.: Strategische Geschäftsfeldkonzeptionen in Banken, in: Strategische Bankplanung, Hrsg.: H.-J. Krümmel/ B. Rudolph, Frankfurt a. M. 1983, S. 165 - 181.

Dr. Stephan Schüller
Stv. Vorstandsmitglied
Vereins- und Westbank AG, Hamburg

Ergebnisorientierte Produktivitätssteuerung

Das Geschäftsumfeld der Banken wird zunehmend schwieriger: verteilte Märkte, wachsender Konkurrenzdruck durch andere "Allfinanz-Anbieter", inverse Zinsstrukturen und extrem volatile Wertpapier- und Devisenbörsen, verflachende Konjunkturen mit steigenden Kreditrisiken sowie die steigende Komplexität und Kostenwirksamkeit anstehender Investitionsentscheidungen stellen deutlich andere und höhere Anforderungen an das Management der Banken. Die Antwort darauf besteht in einer deutlichen Spezialisierung und Fokussierung des Managements auf die unterschiedlichen Steuerungsfelder eines Kreditinstitutes. Dem Produktivitätsmanagement fällt dabei die wichtige Rolle zu, die knappen Ressourcen einer Bank möglichst effizient in die strategisch gewollte Richtung zu lenken.

Im folgenden sollen vier Facetten eines modernen Produktivitätsmanagements beleuchtet werden:

I.   die strategische Bedeutung eines professionellen Produktivitätsmanagements im Rahmen eines integrierten Gesamtkonzeptes der erfolgsorientierten Banksteuerung

II.   die Verfahren und Informationsgrundlagen, mit denen Produktivitätsmanagement durchgeführt werden kann

III. die rechnerische Abbildung im Produktivitätsergebnis

IV   Organisation und Prozeßgestaltung der Produktivitätssteuerung

Insgesamt werden mit diesen vier Themenkreisen alle notwendigen Charakteristika eines ergebnisorientierten Bankmanagements angesprochen.

I. Produktivitätssteuerung als strategische Managementaufgabe

Die Abbildung 1 zeigt für die gesamte deutsche Kreditwirtschaft die Entwicklung des Verhältnisses der gesamten Erträge (Zins- und Provisionsüberschüsse) zum Verwaltungsaufwand; eine Relation, die sich Jahr für Jahr verschlechtert. Die Gründe für diese Entwicklung zeigt eine Indexierung von Kosten und Erträgen in den betrachteten Jahren. Ausgehend vom Basisjahr 1983 verläuft der prozentuale Zuwachs der Kosten deutlich über dem Index der Erträge, d.h. es ist eine Dynamik entstanden, bei der die Erträge nicht so schnell wachsen wie die Kosten (vgl. Abb. 2). Die Frage ist, wie die Kreditinstitute darauf reagieren müssen, wenn man von der Hypothese ausgeht, daß die Märkte verteilt sind und bei der Preisstellung nicht mehr viele Spielräume bestehen. Dann bleibt den Banken offensichtlich nichts anderes übrig, als sich verstärkt mit dem Kostenmanagement zu beschäftigen. Dieser Themenkomplex wird auch deshalb immer wichtiger, weil die kostenwirksamen Entscheidungen, die Banken zu treffen haben, zunehmend komplexer werden, und insbesondere ganz massive Systementscheidungen zu treffen sind, die auf vielfältige Weise miteinander verbunden sind. Für die strategische Einordnung des Kostenmanagements ist zudem die Erkenntnis wichtig, daß Banken aufgrund der steigenden Komplexität professioneller bzw. spezialisierter geführt werden müssen. Dazu kann das Betriebsergebnis sauber in fünf unterschiedliche Steuerungsbereiche aufgespalten werden (vgl. Abb. 3): Mit der zunehmenden Fokussierung der Vertriebseinheiten auf die Generierung von Marktergebnissen, in denen die Standardstückkosten gleichsam als Datum gesetzt sind, wird die spezialisierte und professionelle Steuerung der Produktivität immer notwendiger. Ergänzt wird diese Aufteilung in Steuerungsbereiche durch das duale Steuerungsmodell , nämlich die Verzahnung einer zentralen Globalsteuerung der Bank mit einer dezentralen Selbststeuerung (vgl. Abb. 4). Es ist offensichtlich, daß die Leitung der Bank nicht in der Lage ist, jedes einzelne Geschäft zu steuern. Das bedeutet, daß dezentralen Organisationseinheiten eine Fülle von Entscheidungskompetenzen zugewiesen werden müssen. Beispielsweise müssen Filialen die Möglichkeit haben, selber zu entscheiden, mit welchen Kunden sie Geschäfte zu welchen Konditionen abschließen wollen und welche Aktivitäten sie im Rahmen eines vereinbarten Budgets durchführen wollen. Diese dezentrale Selbststeuerung muß allerdings nicht unbedingt zum Gesamtbankoptimum führen, so daß es wichtig ist, den dezentralen Einzelentscheidungen eine zentrale Struktursteuerung entgegen zusetzen, die den strategischen Rahmen festlegt, wie sich die Bank auf ihre Ziele hin bewegen will. Diese strukturelle Steuerung bezieht sich auf die Bilanzstruktur, das (Ziel-)Kunden- und Produktmanagement, die Risikopolitik und schließlich die für dieses Thema entscheidende Frage, wo und wie die Ressourcen an Personal und Sachmitteln strategisch eingesetzt werden sollen. Damit das duale Steuerungsmodell umsetzbar wird, muß ein Informationssystem vorhanden sein, so daß die verschiedenen Ebenen und Organisationseinheiten überhaupt miteinander kommunizieren können. Sowohl für die zentrale Struktursteuerung als auch für die dezentrale Selbststeuerung ist eine einheitliche Kommunikationsbasis, ein betriebswirtschaftliches Informationssystem erforderlich.

Es ist zu fragen, welche Aufgabenstellung mit dem Produktivitätsmanagement abgedeckt werden soll. Erste und oberste Zielsetzung (Makroaufgabe) ist die spezialisierte Steuerung von Höhe und Struktur der Betriebskosten bzw. des Verwaltungsaufwandes. Zweitens ist die Frage nach der Definition der Produktionspolitik der Bank zu beantworten: Wie soll produziert werden. - Eher dezentral oder eher zentral? Wo werden "Maßanzüge" angefertigt, wo werden "nur" Standardprodukte angeboten? Drittens - gleichsam als Nebenbedingung - muß die Betriebssicherheit sowie die notwendige Infrastruktur zur Erzielung von Marktergebnissen gewährleistet sein. Viertens ist schließlich die Sicherstellung wettbewerbsverträglicher Stückkostensätze eine Aufgabe des Produktivitätsmanagements.

Dieses extensiv ausgelegte Aufgabenspektrum verdeutlicht, daß Produktivitäts- bzw. Ressourcenmanagement weit mehr ist als häufig mit dem Begriff Kostenmanagement verbunden ist: nämlich kurzfristige operative Kostensenkung. Vielmehr ist es so, daß diesem Managementbereich es zukommt, in enger Verzahnung mit der gesamten Unternehmensstrategie alle strategischen Optionen des Ressourcenmanagements auszuloten und für die Bank nutzbar zu machen. Diese Optionen lassen sich in interne und externe unterscheiden (vgl. Abb. 5).

Interne Optionen enthalten im wesentlichen Substitutionsfunktionen, d.h. z.B. das Ersetzen von menschlicher Arbeit durch DV-Technologie oder durch Kunden-Selbstbedienung generell. Aber auch die Modularisierung und Flexibilisierung des Bankgeschäfts gehört zu den internen Optionen. So kann beispielsweise versucht werden, das Bankleistungsspektrum analog zum "Baukastenprinzip" der Automobilindustrie aufzubauen. Eine Modularisierung und Flexibilisierung im Vertrieb kann dadurch erreicht werden, daß aus Kostengründen nicht mehr die gesamte Produktpalette an jeder Stelle angeboten wird, sondern präzise analysiert wird, welche unterschiedlichen Vertriebsmodule wo eingesetzt werden sollen. Produktionspolitik, Zentralisierung, Ablaufoptimierung und Qualitätsmanagement sind alles Themen, die in der Industrie bereits seit langem diskutiert und realisiert sind.

Die externen Optionen haben die Stichworte "optimale Betriebsgröße" und "make or buy" als Hintergrund.

Unter dem Blickwinkel knapper Ressourcen ist zu fragen, ob sich für das gesamte Unternehmen oder auch für Teile davon sinnvolle Betriebsgrößen darstellen lassen. Als strategische Antworten darauf bieten sich Kooperationen, gemeinsame Tochtergesellschaften und auch Fusionen an. Solche Überlegungen sind insbesondere dann sinnvoll, wenn über hohe Fixkosten-blöcke die Stückkosten massiv belastet sind (vgl. Abb. 6).

Andere Optionen bestehen darin, die eigenen Vertriebs- und Produktionskapazitäten durch Dritte mit nutzen zu lassen, um über einen höheren Durchsatz mit entsprechenden Erlösen zu günstigeren Kosten-Leistungsrelationen zu gelangen.

Als dritte externe Option besteht die Möglichkeit des Outsourcing, d.h. die Verlagerung der Erzeugung von Teil-(Leistungen) auf andere Unternehmen. Das Spektrum reicht dabei vom bekannten Fremdbezug von EDV-Leistungen bis hin zu ausgelagerten Produktions- bzw. Abwicklungsgesellschaften. Mit dieser Option erreicht man neben einer Stückkostensenkung insbesondere eine Variabilisierung des Kostenblocks, d.h. es gelingt Fixkosten in variable Kosten umzuwandeln.

Alle hier skizzierten strategischen Optionen benötigen für eine sinnvolle Umsetzung ein Instru-mentarium, mit denen erwartete Produktivitätsfortschritte verifiziert und der Nutzen solcher Maßnahmen realisierbar gemacht werden kann.

II. Verfahren und Informationsgrundlagen

Im zweiten Teil der Ausführungen stehen die Verfahren der Produktivitätssteuerung im Mittel-punkt: Die Kapazitätssteuerung, das Genehmigungsverfahren für Investitionen und Arbeits-plätze und das Projektcontrolling.

Für ihre Systematisierung ist es sinnvoll, sich mit der Frage des Entstehens von Kosten in einer Bank zu beschäftigen.

Ausgangspunkt für diese Überlegung ist der Verwaltungsaufwand, der über kalkulatorische Anders- und Zusatzkosten in die Betriebskosten überführt wird. Die Frage lautet nun, warum Personalkosten, Sachkosten und Abschreibungen entstehen. Der Grund liegt prinzipiell in zwei unterschiedlichen Typen von Tätigkeiten oder Aktivitäten, die in einer Bank anfallen (vgl. Abb. 7). Es gibt zum einen eine ganze Reihe von Tätigkeiten, die ausschließlich mengenabhän-gig sind, d.h. Tätigkeiten, die häufig vorkommen und daher standardisiert werden können. Wenn eine Bank beispielsweise Zahlungsverkehr durchführt, dann muß sie z.B. für definierte Belegmengen pro Tag entsprechend viele Datenerfassungskräfte vorhalten. Über die Zahl der konkret benötigten Erfassungskräfte kann - ohne strukturelle Änderungen - sinnvoll nicht entschieden werden, denn eine Verletzung dieser Relationen würde dazu führen, daß Belege gar nicht, zumindest aber nicht pünktlich bearbeitet werden könnten. Es handelt sich um eine völlig mengenabhängige Entscheidungssituation, bei der immer dann, wenn eine bestimmte Belegmenge anfällt, ebenfalls eine Ressourceneinheit eingesetzt werden muß. Dem stehen nicht mengenabhängige Kosten gegenüber, wie z.B. Projekt- und Overhead-Kosten. Hier kann ein Kreditinstitut von Fall zu Fall entscheiden, ob es diese Kosten tragen will oder nicht.

Die Instrumente bauen auf den so definierten unterschiedlichen Aktivitätstypen in der Bank auf. Die mengenabhängigen Aktivitäten werden über ein sogenanntes Kapazitätssteuerungssystem und über Bausteine bzw. Eckwerte, die entscheidbaren Aktivitäten mittels Stellengenehmigungsverfahren bzw. Genehmigungsverfahren für Investitionen und Projekte gesteuert. Erstere führen zu einem Stellenplan, letztere werden in einem Projekt- oder Investitionsportfolio gebündelt. Das Ganze mündet schließlich kostenrechnerisch im Produktivitätsergebnis. Es ist eine wichtige Erkenntnis, daß die Produktivität über die erwähnten Instrumente gemanagt wird, die Kostenrechnung aber "nur" abbildet, wie erfolgreich die Kosten gesteuert wurden. Sie liefert somit die notwendigen Impulse zur Kostensteuerung.

1. Kapazitätssteuerungssysteme und Eckwerte

Das Kapazitätssteuerungssystem setzt bei den mengenabhängigen und damit standardisierbaren Tätigkeiten an. Die dazu erforderlichen Informationen über Standardzeiten und Mengen bilden gleichzeitig Grundlage für die (Stück)Kostenrechnung. Die verschiedenen Aktivitäten, die in einer Bank vorkommen, werden in einem Tätigkeitenkatalog als Arbeitsschritte systematisiert und niedergelegt. Den einzelnen Arbeitsschritten werden Standardzeiten zugeordnet und es wird ermittelt, wie häufig diese verschiedenen Tätigkeitenarten pro Kostenstelle in einer Periode vorkommen. Das Produkt aus Menge und Zeit pro Vorgang summiert über alle Aktivitäten ergibt den Kapazitätsbedarf pro Kostenstelle. Dabei entsteht natürlich ein erhebliches datentechnisches Problem, weil einerseits alle verschiedenen Prozesse und Teilprozesse je Kostenstelle differenziert erkannt werden sollen und andererseits eine aussagefähige Datenbank nur auf maschinell vorhandene Mengengerüste zugreifen darf, soll dauerhafter Erhebungsaufwand vermieden werden.

Zusätzlich tritt das Problem auf, auf welche Vertriebsmodule der rechnerische Kapazitätsbedarf entfällt und ob insbesondere bei verkaufsorientierten Kundenbetreuern eine rein mengenmäßige Betrachtung über Standardzeiten die richtigen Steuerungsimpulse liefert. Ein Nachfrageprofil der betreuten Kunden, das mit zugehörigen Arbeitsablaufschritten unterlegt ist, führt zu einer

Soll-Kapazitätsauslastung eines Kundenbetreuers. Ergänzt wird diese Betrachtung nunmehr durch die Formulierung eines Ergebnisanspruches. Gesucht ist hierbei die Kundenanzahl, bei der durch den Kundenbetreuer einerseits ein angemessenes Marktergebnis realisiert werden kann, die andererseits aber auch kapazitativ problemlos verkraftet werden kann.

Das Vorgabesystem muß dann um diese sogenannten Eckwerte ergänzt und mit entsprechenden Marketingdatenbanken verknüpft werden, die transparent machen, ob diese Ergebnisansprüche bereits erreicht werden oder ob Marktpotentiale vorhanden sind, die ein Erreichen des Anspruches als wahrscheinlich erkennen lassen.

Da dem Eckwert ein Kundennachfragepotential unterlegt ist, können durch Kenntnis der Prozeßketten, die durch die vorhandenen oder zu akquirierenden Kunden ausgelöst werden, gleichzeitig die Ressourcen für die Marktfolgebereiche entschieden werden.

Mit diesen Verfahren kann also die Ressourcenallokation objektiviert und - was strategisch von größter Bedeutung ist - an Erträgen bzw. Marktpotentialen festgemacht werden. Es wird ein Zusammenhang zwischen Erträgen und Kosten hergestellt, indem Kosten dort akzeptiert werden, wo diesen auch entsprechende Returns gegenüber stehen. Mit dem Einsatz einer zusätzlichen Ressource wird in der Planung also gleichzeitig ein höherer Ergebnisanspruch festgehalten. Das bedeutet konkret, daß mit der Einstellung eines neuen Mitarbeiters sein Vorgesetzter gleichzeitig automatisch eine höhere Ergebnisverpflichtung eingeht.

Voraussetzung für die Verwendung dieser Eckwerte ist allerdings - wie schon angedeutet - eine quantifizierte Unternehmensstrategie, aus der heraus Ergebnisansprüche, Marktpotentiale u.ä. abgeleitet werden können.

2. Steuerung von Strukturstellen und Investitionen (AGV/IGV)

Mit einem AGV (Anforderungs- und Genehmigungsverfahren) wird der strukturell entscheidbare Personalaufwand steuerbar gemacht. Alle Stellenanforderungen, die nicht mengenbedingt oder über die erwähnten Standardrelationen erklärbar sind, müssen hier auf strategische Relevanz überprüft werden. Diese Prüfung ist deswegen von erheblicher Bedeutung, weil es sich bei Personalaufstockungen um in der Regel sehr langfristige Investitionen handelt, bei denen die Bank, neben den Lohn- und Gehaltszahlungen, deutliche Folgewirkungen durch Einarbeitungszeiten, Aus- und Fortbildungsmaßnahmen einkalkulieren muß.

Die Ableitung des strukturell erforderlichen Stellenbedarfs kann daher nur aus den strategischen Plänen der Bank erfolgen.

Im einzelnen bedeutet dies, daß ein Verfahren festgelegt wird, anhand dessen der gesamte, nicht mengenabhängige, Stellenbedarf gesammelt und nach einem einheitlichen Verfahren dokumentiert wird. Ein derartiges Verfahren kann - insbesondere in den typischen Overheadbereichen - anhand wertanalytischer Überlegungen strukturiert werden. Mit jeder Stellenanforderung wird eine Analyse des Leistungsumfangs der anfordernden Abteilung und eine Klärung der Nachfrage der zu erbringenden Leistungen vollzogen.

Über diese Stellenanforderungen muß dann anschließend nach qualitativen und quantitativen Kriterien entschieden werden. Diese Kriterien müssen es ermöglichen, die strategische Notwendigkeit der Stellenanforderung zu beurteilen.

Alle nach diesem Verfahren genehmigten und die aus Mengengründen erforderlichen Stellen bilden gemeinsam den Stellenplan und damit den Block der Personalkosten ab.

Das Investitionsgenehmigungsverfahren (IGV) steuert die Investitionstätigkeit einer Bank. Es beinhaltet drei Kompenenten :

- ein mittel- bis langfristiges Investitionsportfolio

- ein Verfahren für die betriebswirtschaftliche Analyse einzelner Investitionen und

- einen jährlichen Investitionsplan.

Die abnehmende Nutzungsdauer einzelner Investitionen bei tendenziell steigenden Investitionsvolumina und die skizzierten steigenden Verbundwirkungszusammenhänge erfordern eine integrierte und längerfristige Betrachtung der Investitionsnotwendigkeiten. In einem Investitionsportfolio werden daher alle denkbaren Investitionen gesammelt und nach den Kriterien rechenbarer Wirtschaftlichkeit und strategischer Bedeutung geordnet. Die Realisierung des Portfolios beginnt dann mit den Investitionen mit höchster Profitabilität und/oder strategischer Relevanz und wird begrenzt durch die zur Verfügung stehenden Investitionsmittel.

Während im Investitionsportfolio alle anstehenden Investitionen nur mit groben Kosten-Nutzen-Werten betrachtet werden, müssen vor konkreten operativen Entscheidungen wesentliche Investitionen einer präzisen Wirtschaftlichkeitsrechnung unterzogen werden.

Es ist müßig, an dieser Stelle die Vor- und Nachteile einzelner Verfahren der Wirtschaftlichkeitsrechnung zu diskutieren. Festgehalten werden sollen daher nur folgende Punkte:

- Der verwendete Kalkulationszinsfuß muß in das gesamte Steuerungsmodell integrierbar sein, d.h., er sollte sich an dem für das Investitionsprojekt entsprechenden Marktzinssatz orientieren.

- Die in der Wirtschaftlichkeitsrechnung zu unterstellenden Aufwands- und Ertragsveränderungen müssen durch Zahlen des gesamten Controllingsystems nachvollziehbar sein. Auf der Ertragsseite bedeutet dies, mit zu erwartenden Bruttobeitragssteigerungen zu rechnen, für die Seite der Kosteneinsparungen, mit realisierbaren einzusparenden Ressourcenverbräuchen zu argumentieren.

- Wesentlich ist, daß alle betrachteten Einzelinvestitionen dem Investitionsportfolio entsprechen. Sie sind somit bereits einmal auf ihre Profitabilität, aber auch auf ihre strategische Relevanz hin untersucht.

Alle nach einem derartigen Verfahren analysierten Investitionsvorhaben werden zu einem operativen Investitionsplan zusammengefaßt. Innerhalb dieses Investitionsplanes werden Investitionswünsche und Finanzierungsmöglichkeiten sukzessive aufeinander abgestimmt. Für den Jahresplan ist es besonders bedeutsam, die Auswirkungen auf andere Planungsbereiche entsprechend integrativ zu berücksichtigen.

So hat die Entscheidung zur Neugründung einer Filiale neben den anstehenden Investitionen immer auch Konsequenzen für die Personalzahlplanung oder die Entscheidung für eine Investition in Standardsoftwareprodukte Folgen für die Kapazitätsplanung des DV-Bereiches.

Es müssen also einerseits die Folgewirkungen einzelner Investitionsentscheidungen auf andere kostenrelevante Größen im Jahresplan beachtet werden, andererseits müssen aber auch die mit der Investition verbundenen Ertragserwartungen transparent gemacht und in die Ergebnisplanung eingebracht werden.

3. Projektcontrolling

Vielfach lassen sich komplexe und einmalige Aufgabenstellungen nur in Projektform abarbeiten. Regelfall ist dies bei Projekten der elektronischen Datenverarbeitung, immer häufiger aber werden auch andere Fragestellungen, wie z.B. Strategieentwicklung, Reorganisationen etc., in dieser Organisationsform durchgeführt. Da alle derartigen Aktivitäten, gerade aufgrund ihrer Einmaligkeit, von erheblicher Bedeutung für die Bank sind und hier auch häufig knappe Ressourcen gebunden sind, gehört ein effizientes Controlling zu den wesentlichen Bestandteilen der Produktivitätssteuerung.

Das Projektcontrolling hat drei Facetten: Erstens ein inhaltliches Controlling, das verdeutlicht, welche Projekte in welcher Reihenfolge durchgeführt werden sollen. Wesentliches Instrument dazu ist das Projektportfolio als systematische Zusammenfassung und Bewertung aller beantragten Projekte. Zweitens ist ein formales Controlling erforderlich, das vorschreibt, nach welchen ablauforganisatorischen Regeln Projekte vollzogen werden müssen. Drittens wird ein budgetäres Controlling benötigt, das festhält, welche Beträge in Projekte investiert werden und wie das Nutzeninkasso erfolgen soll.

(1) Projektportfolio

Das Projektportfolio ist eine Sammlung von Projekten nach zwei Gesichtspunkten. Es beinhaltet alle derzeit bekannten Projektvorschläge und priorisiert sie nach den Kriterien des strategischen Nutzens und einer rechenbaren Profitabilität. Alle vorhandenen Projektideen werden zunächst daraufhin untersucht, inwieweit sie zu einem "rechenbaren" Nutzen führen. Die Bewertung dieses Nutzens kann dabei nach unterschiedlichen Verfahren der Wirtschaftlichkeitsrechnung erfolgen, z.B. nach Kapitalwerten, Payback-Perioden etc.

Wesentlich ist, daß die rechenbare Nutzenbewertung sich in Kategorien niederschlägt, die auch nach Projektabschluß ein entsprechendes "Nutzeninkasso" zulassen.

Gleichzeitig wird geprüft, ob ein geplantes Projekt die strategische Ausrichtung des Unternehmens fördert. Dies geschieht in der Regel anhand eines Punktbewertungsverfahrens. Beide Nutzenwerte werden in eine zweidimensionale Matrix eingetragen. Die Größe der Kreise in Abbildung 8 verdeutlicht dabei den geschätzten Projektaufwand.

Gerade bei DV-technischen Projekten ist die Analyse wechselseitiger Abhängigkeiten von entscheidender Bedeutung. So kann es beispielsweise sein, daß ein in jeder Hinsicht wenig attraktives Projekt trotzdem durchgeführt werden muß, weil es Voraussetzung für die erfolgreiche Realisierung anderer Projekte ist. Es bedarf keiner weiteren Erläuterung, daß vom Gesetzgeber erzwungene Muß-Projekte keinen Eingang in eine Portfoliobetrachtung finden. Sie mindern (lediglich ?) die verfügbare Realisierungskapazität.

Realisiert werden nun die Projekte, die im Portfolio oben rechts angesiedelt sind, und zwar jene, die durch eine gedachte Gerade abgedeckt werden, die die entsprechende Projektrealisierungskapazität abbildet. Durch die Neigung dieser Geraden kann die Bank bestimmen, ob sie den Schwerpunkt ihrer Projekte eher auf den produktivitätsorientierten oder auf den die Unternehmensstrategie abstützenden Faktor legen möchte.

Alle so priorisierten und im Rahmen der gegebenen Kapazität für realisierbar gehaltenen Projekte werden in die jährliche Projektplanung überführt.

Innerhalb der jährlichen Projektplanung müssen alle durch die Portfoliobetrachtung für sinnvoll erachteten Projekte einer konkreten Einzelanalyse unterzogen werden. Dies ist einerseits erforderlich, weil bei der Portfolioerstellung auf einen gleichmäßig groben Bewertungsmaßstab zurückgegriffen wird, andererseits aber auch, weil sich wichtige Rahmenbedingungen im Laufe der Realisierungszeit eines Portfolios geändert haben können.

Auf zwei Gesichtspunkte ist hinzuweisen:

- Die konkrete Nutzenbewertung muß in dieser Phase so erfolgen, daß nach Projektabschluß der erwartete Nutzenbeitrag auch meß- und realisierbar wird.

- In die Wirtschaftlichkeitsrechnung müssen die "Folgekosten" eingerechnet werden, d.h., auch der künftig zu erwartende Wartungsaufwand, der die Entwicklungskapazität in den kommenden Perioden vermindern wird.

(2) Projektbegleitendes Controlling

Nach der Genehmigung eines Projektes wird es bis zur Fertigstellung durch das Projektcontrolling begleitet. Das Projektcontrolling hält alle Aktivitäten in der Projektplanung und -realisierung nach und kontrolliert, ob das Projekt nach festgelegten Regeln in konkret definierten Phasen mit definierten Outputs abgewickelt worden ist.

(3) Budgetäres Controlling

Schlußpunkt ist das budgetäre Controlling, das mit einer Kontierung jeder in der DV geleisteten Mannstunde auf ein bestimmtes Projekt beginnt. Am Ende eines Projektes können somit die Projektkosten vollständig ermittelt werden. Wenn ein neu entwickeltes DV-System in Produktion geht, wird der entstandene Kostenblock der auftraggebenden Organisationseinheit belastet und als Abschreibung über einen definierten Zeitraum weiterverrechnet.

Gleichzeitig ändern sich mit einem abgeschlossenen Projekt zwei Dinge: zum einen die Stückkostensätze, wenn mit einer Änderung der Stückkostensätze in der Projektantragsphase argumentiert wurde; zum anderen das Kapazitätssteuerungssystem, da sich bei geänderten Stückkosten auch die Standardabläufe verändert haben müssen. Damit ist die Bank in der Lage, den Nutzen aus Projekten, die, bezogen auf einzelne Kostenstellen, nur einen marginalen Rationalisierungseffekt haben (z.B. 1/16 Mannjahr), systematisch nachzutragen, um so aus der Addition einer Vielzahl von kleinen Projekten den Nutzen schließlich realisieren zu können.

III. Kostenrechnung

Damit ist der Schritt von den Instrumenten des Produktivitätsmanagements zu ihrer Abbildung in der Kostenrechnung vollzogen. Kosteninformationen werden sowohl für den Ergebnisblock des Marktergebnissses als auch den des Produktivitätsergebnisses benötigt. Im Marktergebnis steht die Bewertung der an den Markt abgegebenen Leistungen im Vordergrund. Der Schwerpunkt liegt also auf der Stückkostenrechnung. Im Produktivitätsergebnis hingegen soll beurteilt werden, ob die Marktleistungen effizient erstellt wurden oder nicht. Mit anderen Worten, im Marktergebnis wird ein Kunde völlig unabhängig von der jeweiligen Produktionssituation der Bank mit Standardkosten kalkuliert während sich im Produktivitätsergebnis die Frage stellt, wie eigentlich das Verhältnis der durch den Kunden zu tragenden Standardkosten und den tatsächlich angefallenen Istkosten aussieht. Diese Frage stellt sich nicht für alle Kostenstellen, weil es nicht für alle Kostenstellen ein Produktivitätsergebnis im engeren Sinne gibt. Denn die operative Verantwortung für Kosten und Erträge führt zu einer Aufteilung der Organisationseinheiten in drei unterschiedliche Kostenstellen- oder Centertypen: Profit-Center, Service-Center und Cost-Center (vgl. Abb. 9). Profit-Center sind alle jene Kostenstellen, die Kunden betreuen und demzufolge Bruttobeiträge oder in Teilen auch Handels- und Transformationsergebnisse erzielen. Sie verursachen Kosten und beziehen Standardleistungen, die an anderer Stelle erzeugt werden. Service-Center erstellen diese internen Leistungen, die standardisiert sind und die über Standardstückkosten abgerechnet werden können. Diese Center verursachen Kosten und entlasten sich über Verrechnungspreise bzw. Stückkosten und haben dadurch ein Produktivitätsergebnis. Dritter Typ sind die Cost-Center, die ausschließlich Overheadkosten verursachen, weil sie Leistungen erstellen, die nicht über Standardstückkosten verrechnet werden können; es besteht somit keine Möglichkeit der Kostenentlastung. Die Grenzen zwischen den Typen Service-

bzw. Cost-Center sind natürlich nicht exakt beschreibbar und hängen stark von der Unternehmensphilosophie ab. Ebenso können in einer größeren Abteilung , die eigentlich ein Service-Center ist, durch eine Kostenstellengliederung schon die Kosten, die hinterher nicht mehr einer Restkostenanalyse unterworfen werden sollen, vorher isoliert werden, indem Teile einer solchen Einheit als Cost-Center definiert werden. Damit werden die dort anfallenden Kosten auch nicht in die Berechnung der Stückkosten einbezogen.

1 . Kostenstellenrechnung

Die Kostenstellenrechnung ist in drei Stufen aufgebaut. Im ersten Schritt werden die Basisdaten aus den Vorsystemen der Bank bzw. deren Tochtergesellschaften über entsprechende Abgrenzungen und Periodisierungsmodelle in die Kostenstellenrechnung übernommen. Auf diesem Schritt setzt sodann eine innerbetriebliche Leistungsverrechnung auf, die im wesentlichen auf Standardstückkosten als Verrechnungspreis basiert. Zusätzlich können dann noch andere Verrechnungspreise, wie z.B. Projektpreise oder Preise für nicht auf Stückkosten basierenden innerbetrieblichen Leistungen zur Anwendung kommen. Diese Informationen werden schließlich im dritten Schritt in Markt- und Produktivitätsergebnisse überführt. Im Marktergebnis werden von den Bruttobeiträgen die Stückkosten abgesetzt, im Produktivitätsergebnis der Profit-Center bzw. Service-Center werden den Ist-Kosten die Stückkosten der jeweils produzierten Leistungsmengen gegenübergestellt. Im Produktivitätsergebnis der Cost-Center stehen allein die Ist-Kosten, weil hier der Gegenpart, nämlich die Verrechnung von Standardstückkosten, fehlt.

2 . Stückkostenrechnung

Mit dem Einsatz von Standardstückkosten werden drei Zielsetzungen verfolgt:

(1) Bewertung des Marktergebnisses ohne Beeinträchtigung durch Leerkosten und Preisabweichungen

(2) Durchführung einer innerbetrieblichen Leistungsverrechnung.

(3 Ermittlung des Produktivitätsergebnisses von mengenorientierten Kostenstellen

(1) Innerhalb der Marktergebnissteuerung sollen die Stückkosten den Werteverzehr ausdrücken, der durch die Leistungsinanspruchnahme des Kunden ausgelöst wurde. Damit stellt sich die Frage, ob die erzielten Bruttobeiträge mit Vollkosten oder mit Teilkosten zu bewerten sind. Für die weiteren Überlegungen ist es nützlich, sich zu vergegenwärtigen, daß letztendlich alle Betriebskosten durch entsprechende Bruttobeiträge des Kundengeschäfts bzw. Handels- und Transformationsergebnisses zu decken sind. Damit führt die Frage der Voll- oder Teilkosten zunächst zu dem Problem, ob das Kundengeschäft mit oder ohne Zielbeiträge gesteuert werden soll.

Wenn Vollkosten kalkuliert werden, so bedeutet dies, daß - andere Ergebniskomponenten ausgeschlossen - das Marktergebnis dann ausreichend ist, wenn alle Betriebskosten gedeckt sind.

Damit liegt die Verantwortung für die Deckung der Betriebskosten ausschließlich bei den Marktergebnisverantwortlichen, denn im Wege der Zuschlagskalkulation werden anfallende Kostenbestandteile in die "Vollkosten" eingeordnet.

Von der Steuerungsphilosophie sinnvoller scheint es zu sein, in das Marktergebnis nur die Kosten einzurechnen, die auch auf tatsächlicher Leistungsabnahme beruhen. Zwar bleibt über dann notwendig werdende Zielbeiträge auch hier letztendlich die Last der Kostendeckung bei den Verantwortlichen für das operative Marktergebnis, jedoch kann so die Notwendigkeit der Kostenbeeinflussung durch die "Produktivitätsverantwortlichen" deutlicher gemacht werden.

Eine Verstärkung erfährt dieser Gedanke, wenn zusätzlich die Funktion des Stückkostensatzes bei der Bewertung des Marktergebnisses betrachtet wird: Hauptaufgabe der Stückkosten ist es, im laufenden Geschäft den Kundenbetreuern eine Preisuntergrenze zu signalisieren, bis zu der es lohnend ist, Geschäfte abzuschließen. Die Kalkulation von Vollkosten zwingt daher zumindest den Kundenbetreuer als den letztendlich Verantwortlichen für das Marktergebnis, mehrere Preisuntergrenzen zu unterscheiden und richtig interpretieren zu können.

Im Extremfall führt sie zur Gefahr, Geschäfte, die keine Vollkostendeckung versprechen, zu unterlassen und somit auf einen Deckungsbeitrag zu verzichten. Im Ergebnis führen diese Überlegungen dazu, nur die Kostenbestandteile in das Marktergebnis hineinzukalkulieren, die durch die konkrete Leistungserstellung für den Kunden anfallen, und für alle verbleibenden Kostenbestandteile über Zielbeiträge eine entsprechende Deckung zu erreichen.

Mit den bisherigen Überlegungen wird die Frage aufgeworfen, wie die produktionsbedingten Stückkosten zu kalkulieren sind. Dabei sind zwei Grundforderungen zu berücksichtigen:

- sie sollen einen gewünschten, effizienten Standardarbeitsablauf reflektieren, und
- sie sollen frei sein von Effekten, die durch Beschäftigungsschwankungen entstehen.

Diese Forderungen lassen sich nur berücksichtigen, wenn für die Ermittlung der Stückkostensätze Standardarbeitsabläufe, Standardressourcenverbräuche und Standardpreise für diese Ressourcen verwendet werden. In Abbildung 10 ist dargestellt, wie diese drei Elemente ineinandergreifen. Hier wird auch der enge Zusammenhang zum quantitativen Kapazitätssteuerungssystem deutlich, das letztendlich aus den beiden erstgenannten Faktoren und den jeweiligen Plan- bzw. Ist-Mengen je Kostenstelle ermittelt wird. Die Standardarbeitsabläufe legen fest, welche Arbeitsschritte für die Erstellung eines Produktes bzw. Kostenträgers vollzogen werden müssen und welche Kostenstellen daran beteiligt sind.

Die Produktionsstruktur von Banken läßt sich dadurch kennzeichnen, daß die Produktion von "Massenartikeln" in der Regel zentralisiert und standardisiert abläuft, wohingegen die "Maßanzüge" der kundenindividuellen Beratung und Problemlösung "vor Ort" im Vertrieb erfolgen. Die Aussage und Interpretationsfähigkeit der Stückkosten kann deswegen erheblich gesteigert werden, wenn in der Deckungsbeitragsrechnung ein Schnitt gelegt wird zwischen die Stückkostenanteile einer zentralen Produktion und diejenigen, die kalkulatorisch dem Vertrieb zuzurechnen sind.

Da die tatsächlichen Beratungs- und Betreuungsaufwände des Vertriebs von den der Kalkulation zugrunde liegenden Durchschnittsgrößen im Einzelfall deutlich abweichen können, müssen sie im Zweifelsfall durch den Vertrieb auch interpretierbar sein. Deswegen wird hier vorgeschlagen, insbesondere in der Kundenkalkulation von den Bruttobeträgen zunächst die Stückkosten der Produktion abzuziehen und erst von diesem Deckungsbeitrag I die Stückkostenanteile für Beratung und Betreuung zu subtrahieren.

Damit wird zunächst ersichtlich, ob das Kundengeschäft die Kosten der Produktion deckt. Der verbleibende Deckungsbeitrag I kann sodann vom jeweiligen Vertriebsverantwortlichen dahingehend interpretiert werden, inwieweit die für den Vertrieb in Ansatz gebrachten Stückkosten die tatsächliche Leistungsinanspruchnahme wiedergeben. Im Zweifelsfall kann sich hier ergeben, daß ein in der Kalkulation als negativ ausgewiesener DB II zu tolerieren ist, weil die reale Vertriebsleistung deutlich unter der kalkulatorischen lag und umgekehrt.

Diese Vorgehensweise der Trennung in Stückkostenanteile ist dann besonders sinnvoll, wenn die Stückkosten - was dem Ausweis eines Produktivitätsergebnisses immanent ist - als Verrechnungspreis genutzt werden.

(2) Stückkosten als Instrument der Leistungsverrechnung

Die innerbetriebliche Leistungsverrechnung wird insbesondere dann bedeutungsvoll, wenn das Prinzip der Kundenorientierung in der Kalkulation konsequent nachvollzogen wird. Das bedeutet, daß alle Marktergebnisse vollständig und ausschließlich einem Kundenbetreuer zugewiesen werden. Diese Kalkulationsform zielt also primär auf das traditionelle Relationship-banking. Damit muß den anderen an der Leistungserstellung für einen Kunden beteiligten Stellen ein kalkulatorischer Ausgleich für die jeweilig erbrachten Leistungseinheiten zugewiesen werden. Dies erfolgt durch ein Verrechnungspreissystem, das im wesentlichen auf den verwendeten Stückkosten basiert.

Im weitesten Sinne stellen die Stückkosten den Teil der Kosten dar, der an die Kunden im Marktergebnis "weiterbelastet" werden konnte. Da sie - wie dargelegt - sehr differenziert nach Arbeitsschritten und beteiligten Kostenstellen differenziert werden, können sie auch als Instrument der innerbetrieblichen Leistungsverrechnung zwischen einzelnen Kostenstellen genutzt werden (vgl. Abb. 11). Sie stellen somit das rechnerische Äquivalent für Leistungen dar, die eine Kostenstelle für eine andere erbracht hat. Es wird die leistungsbringende Kostenstelle kalkulatorisch ent- und die empfangende Stelle belastet.

Die einfachste Form der innerbetrieblichen Leistungsverrechnung auf Stückkostenbasis besteht darin, den am Markt operierenden Profit-Centern neben ihren direkten Ist-Kosten die für die jeweilige Leistungsinanspruchnahme anfallenden Stückkostenbeiträge zu belasten und diese Beträge den leistungerstellenden Kostenstellen kalkulatorisch gutzuschreiben. Damit erhält ein Profit-Center alle Bruttobeiträge der betreuten Kunden, seine direkten Kosten und die jeweiligen Stückkostenanteile für in Anspruch genommene Leistungen zugeordnet.

(3) Berechnung von Produktivitätsergebnissen

Eine aussagefähigere und vollständige Analyse über die Produktivität einer Bank erhält man, wenn für alle Bereiche der Bank Produktivitätsergebnisse gerechnet werden, die alle Leistungsverpflechtungen berücksichtigen (vgl. Abb. 12). Dabei werden für die Profit Center im Marktergebnis alle von den betreuten Kunden in Anspruch genommenen Leistungen mit vollen Stückkosten belastet und im Produktivitätsergebnis die Ist-Kosten um die anfallenden Stückkostenanteile der von der Kostenstelle abgegebenen Leistungen gemindert.

Bei dieser Betrachtung werden die kalkulatorischen Ergebnisse, die von den betreuten Kunden resultieren, von den im Produktivitätsbereich tatsächlich produzierten Leistungen sauber getrennt und vollständig erfaßt.

Aussagefähiger ist diese Form, weil damit der Erfolg am Markt nicht mit der produktiven Situation eines Profit-Centers vermengt wird. Diese Rechnung ist aber nur dann sinnvoll, wenn sie für Organisationseinheiten erstellt wird, die auch tatsächlich Einfluß auf ihre Produktivität nehmen können.

Im Bereich der Profit-Center werden diese Rechnungen daher nur in größeren Niederlassungsbereichen etc. anwendbar sein.

Eine bedeutende Rolle spielen die Produktivitätsergebnisrechnungen für die Service-Center. Hier bilden die verrechneten Stückkosten gleichsam den Innenumsatz ab, den ein solches Center durch Leistungen für andere Kostenstellen erbracht hat. Die Differenz zwischen den Ist-Kosten eines Service-Centers und den verrechneten Stückkosten zeigt an, welcher Kostenblock nicht in die Marktergebnisse eingeflossen ist und somit nicht unmittelbar vom Kundengeschäft getragen wurde. Ursachen können sein

- Abweichungen der Ist-Ressourcenpreise von den in den Stückkosten unterstellten Standardpreisen

- andere als im Standardarbeitsablauf unterstellte Arbeitsabläufe

- Leerkosten, d.h., daß die Kapazität des vorhandenen Produktionsapparates nicht vollständig ausgelastet wurde.

Diese Ursachenforschung liefert für das Produktivitätsmanagement wichtige Impulse für weitergehende Optimierungen.

Die Ermittlung der Stückkosten vollzieht sich in vier Schritten:

(1) Identifikation der Leistungstypen, d.h. der abgesetzten Produkte und der zugehörigen Arbeitsschritte

(2) Erhebung der entsprechenden Mengengerüste

(3) Ermittlung der Standardzeiten und Berechnung der Standardpreise

(4) Bewertung der einzelnen Kostenträger durch einfache Multiplikation von Standardbearbeitungszeit und Standardpreis

Die Identifikation der Produkte erfolgt über eine industriell aufgebaute Stückliste, die alle Endprodukte, mögliche Zwischenprodukte und die zur ihrer Erstellung jeweils notwendigen Arbeitsschritte erhebt. Alle Arbeitsschritte müssen dv-technisch erkenn- und zählbar sein, soll größerer Erfassungsaufwand für die Produktivitätssteuerung vermieden werden. Dieser Forderung ist in der Realität häufig nur schwer zu entsprechen, deswegen kommt dem Begriff der "Leitmenge" eine erhebliche Bedeutung zu.

Sie kommt dann zum Einsatz, wenn ein Kostenträger als solches dv- technisch nicht erkennbar ist. Beispielsweise kann die Zahl der Sparkonten eine Leitmenge darstellen, weil die eigentlich identifizierten Kostenträger Kontoeröffnung, Kontoschließung und Kontoänderung in der Datenverarbeitung nicht erkannt werden können. Das Konzept der Leitmenge versucht, den Anfall der einzelnen Kostenträger als eine Relation zur Leitmenge "Zahl der Sparkonten" abzustellen.

Die Ermittlungsform für die zuzuordnenden Standardzeiten ist abhängig vom gewünschten Genauigkeitsgrad und der Struktur der zugrundeliegenden Leistungen. Für standardisierbare, häufig vorkommende Leistungen wird ein höherer Genauigkeitsgrad wünschenswert und möglich sein als für Leistungen, die diese Eigenschaften nicht aufweisen.

Zur richtigen Interpretation von Stückkosten mit unterschiedlichen Härtegraden können wiederum entsprechende Deckungsbeitragsschnitte vorgenommen werden.

IV. Organisation und Prozeßgestaltung der Produktivitätssteuerung

Das Produktivitätsmanagement soll den strategieadäquaten Ressourceneinsatz sicherstellen. Es muß daher in den gesamten Unternehmenssteuerungsprozeß eingebunden sein (vgl. Abb. 13). Es ist notwendig, aus den strategischen Marketingplänen einen korrespondierenden Ressourcenplan abzuleiten. Dieser langfristige Plan muß in entsprechende Jahreswerte umgerechnet werden und geht zusammen mit qualitativen Aussagen als Information und "Guideline" in die bottom-up-Planung ein.

Der Abgleich der Differenzen zwischen dem strukturellen top-down-Ansatz und den operativen bottom-up-Ansätzen erfolgt innerhalb des laufenden Controlling-Prozesses. Bewährt haben sich Team- bzw. Ausschußlösungen, in denen die Konflikte um knappe Ressourcen gelöst werden können.

Der gesamte Steuerungsprozeß läßt sich durch fünf Merkmale kennzeichnen:

- die Unterscheidung zwischen globaler Struktur- und Feinsteuerung,

- die Verwendung einer revolvierenden Planung angesichts langer Investitionszyklen,

- die Anwendung des Gegenstromverfahrens, d.h. das Nutzen der jeweiligen Vorteile von bottom-up und top-down-Planung,

- die Verantwortung des Budgetprinzips für operative Fragestellungen und

- der Versuch, die strategische Komponente in der Struktursteuerung etwas stärker zu betonen, d.h. nicht ausschließlich zu reagieren, sondern die Akzente des Produktivitätsmanagements aktiv aus der Unternehmensstrategie abzuleiten.

Das Produktivitätsmanagement wird damit zu einem eigenständigen Steuerungsbereich in einer Bank, der mit den anderen Bereichen über die Klammer einer einheitlichen Strategie, einen abgestimmten Planungsprozeß und einheitliche Informationsgrundlagen eng verzahnt wird.

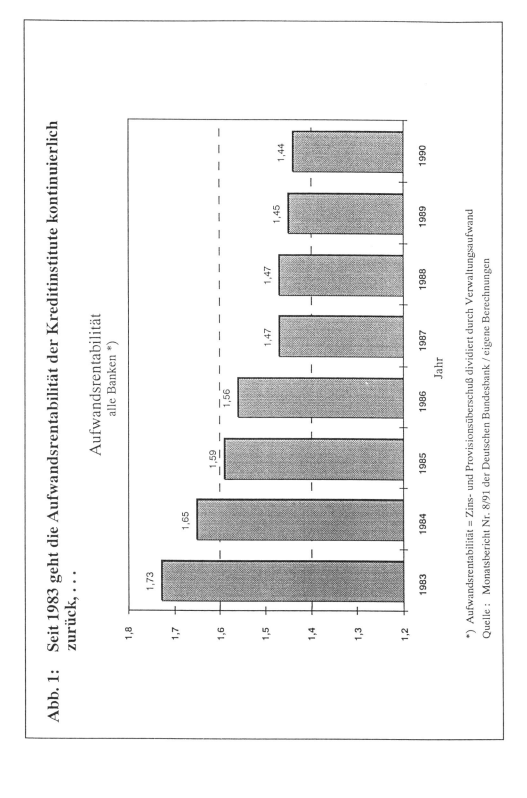

Abb. 1: Seit 1983 geht die Aufwandsrentabilität der Kreditinstitute kontinuierlich zurück,...

Aufwandsrentabilität
alle Banken *)

1983: 1,73
1984: 1,65
1985: 1,59
1986: 1,56
1987: 1,47
1988: 1,47
1989: 1,45
1990: 1,44

Jahr

*) Aufwandsrentabilität = Zins- und Provisionsüberschuß dividiert durch Verwaltungsaufwand

Quelle : Monatsbericht Nr. 8/91 der Deutschen Bundesbank / eigene Berechnungen

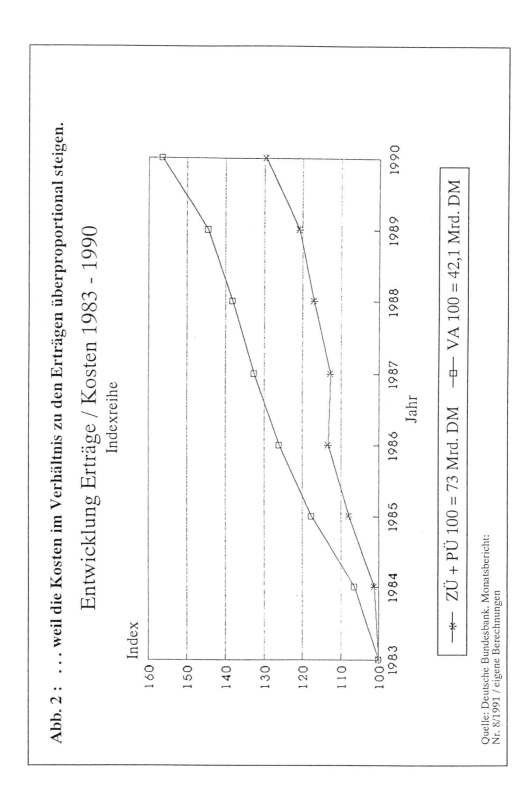

Abb. 2 : ... weil die Kosten im Verhältnis zu den Erträgen überproportional steigen.

Entwicklung Erträge / Kosten 1983 - 1990
Indexreihe

Index

160
150
140
130
120
110
100

1983 1984 1985 1986 1987 1988 1989 1990

Jahr

—*— ZÜ + PÜ 100 = 73 Mrd. DM   —□— VA 100 = 42,1 Mrd. DM

Quelle: Deutsche Bundesbank. Monatsbericht:
Nr. 8/1991 / eigene Berechnungen

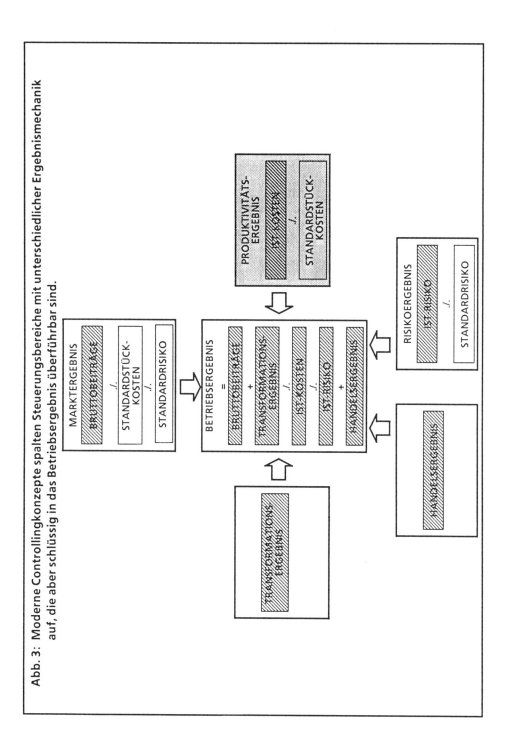

Abb. 3: Moderne Controllingkonzepte spalten Steuerungsbereiche mit unterschiedlicher Ergebnismechanik auf, die aber schlüssig in das Betriebsergebnis überführbar sind.

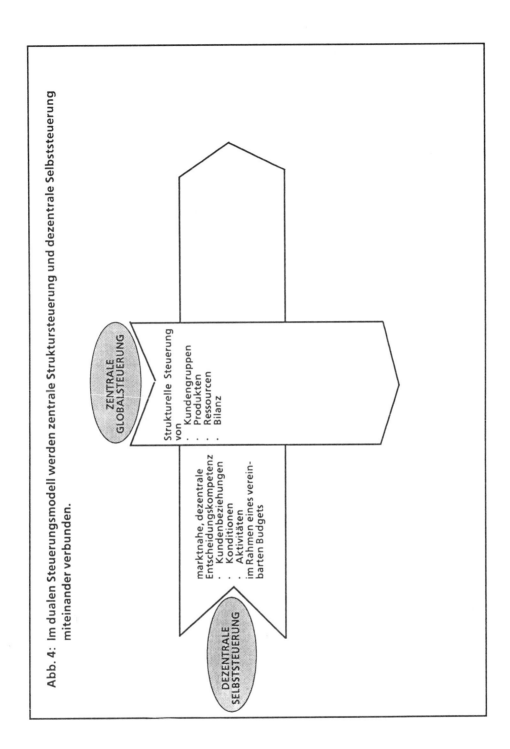

Abb. 4: Im dualen Steuerungsmodell werden zentrale Struktursteuerung und dezentrale Selbststeuerung miteinander verbunden.

ZENTRALE GLOBALSTEUERUNG

Strukturelle Steuerung von
· Kundengruppen
· Produkten
· Ressourcen
· Bilanz

marktnahe, dezentrale Entscheidungskompetenz
· Kundenbeziehungen
· Konditionen
· Aktivitäten
im Rahmen eines verein-barten Budgets

DEZENTRALE SELBSTSTEUERUNG

Abb. 5: Strategische Optionen und Herausforderungen des Produktivitätsmanagements liegen sowohl im Unternehmen selbst als auch in der Zusammenarbeit mit externen Partnern.

interne Optionen

- Substitution
  - Kundenselbstbedienung
  - DV-Technologie

- Modularisierung / Flexibilisierung
  - Sortimentspolitik
  - Vertriebspolitik

- Produktionspolitik
  - Zentralisierungsgrade
  - Ablaufoptimierung
  - Qualitätsmanagement

externe Optionen

- Bildung strategischer Allianzen
  - Kooperationen
  - Fusionen

- Erhöhung des Durchsatzes
  - SW-Verkäufe
  - Übernahme von Abwicklungsfunktionen für andere Unternehmen

- Outsourcing

Abb. 6: Betriebsgrößenvorteile lassen sich insbesondere bei Produkten mit hoher Fixkostenbelastung erzielen.

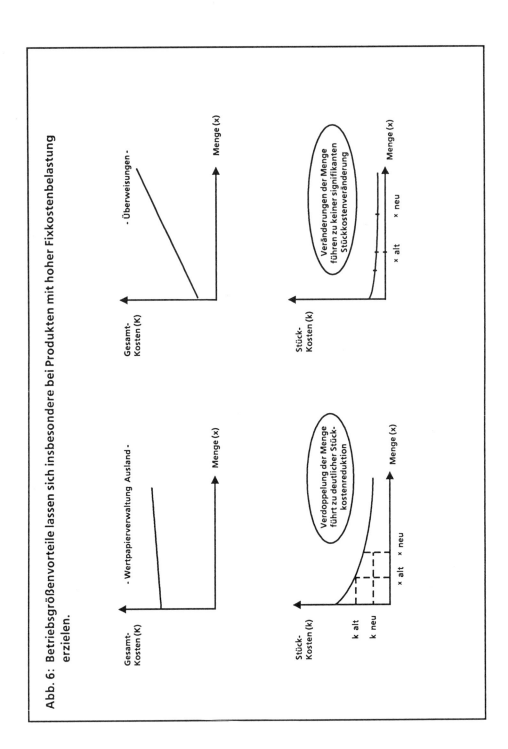

56

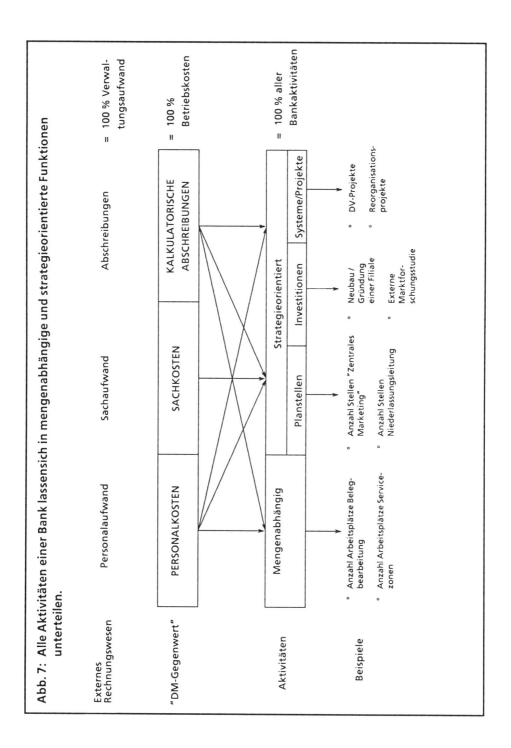

Abb. 7: Alle Aktivitäten einer Bank lassen sich in mengenabhängige und strategieorientierte Funktionen unterteilen.

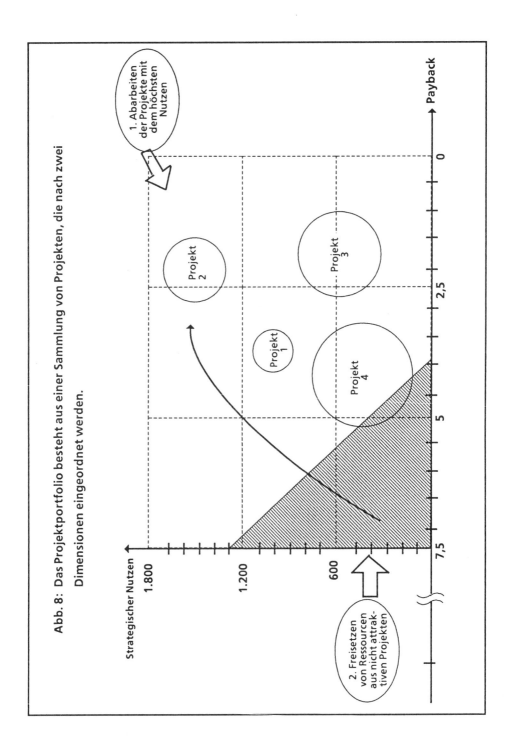

Abb. 8: Das Projektportfolio besteht aus einer Sammlung von Projekten, die nach zwei Dimensionen eingeordnet werden.

1. Abarbeiten der Projekte mit dem höchsten Nutzen

Projekt 2

Projekt 3

Projekt 1

Projekt 4

Payback

0

2,5

5

7,5

Strategischer Nutzen

1.800

1.200

600

2. Freisetzen von Ressourcen aus nicht attraktiven Projekten

Abb. 9: Die operative Verantwortung für Kosten und Erträge führt zu einer Aufteilung der Organisationseinheiten in drei Centertypen.

Profit-Center ⟹
- erzielt Bruttobeiträge oder Handels- / Transformationsergebnisse
- verursacht Kosten
- bezieht Leistungen von anderen Stellen

Service-Center ⟹
- erstellt interne Leistungen
- verursacht Kosten
- entlastet sich über Verrechnungspreise

Cost-Center ⟹
- verursacht Kosten
- keine Möglichkeit der Kostenentlastung = Overhead

Abb. 10: Für die Produktivitätssteuerung greifen verschiedene Systemkomponenten ineinander.

Produkt : eigene Schuldverschreibungen

Organisation — Kapazitätssteuerungssystem — Kostenrechnung

lfd. Nr.	Kostenträger / Ablaufschritt	Kostenstelle: Zweigstelle	Kostenstelle: WP-Abt.	Kostenstelle: Buchhaltung	Ressourcenverzehr	Menge	Standardpreis	Kostenträgerkosten	verrech. Stückkosten
1	Führen des Kundengespräches	•			30 min	X	DM 1,- / min	30,00	
	Formularsatz ausfüllen	•			5 min 1 Formulars.	X	DM 1,- / min DM 3,- / Formulars.	5,00 3,00	
	Urkunde ausstellen		•		2 min 1 Urkunde	X	DM 1,20 / min DM 2,- / Urkunde	2,40 2,00	
	Urkunde übergeben		•		1 min	X	DM 1,20 / min	1,20	
	Umbuchung durchführen			•	1 min 1 Buchung	X	DM 1,10 / min DM 0,30 / Buchung	1,10 0,30	

↑ Standarabläufe definieren — ↑ Funktion auf Kostenstellen verteilen — ↑ Standardressourcenverzehr ermitteln — ↑ Mengengerüste je KST ermitteln — ↑ Standardkosten ermitteln — ↑ Stückkosten errechnen

Abb. 11: Über differenzierte Abrechnung von Stückkostenanteilen werden interne Marktergebnisse, Leistungsverrechnung und Produktivitätsergebnis dargestellt.

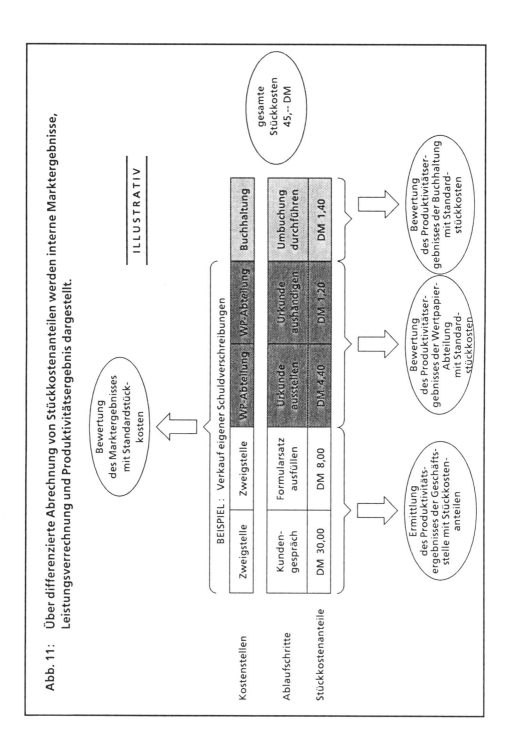

ILLUSTRATIV

BEISPIEL : Verkauf eigener Schuldverschreibungen

Kostenstellen	Zweigstelle	WP-Abteilung	WP-Abteilung	Buchhaltung
Ablaufschritte	Kunden-gespräch	Formularsatz ausfüllen	Urkunde ausstellen	Urkunde aushändigen	Umbuchung durchführen
Stückkostenanteile	DM 30,00	DM 8,00	DM 4,40	DM 1,20	DM 1,40

gesamte Stückkosten 45,-- DM

Bewertung des Marktergebnisses mit Standardstück-kosten

Ermittlung des Produktivitäts-ergebnisses der Geschäfts-stelle mit Stückkosten-anteilen

Bewertung des Produktivitätser-gebnisses der Wertpapier-Abteilung mit Standard-stückkosten

Bewertung des Produktivitätser-gebnisses der Buchhaltung mit Standard-stückkosten

61

Abb. 12: Erst die differenzierte Betrachtung von Produktivitäts- und Marktergebnis führt zu aussagefähigen Deckungsbeiträgen.

	Filiale A	Filiale B	Buchhaltung	Wertpapierabt.	Σ
Bruttobeiträge	700,--	600,--	...	...	1.300,--
Anzahl gekaufter Schuldverschreibungen der betreuten Kunden	10	8	...	18	18
durchgeführte Verkäufe	6	12	18	18	18
Ist-Kosten	400,--	400,--	200,--	200,--	1.200,--
Deckungsbeitrag ohne Markt- und Produktivitätsergebnis	300,--	./. 200,--	./. 200,--	./. 200,--	100,--
Marktergebnis					
Bruttobeiträge	700,--	600,--	...	...	1.300,--
Stückkosten	450,--	360,--	...	...	810,--
	250,--	240,--	...	...	490,--
Produktivitätsergebnis					
verrechnete Stückkosten	228,--	456,--	25,20	100,80	810,--
Ist-Kosten	400,--	400,--	200,--	200,--	1.200,--
	./. 172,--	+ 56,--	./. 174,80	./. 99,20	./. 390,--
Deckungsbeitrag	78,--	296,--	./. 174,80	./. 99,20	100,--

Basis: Stückkosten Vertrieb 38,--; Buchhaltung 1,40; Wertpapierabteilung 5,60 aus Abbildung 10

Abb. 13:

Die Steuerung des Produktivitätsergebnisses erfolgt in einem mehrstufigen Prozeß.

	I	II	III	IV
VORSTAND	Rahmen- vorgaben, Höhe des Gesamtbudgets → Struktur des Gesamtbudgets	Votum ← Abstimmung, Koordination	Verabschiedung	Kontrolle
PRODUKTIVITÄTS- AUSSCHUSS				Kontrolle
Niederlassungen / Fachabteilungen		Bereichsplanungen	Umsetzung	Kontrolle
Geschäftsstellen / Kostenstellen		Einzelplanungen	Umsetzung	

MERKMALE

(1) Unterscheidung Struktur - Feinsteuerung

(2) Revolvierende Planung

(3) Gegenstromverfahren

(4) Verankerung des Budget- prinzips für operative Fragestellungen

(5) Verstärkung der strate- gischen Komponente in der Struktursteuerung

Dr. Bernd Thiemann
Vorstandsvorsitzender
DG BANK, Frankfurt

Strategische Herausforderungen für das Ertragsmanagement in den 90er Jahren

Das Thema dieses Managementseminars "Produktivitätsmanagement für Finanzdienstleister" kennzeichnet eine der großen Herausforderungen für die Bankenbranche. Während die Expertenmeinungen über zukünftige Entwicklungen im allgemeinen häufig auseinanderlaufen, gehen die Aussagen über die Entwicklung der europäischen Kreditwirtschaft unisono in eine Richtung. Cartellieri charakterisiert die befürchtete Entwicklung dabei mit seiner drastischen Aussage, "die Banken seien die Stahlindustrie der 90er Jahre", und eine Untersuchung der europäischen Gemeinschaft kommt angesichts des zu erwartenden starken Konzentrationsprozesses zu dem Ergebnis, daß an dessen Ende nur noch 14 große Kreditinstitutsgruppen existieren werden.

Die deutsche Kreditwirtschaft steht hier unter einem ganz besonderen Anpassungsdruck. Denn nach dem Cecchini-Bericht liegt das durchschnittliche Preisniveau der in Deutschland angebotenen Bankleistungen um ca. 10 % über dem durchschnittlichen Niveau in der europäischen Gemeinschaft. Es wird angenommen, daß der daraus resultierende Preisdruck die durchschnittliche Betriebsergebnisspanne von der Ertragsseite her mit 0,2 %-Punkten belastet. Dies sind etwa 1/3 der durchschnittlichen Betriebsergebnisspanne der deutschen Banken in Höhe von 0,63 % im Jahre 1990. Im einzelnen ist dafür insbesondere die zu erwartende erhebliche Verteuerung der Passivseite bei den Nichtbankeneinlagen verantwortlich. Davon betroffen sind in besonderer Weise Kreditgenossenschaften und Sparkassen, deren Passivgeschäft in der Vergangenheit noch stark durch zinsgünstige Spareinlagen geprägt war. Gerade diese Institute unterliegen daher einem besonderen Anpassungsdruck, und es zeichnen sich für die 90er Jahre erhebliche Strukturveränderungen in diesen Kreditinstitutsgruppen ab.

Lassen Sie mich bei meinen weiteren Ausführungen auf eine detaillierte Darstellung der regionalen und funktionalen Determinanten des Bankenumfelds in den 90er Jahren verzichten und mich auf die Schwerpunktfragen eines zukunftsorientierten Ertragsmanagements beschränken.

Einordnen will ich dies einmal in die Struktur der großen Steuerungsbereiche des Bankergebnisses, wie sie sich in der modernen und von den Veranstaltern dieses Managementseminars maßgeblich mitentwickelten und vorangetriebenen Konzeption eines ertragsorientierten Bankmanagements darstellen. Die erfolgreiche Steuerung einer Bank hat danach vor allem an vier Punkten anzusetzen, nämlich,

1. an einer Steuerung der Kundenergebnisse
2. an einer effizienten Steuerung der Produktion von Bankleistungen
3. an der Steuerung der bankbetrieblichen Risiken und schließlich
4. an der Steuerung des Bilanzstrukturergebnisses und der Ergebnisse aus der eigenen Handelstätigkeit.

Die erste große Herausforderung für das Bankmanagement der 90er Jahre liegt darin, zunächst einmal die Voraussetzungen für richtige Steuerungsentscheidungen zu schaffen, also transparente Steuerungs- und Berichtssysteme zur Verbesserung der Entscheidungsgrundlagen zu entwickeln. Hier ist es auch der Münsteraner Schule zu verdanken, daß das Bankmanagement heute auf ein geschlossenes System zur ertragsorientierten Steuerung zurückgreifen kann.

Im Kundengeschäft werden über alle Kundengruppen, ob es nun Privat-, Firmen- oder institutionelle Kunden sind - deutlich mehr und spezifischere Informationen benötigt, mit Hilfe derer spezielle Bedürfnissituationen für Finanzdienstleistungen identifiziert werden können. Neben dem Wissen über die marktlichen Erfordernisse ist aber auch den betriebswirtschaftlichen Erfordernissen über eine permanente Kontrolle der Erfolgsbeiträge der Kunden mit Hilfe einer den Ergebnisbeitrag richtig abbildenden Kundenkalkulation Rechnung zu tragen. Erst dadurch lassen sich gefährdete Erfolgspotentiale frühzeitig erkennen und notwendige, kundengruppenspezifisch gegebenenfalls völlig unterschiedliche Anpassungsstrategien erschließen.

So zeigen uns markt- und betriebswirtschaftliche Analysen im Privatkundengeschäft deutlich auf, daß das abwicklungsorientierte Mengen- und das beratungsintensive Individualgeschäft völlig unterschiedliche Anpassungsstrategien erfordern. Während das Mengengeschäft gerade auch im Hinblick auf die Konkurrenz durch bankfremde bzw. bankexterne Zahlungsverkehrssysteme im Schwerpunkt kostenorientiert zu steuern ist, bedarf es im Individualgeschäft markt- und erlösorientierter Leistungsstrategien, mit denen die in diesem Bereich liegenden Erfolgspotentiale ausgeschöpft werden. Dazu ist im Individualgeschäft vor allem eine stärkere Segmentierung in möglichst homogene Kundengruppen mit ihren spezifischen Bedürfnissen notwendig, auf deren Basis zielgruppenspezifische Produktbündel entwickelt werden können. Darüber hinaus müssen die Banken vor allem auch ihre Fähigkeit steigern, sich den Bedürfnisveränderungen einzelner Kunden und ganzer Kundengruppen, die sich allein schon aus den wechselnden

Lebensphasen ergeben, anzupassen, und die Segmentierung der Kundengruppen nicht als statische Einmal-Aktion, sondern als dynamischen Prozeß, der sich entsprechend den demographischen Entwicklungen verändern kann, zu begreifen. Eine solchermaßen verstandene Kundenorientierung gibt auch der klassichen Produktorientierung eine ganz neue Bedeutung: So können auf den Kunden zugeschnittene Produktbündel nicht mehr nur klassische Bankleistungen umfassen, sondern müssen auch andere Finanzdienstleistungen wie Bausparprodukte, Versicherungsprodukte etc. einbeziehen und gekonnt, d. h. in höchstem Maße bedürfnisgerecht, mit diesen kombinieren. Erst eine dementsprechende Produktnutzungstiefe, die ihrerseits allerdings kundengruppenspezifisch aus Gründen einer effizienten Produktion wiederum nicht auf eine gewisse Standardisierung verzichten darf, stabilisiert das akquisitorische Potential einer Bank und ermöglicht eine Abschottung der Kundenbeziehung gegenüber Wettbewerbern. Auch der Akquisitions- und Betreuungsprozeß hat den aus den Segmenten identifizierten Bedürfnissen unter strenger Beachtung der Kosten-Nutzen-Relationen für die Bank Rechnung zu tragen. Das wird, neben dem stationären Vertrieb über die Bankfilialen, für bestimmte Kundensegmente eine sehr viel stärkere Betonung des Bankaußendienstes erforderlich machen.

Ähnlich verhält es sich auch im <u>Firmenkundengeschäft</u>. Dort steigt der Bedarf an Kundeninformationen an, deren homogene Segmente zu bilden sind und dafür ein bedarfsorientiertes Leistungsangebot ebenfalls zu entwickeln ist. Gerade hier sind die Ein-Produkt-Beziehungen im Kreditgeschäft zunehmend gefährdet. Die Abgrenzungskriterien unterscheiden sich vom Privatkundengeschäft aufgrund der anders gelagerten Bedürfnisse der Firmenkunden. So verlangen die nach Branchen-/Größenklassen gehobeneren Segmente zunehmend Kreditberater mit betriebswirtschaftlichen Know-how und kompetenten Branchenkenntnissen.

Für strategische Entscheidungen darüber, in welchen Kundengruppen die Bank ihre Leistungen anbieten will, muß als Grundlage letztlich das Marktergebnis, das die spezifischen Kundengeschäftserfolge abbildet, herangezogen werden. Diese sind einerseits mit den Absatzmöglichkeiten in einzelnen Segmenten abzustimmen, andererseits unter Berücksichtigung der einzelnen Produktprofitabilitäten aber auch dahingehend zu prüfen, inwieweit einzelne Kundenbeziehungen unnötig und zum Nachteil der Bank subventioniert werden. Dabei sollte auch das Problem nicht verschwiegen werden, daß die Entscheidungsträger solche Subventionen häufig nur ungern zur Kenntnis nehmen und die Notwendigkeit, Kundenbeziehungen auch ergebnismäßig in für die Bank attraktive Dimensionen hineinzuführen oder sich aber im Extremfall von diesen zu lösen, allzuleicht mit dem Hinweis auf die volumensmäßige Bedeutung eines Kunden wegdiskutieren. Die Lösung dieses Problems erfordert nicht nur eine entsprechende Bewußtseinsbildung auch in den obersten Führungsetagen, sondern auch eine konsequent umgesetzte Vertriebsorganisation, die jedem Kundenbetreuer sein Marktergebnis zuordnet und bewertet. Denn ein solcher über den Betreuungsaufwand und die Leistungsdaten der Kundenbetreuer gesteuerter Akquisitionsprozeß mit transparenter Abbildung des erzielten Erfolgs erlaubt erst ein dezentrales "Self-Controlling".

Der derzeit wohl mit am intensivsten diskutierte Steuerungsbereich betrifft das Produktivitätsergebnis und damit die Produktion der Bankleistungen. Nach Aussagen ernstzunehmender Kenner - einige müssen anläßlich dieses Workshops wohl hier im Raum sitzen - wird der Bankenwettbewerb in den 90er Jahren auf der Kostenseite entschieden. Diese Aussage ist zwar vielleicht etwas zu allgemein, trifft jedoch für bestimmte Marktsegmente sicherlich deren Kernproblem. So zeigt ein Blick in die Erfolgsrechnungen der Banken einen weiter steigenden Anteil der Verwaltungskosten an den Bruttoerträgen, also am Zins- und Provisionsüberschuß. Häufig scheitern Versuche, diesem Einhalt zu gebieten, oder bringen nur unzulängliche Ergebnisse, weil einerseits mit pauschalen und kurzfristigen Maßnahmen, wie z. B. globalen und prozentualen Steigerungsgrenzen für bestimmte Kostenarten, punktuellen Kostensenkungsprogrammen etc. auch die Produktivbereiche getroffen und frustriert werden, andererseits in Bereichen unproduktivem Geschehens die Beharrlichkeit nachläßt und gute Vorsätze nicht durchgehalten werden. Solche Bemühungen werden grundsätzlich so lange nicht zum Erfolg führen können, wie man sich der Tatsache, daß Kosten nur der in DM bewertete Einsatz der Sach- und Personalkapazitäten sind und diese stark wandelnden Bestimmungsfaktoren unterliegen, nicht bewußt wird.

Dabei war in den letzten Jahrzehnten eine konsequent nutzenorientierte Kostenpolitik gerade wegen der besonderen Probleme bei Sachinvestitionen wohl noch nie so dringlich wie heute. So sind die anstehenden Investitionsprojekte sehr viel komplexer geworden. Als praktisches Beispiel seien hier einmal die sog. "Händlerarbeitsplätze" genannt, die hinsichtlich der notwendigen baulichen Veränderungen, des Mobiliars, der Integration neuer Kommunikationstechnologien, der handelsunterstützenden Softwaresysteme und schließlich der Schnittstellen zur hauseigenen EDV abgestimmt sein müssen.

Zum zweiten werden die Investitionszyklen immer kürzer. So hat die Lebensdauer der technischen Ausstattung aufgrund des immer schnelleren technischen Wandels erheblich abgenommen. Dabei kommen neue Wettbewerber mit neuen, leistungsstärkeren Techniken in den Markt, die den Banken mit ihren klassischen Abwicklungstechniken das Geschäft abspenstig machen. Hier fehlt häufig auch das entsprechende Bewußtsein für diese neuen Techniken: Der Banker hat zwar einen scharfen Blick dafür, ob seine Firmenkunden mit einem "veralteten Maschinenpark" arbeiten, er selbst jedoch arbeitet noch mit Darlehens-/Wertpapierabwicklungsverfahren etc., die 10, 15 Jahre und älter sind.

Drittens schließlich müssen sich die Banken oftmals auch eingestehen, daß sie ihre Investitions-entscheidungen nach dem Windhundverfahren fällen und nicht in Form eines systematischen Investitionssteuerungsprozesses mit Hilfe von Projektportfolios, die Investitionsprojekte nach ihrer strategischen Bedeutung und ihren Wirtschaftlichkeitseffekten ordnen. Wenn aber die Strategieadäquanz der Projekte nicht überprüft und nicht eine strenge Meßlatte für das ökonomische Vorteilhaftigkeitskalkül angelegt wird, dann werden die operativen Ergebnisse dem strategischen Wollen nicht folgen können.

Hier ist noch einmal wieder auf das Privatkunden-Mengengeschäft zurückzukommen. Dort hat die Aussage, daß sich der Wettbewerb auf der Kostenseite entscheiden wird, gerade vor diesem Hintergrund ihre volle Berechtigung. Tatsächlich zeichnen sich hier ähnliche Herausforderungen ab wie in anderen Industrien der Massenproduktion (Papier, Stahl, Autoreifen etc.), und der dramatische Wettlauf um die Stellung des lowest-cost-producer hat längst begonnen. Die Banken werden gut daran tun, Verständnis für technische Produktionsprozesse, deren Anteil an der Erstellung von Bankleistungen immer größer wird, zu vertiefen und den Blick auf andere Industrien zu richten und von deren Erfahrungen zu lernen. Dabei ist leider festzustellen, daß kostenrechnerische Instrumente konzeptionell zwar vorhanden sind, aber im Unterschied zu anderen Industrien im praktischen Einsatz für Managemententscheidungen eher noch in den Kinderschuhen stecken. Denn schon funktionierende Stückkostenkalkulationen auf der Basis moderner Standardkostenverfahren sind in der Bankenpraxis noch sehr rar. Eine der großen Herausforderungen liegt deshalb auch darin, Mitarbeiter zu gewinnen, die - um es in der Guten-bergschen Diktion zu sagen - die Produktionsfunktion auch im Bankbetrieb effektiv, d. h. strategieadäquat, und effizient, also wirtschaftlich, steuern können. Dies gilt bis hinein in die Vor-standsbesetzung.

Ich komme nun zum drittgenannten Steuerungsbereich der bankbetrieblichen Risiken. Auch hier ist zu konstatieren, daß ein systematisches, auch organisatorisch abgesichertes Risikoma-nagement bei den Banken - selbst bei den größeren und großen - in der Vergangenheit entweder nicht oder nur mit der instrumentellen "Technik" längst vergangener Jahrzehnte existierte. Dabei erregt es bei näherem Hinsehen schon Erstaunen, daß in der Vergangenheit nicht Schlimmeres eingetreten ist. Allerdings ist heute aufgrund der weiter gestiegenen Belastung aus eingegange-nen Positionen in den 80er Jahren die Notwendigkeit für ein effizientes Risikomanagement mittlerweile verstärkt ins Bewußtsein gerückt. Dazu haben hinsichtlich der Zinsänderungsrisi-ken vor allem die Belastungen aus der Fristentransformation der Hochzinsphase zu Beginn der 80er Jahre, sodann die schlagend gewordenen Länderrisiken und schließlich aktuell vor allem auch die zunehmenden Risikopositionen aus den Finanzinnovationen mit ihren Erfüllungs- und Marktpreisrisiken beigetragen.

In diesem Bereich lassen sich die strategischen Herausforderungen aus den erweiterten Trends in der Umfeldentwicklung ableiten. So wird auch hier der schnellere technologische Wandel über die Kette "Rasche Veränderung der Marktposition der Firmenkunden - Veränderungen der Branchen- und Unternehmensqualität - Veränderung der Kreditqualität - Auswirkungen im Kreditportefeuille" die Steuerungserfordernisse hinsichtlich des Delkredererisikos deutlich erhöhen. Nur mit der oben schon skizzierten Entwicklung des Kreditverkäufers zum betriebswirtschaftlichen Berater des Firmenkunden kann hier risikoschonend und kompetent gegengesteuert werden.

Der Begriff der erhöhten Volatilität, der mittlerweile von den meisten auch flüssig ausgesprochen werden kann, erscheint schon fast abgenutzt, ist aber nach wie vor höchst aktuell und stellt die Fristen- und Währungstransformation vor sehr viel schwierigere Aufgaben. Die weiter fortschreitende Kommunikationstechnologie wird dazu führen, daß auf global verflochtenen Geld- und Kapitalmärkten Ausschläge eher zu- als abnehmen. Die Absicherung der daraus entstehenden Risiken mittels geeigneter Finanzinnovationen beinhaltet dabei selbst wiederum Marktpreisrisiken, an deren Transparenz es aufgrund fehlender Instrumente zur Risikoabbildung, die hier unbedingt zeitnah erfolgen muß, noch mangelt.

Das vorstehend schon beklagte mangelnde "Technikverständnis" der Banker führt naturgemäß dazu, daß das Bewußtsein für die technischen Produktionsrisiken gleichfalls recht schwach ausgebildet ist. Zwar werden in jeder akademischen Darstellung der bankbetrieblichen Risiken auch Risiken des "technisch-organisatorischen" Bereichs erwähnt, ein Risikomanagement in dieser Kategorie ist in der bankbetrieblichen Praxis jedoch kaum anzutreffen.

Wie die Entwürfe um eine europäische Richtlinie zur Erfassung von Marktpreisrisiken zeigen, können sich statische Strukturregeln der Bankenaufsicht zu dynamischen Nebenbedingungen entwickeln. Auch aus dieser Richtung werden höhere Anforderungen an die Feinsteuerung der Banken gestellt. Dies geht bis hin zu den neuerdings intensiv diskutierten zahlungsstromorientierten Barwertkonzepten.

Die größte Herausforderung im Risikomanagement wird in der Verdichtung der Auswirkungen einzelner Risikokategorien zu wenigen, d. h. überschaubaren, und operationalen Entscheidungsgrößen liegen. Der Entscheidungsfindung schließlich muß eine Simulation unterschiedlicher Umweltszenarien mit ihren möglichen Risikoakkumulationen bzw. -kompensationen und eine anschließende Prüfung ihrer Tragfähigkeit vorausgehen. Ein durchaus konfliktgeladenes Spannungsfeld liegt hier zwischen den zur effizienten Marktausschöpfung notwendigen dezentralen Entscheidungsbereichen und den zur effizienten Risikobeherrschung notwendigen Zentralisationserfordernissen. Hier gilt es durchaus noch, weiße Flecken sowohl auf der Instrumenten-Landkarte als auch bei der Gestaltung und Organisation eines funktionierenden Entscheidungsprozesses zu füllen.

Erst die in den letzten 10 Jahren gewonnenen Erkenntnisse einer entscheidungsorientierten Ergebnisspaltung und Erfolgsquellenanalyse auf der Basis der Marktzinsmethode haben die große Bedeutung des vierten, von mir hier anzusprechenden Steuerungsbereichs, nämlich den Bereich des Bilanzstruktur- und Handelsergebnismanagements, vielen Bankmanagern konkret ins Bewußtsein gerufen. Besonders das Ergebnis aus den eigenen Handelstätigkeiten an den nationalen und internationalen Geld- und Kapitalmärkten, deren Abgrenzung vom Bilanzstrukturergebnis allzu oft "heiße Köpfe" verursacht, unterliegt Veränderungen, die besondere Herausforderungen für die Banken mit sich bringen.

Traditionell entstanden positive Erfolgsbeiträge aus dem Handelsgeschäft durch reglementierte Provisionen bei bestehenden Börsenmonopolen bzw. durch eine weitgehende Intransparenz der überwiegend im Telefonhandel abgeschlossenen Geschäfte. Die Veränderungen der Börsenlandschaft zu computergestützten Market-Maker-Systemen und die rasante Entwicklung der Kommunikationstechnologien mit immer exakter werdenden Real-Time-Kursinformationen führen nun aber in der Tendenz dazu, daß Ergebnisbeiträge aus diesem Geschäft sich der Null-Linie nähern. Dies bedeutet makroökonomisch, daß in den Marktsegmenten weitestgehend homogene Güter mit vernachlässigbaren Transaktionskosten und fast vollkommenen Informationen aller Marktteilnehmer gehandelt werden. Mikroökonomisch und betriebswirtschaftlich bedeutet dies, daß allenfalls noch marginale Ergebnisbeiträge aus den Handelspreisdifferenzen erzielbar sind. Mit anderen Worten: Wenn die Handelsbereiche größere Margen erzielen wollen, so müssen sie schon Fristen- oder Währungstransformation betreiben, deren Ergebnis- und Risikokonsequenzen jedoch nicht mehr originäre Handelsergebnisse darstellen, sondern letztlich Teil des zentral zu steuernden Bilanzstrukturergebnisses sind.

Handelsgewinne stellen also zunehmend Erfolgsbeiträge aus offenen Positionen dar, die in Erwartung bestimmter Marktentwicklungen eingegangen werden. Wenn eine zumindest teilweise Dezentralisierung der Handelsergebnisse vor diesem Hintergrund bestehen bleiben soll, so sind höhere Anforderungen an die Informationsgewinnung und -verarbeitung mit dem Ziel einer kurzfristig besseren Vorhersage der Marktentwicklung zu stellen. Als Faktum bleibt jedoch, daß zunehmenden Positionsnahmen steigende Strukturrisiken inhärent sind, die eine maßvolle Dezentralisierung erfordern.

Für die Gestaltung dieses Spannungsfeldes zwischen zentralem Erfordernis der Risikosteuerung und dezentralen Entscheidungsfreiräumen zur Nutzung der Chancen bei Handelsaktivitäten wird insbesondere das Risiko-/Chancenverhältnis im Vordergrund stehen müssen. Hier sind die Steuerungsinstrumente insbesondere deshalb noch weiter zu entwickeln, weil konzeptionelle Lücken zu schließen sind und in der Bankpraxis noch weitestgehend die von der externen Rechnungslegung geprägte Betrachtung der Ergebnisbeiträge aus den Handelsgeschäften vorherrscht. Auch wenn dies dem traditionell deutschen Denken im Realisations- und Imparitätsprinzip zuwiderläuft, so scheint bei der Disposition der Eigengeschäfte doch stärker eine Mark-to-market-Betrachtung Platz greifen zu müssen. Die oben erwähnte europäische Richtlinie zur Überwachung der Marktpreisrisiken, die auf diesem Prinzip beruht, zeigt, daß Entwicklungen zur Erfolgsmessung und Risikobegrenzung in diese Richtung gehen.

Herausforderungen bei der Steuerung der Handelsaktivitäten liegen konkret darin, hohe Investitionen, die in immer kürzeren Abständen zur Teilnahme an diesen hochentwickelten Finanzmärkten notwendig werden, permanent zu überprüfen und in Relation zu den erwarteten Erträgen zu stellen. Inwieweit eine Politik, wie wir sie bei der Eröffnung der deutschen Terminbörse nach dem Motto "Gewinne werden wir nicht erzielen, aber das Standing erfordert es, dabeizusein" betrieben haben, zukünftig noch durchhaltbar ist, erscheint mir vor allem in dem Maße, in dem dies in der Vergangenheit geschehen ist, sehr fraglich.

Der übrige Bereich der Eigengeschäfte, den wir bei Berücksichtigung aller Ausgleichsoperationen und unter Beachtung der umfassenden Nebenbedingungen auch als Bilanzstrukturmanagement bezeichnen, stellt besondere Herausforderungen an die adäquate Organisation dieser Aktivitäten. Im weitesten Sinne geht es dabei um die Frage der Organisation eines Treasury, wobei in der Praxis mit diesem Begriff noch sehr unterschiedliche Dinge verbunden werden. Die Diskussionen zu diesem Thema in vielen Kreditinstituten zeigen, daß die Überlegungen hier noch am Anfang stehen. Traditionelle Denkmuster, wie sie insbesondere in Häusern mit "starken" Handelsbereichen vorherrschen, sind zu überwinden, ohne daß die zweifelsohne notwendige Dynamik zur Ausführung erfolgreicher Handelsaktivitäten verlorengeht. Dennoch wird die Entwicklung dahin gehen müssen, daß im Treasury an zentraler Stelle die Steuerung aller Marktpreisrisiken, die nicht Bonitätsrisiken sind, zusammenläuft. Handelsbereiche müssen sich mit klar definierten Zielvorgaben und Risikolimiten - hier im Sinne einer maximal zulässigen negativen Ertragsabweichung - einordnen.

Meine Damen und Herren, lassen Sie mich zum Schluß kurz zusammenfassend die aus meiner Sicht wichtigste Herausforderung, die sich letztlich durch alle Steuerungsbereiche zieht, nennen. Nachdem der Instrumentenkasten für ein ertragsorientiertes Bankmanagement immer klarere Konturen und Strukturen gewinnt und der Methodenstreit weitestgehend beendet ist, brauchen wir vor allem eines: Mitarbeiter und Manager, die die erkannten Defizite aufarbeiten können.

Im einzelnen sind dies:

- mehr Mitarbeiter, die "Vertrieb" gelernt haben, und zwar nicht nur im Sinne der geborenen Verkäufer, sondern vor allem auch im Sinne der Fähigkeit, den Vertrieb zu organisieren,

- Mitarbeiter, die mehr Verständnis für technische Produktionsprozesse mitbringen und sich der Probleme der bankbetrieblichen Produktion annehmen können (hier kann insbesondere die bislang nicht sehr ausgeprägte Durchlässigkeit des Bankenapparates für Industriefachleute und der damit verbundene Know-how-Transfer nicht schaden),

- Bankmanager, deren Gestaltungskraft so groß ist, um das Gebiet des Kostenmanagements und der Risikosteuerung konsequent als Herausforderung anzunehmen und sich mit den vielfach neuen und für den Banker ungewohnten Instrumenten auseinanderzusetzen.

Dr. Peter Weigert
Direktor
Commerzbank AG, Frankfurt

Strategische Steuerung
der Anwendungsentwicklung in Banken *

1) Ausgangssituation

a) Anpassungsbedarf auf allen Ebenen des Geschäftssystems

b) Wichtige IT-Stoßrichtungen** der 90`er Jahre bei gleichzeitig zunehmender "Zersplitterung" der Kapazität

c) Notwendigkeit zur strategischen Steuerung der Entwicklungsressourcen und der zukünftigen Architektur

2) Projektportfolio als strategisches Steuerungsinstrument

a) Projektportfolio als Steuerungsinstrument

b) Projektportfolio als integraler Bestandteil der Leistungskette "Bankstrategie - Systemplanung - Projektdurchführung"

c) Strategische "Vorsteuerung" der Entwicklungskapazitäten

d) Kopplung von Projektgenehmigungs- / Steuerungsverfahren an Portfolioplanung

3) Operative Umsetzung

a) Realisierung des Portfolios in 3 Phasen

b) Absicherung der Portfolioumsetzung im Kontext der Leistungsträger "Mensch / Organisation / Betriebswirtschaft / Technik"

4) Fazit und Ausblick

a) Steuerungssysteme

b) Architektur

---

1) Ausgangssituation

Nach einem intensiven Ausbau der <u>internen</u> Abwicklungssysteme in den 80er Jahren wirken in den 90er Jahren verstärkt <u>äußere</u> Einflüsse auf alle Ebenen des Geschäftssystems einer Bank:

- wettbewerbsrelevante nationale und internationale Regulationen,
- nachlassendes Wachstum, neue Marktteilnehmer und
- geänderte Rahmenbedingungen für fast alle Kundengruppen.

Diesen Anforderungen muß durch eine Neuausrichtung der <u>Strategie</u> (Kundensegmentierung, Produktstraffung, ...), der <u>Struktur</u> (Aufbau-/ Ablauforganisation, Spezialisierung des Filialnetzes, ...) und des <u>IT* -Anwendungssystems</u> Rechnung getragen werden (Bild 1).

Aus Sicht der knappen EDV-Ressourcen kann dies nur mit einer Konzentration der Kräfte auf die wichtigsten IT-Stoßrichtungen (Bild 2)

- Geschäftssteuerung (Produkte, Kundengruppen und Vertriebswege) (Bild 3)
- Kundenorientierung / Beratung sowie
- Automation der Abwicklung

erreicht werden.   * IT = Information Technology

2) Projektportfolio als strategisches Steuerungsinstrument

Das Projektportfolio ist ein Priorisierungsverfahren, das <u>alle</u> Projekte eines Sachgebietes, einer Banksparte oder auch der Gesamtbank nach den beiden Kriterien

- Wirtschaftlichkeit und
- Strategischer Nutzen

in einem Koordinatenkreuz einordnet. Mit dem Projektportfolio wird die <u>relative Attraktivität</u> der Projekte anhand ihrer Stellung im Koordinatenkreuz beurteilt (Bild 4,5): rechts oben liegen die sehr attraktiven Projekte, links unten die unattraktiven. Die Abarbeitung des Portfolios kann je nach Schwerpunkt auf unterschiedliche Weise erfolgen:

- "horizontal" bei Betonung der Strategie und
- "vertikal" bei Fokussierung auf die Wirtschaftlichkeit.

Hierbei kann jede beliebige Kombination zwischen wirtschaftlicher und strategischer Gewichtung - in Abhängigkeit der eigenen Ausgangssituation - gewählt werden. Diese Ausgangssituation hängt insbesondere von dem bereits realisierten EDV-Unterstützungsgrad*, dem getätigten EDV-Investment, den verfügbaren EDV-Investitionsmitteln und vor allem den strategischen Unternehmenszielen ab.

Insbesondere anhand des EDV-Unterstützungsgrades lassen sich aus der Gesamtbeurteilung der jeweiligen Sparte die EDV-Defizite ermitteln und die notwendigen Projekte zur Schließung der Lücken identifizieren (Bild 6).

Die Planungsmethode "Projektportfolio" kann als einer der verlängerten Arme der Bankstrategischen Planung aufgefaßt werden (Bild 7). Diese selbst wird möglicherweise auch über ein Portfolio und die Beziehung der Einflußfaktoren

- Marktwachstum   - Produktgruppen
- Marktanteil   - Kundengruppen
- Marktattraktivität   - Vertriebskanäle
- Wettbewerbsstärke

definiert, so daß sich an diesem Bankstrategie-Portfolio der Scoring-Algorithmus für die Y-Achse des Projektportfolios ableiten läßt (Bild 8).

3) Operative Umsetzung

Der Portfolio-Ansatz unterstützt weniger die konventionelle ausgabenorientierte Jahres-Budgetoptimierung, sondern vielmehr die mehrjährige Investitionsplanung für EDV-Systeme und deren Realisierungsplanung im Zusammenhang mit knappen Ressourcen. Im 1. Schritt der Realisierungsplanung werden Schnittstellen und Abhängigkeiten zwischen den Projekten identifiziert und festgelegt (Bild 9). Zusätzlich werden die echten Mußobjekte (die nicht mehr entscheidbar sind) sowie die Infrastrukturprojekte (die mit der Applikation nichts direkt zu tun haben) aus dem Projektportfolio aussortiert (Bild 9). Im 2. Schritt der Realisierungsplanung erfolgt die Phaseneinteilung der Projekte:

---

* Der EDV-Unterstützungsgrad ist eine Analyse zur Soll-/Ist-EDV-Abdeckung von Teilfunktionen des Geschäftssystems und in diesem Sinne eine das Projektportfolio ergänzende Betrachtung des Geschäftssystems einer Bank.

| 1. Phase: | alle Phase-1-Projekte sind sofort zu beginnen und in einem definierten Zeit- |
| ("sofort") | raum (z. B. 2 Jahre) fertigzustellen (Bild 10) |

2. Phase:	die Projekte dieser Phase sind nach Phase 1 unverzüglich in Angriff zu nehmen
("danach")	und ebenfalls in einem definierten Zeitraum (z. B. ebenso 2 Jahre) fertigzustel-
	len (Bild 11)

| 3. Phase: | nach Phase 2 zu entscheiden |
| ("nie?!") | |

In der Praxis führt diese Phaseneinteilung zu dem Effekt, daß Phase-1-Projekte wirklich schnell fertig werden und Phase-3-Projekte nicht - vielleicht nie - begonnen werden. Dies dürfte in den meisten Fällen eine erwünschte Kapazitätsfreisetzung nach sich ziehen.

Parallel zur Realisierungsplanung sind für die erfolgreiche Umsetzung (kosten-/funktions-/ termintreu) Absicherungsmaßnahmen zu treffen, die die vier kritischen Dimensionen

- Mensch
- Organisation
- Betriebswirtschaft und
- Technik

gezielt unterstützen (Bild 12).

Beispielhaft seien hier die Problembereiche

- Ablauforganisation (Bild 13)
- Nutzeninkasso(Bild 14)
- Ausschüsse (Bild 15)

genannt, die jedoch keinen spezifischen Zusammenhang zur Portfolio-Planung aufweisen, sondern vielmehr generell bei der Umsetzung / Einführung von EDV-Projekten zu beachten sind.

4) Fazit und Ausblick

Eines der Hauptprobleme in der Steuerung der Anwendungsentwicklung liegt darin, Neues zu schaffen und Vorhandenes zu bewahren, aber dennoch technisch neu auszurichten. Die beiden Instrumente zur Lösung dieses Konfliktes im Kontext der sich ändernden Strategien, Strukturen und Anwendungssysteme sind

- Projektportfolio (Bild 16) und
- Anwendungsarchitektur.

Die Philosophie und Anwendung des Projektportfolios als Übergang von ausgabenorientierter 1-Jahres-Budgetoptimierung zur Mehrjahres-Investitionsentscheidung lenkt dabei die Ressourcen. Der Architektur hingegen kommt die Rolle zu, die innere Struktur der Anwendungssysteme zu verbessern und insbesondere den Übergang von der Spartenorientierung hin zur Vorgangs- und Kundenorientierung zu vollziehen (Bild 17). Statt spartenorientierter und damit redundanter isolierter Daten und Anwendungen müssen integrierte übergreifende Anwendungskomplexe mit

- wiederverwendbaren Prozessen,
- gemeinsamen Vorgangssteuerungen und
- modellierten Datenbasen (Bild 18)

geschaffen werden.

Dies alles zusammen mit dem Einsatz moderner Methoden und Werkzeuge des Software-Engineerings bietet die Möglichkeit, die zukünftige Wartung zu reduzieren und Kapazität für die Abarbeitung des Projektportfolios zu schaffen.

Äußere Einflüsse fordern den Wandel auf allen Ebenen des Geschäftssystems

Einflußfaktoren

o Wettbewerbsrelevante nationale und internationale Regulationen
  - EG 93
  - Osteuropa
  .
  .

o Kostendruck

o Aufgeteilter Markt, nachlassendes Wachstum

o Neue Rahmenbedingungen im Privatkunden-Sektor
  - Aufgabenteilung Bank, Bausparkasse, Versicherung
  - .
  .

o Allfinanz-Produktbündelung

o Steigendes Kundenanspruchsniveau
  - höherwertige Anlageprodukte

o Neue Technologien (PC's, Beratungssoftware, Office Automation, Self-Service-Geräte,---)

Geschäftssystem Bank

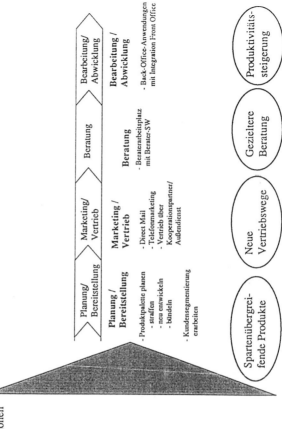

Planung/Bereitstellung	Marketing/Vertrieb	Beratung	Bearbeitung/Abwicklung

Planung / Bereitstellung
- Produktpalette planen
  - straffen
  - neu entwickeln
  - bündeln
- Kundensegmentierung erarbeiten
	Marketing / Vertrieb
	- Direct Mail
	- Telefonmarketing
	- Vertrieb über Kooperationspartner/Außendienst
		Beratung
		- Beraterarbeitsplatz mit Berater-SW
			Bearbeitung / Abwicklung
			- Back-Office-Anwendungen mit Integration Front Office

Spartenübergreifende Produkte	Neue Vertriebswege	Gezieltere Beratung	Produktivitätssteigerung

© Commerzbank AG

Bild 1

Die wichtigsten IT (*)-Stoßrichtungen der nächsten Jahre: Steuerung, Kundenorientierung / Beratung und integrierte Spartensysteme

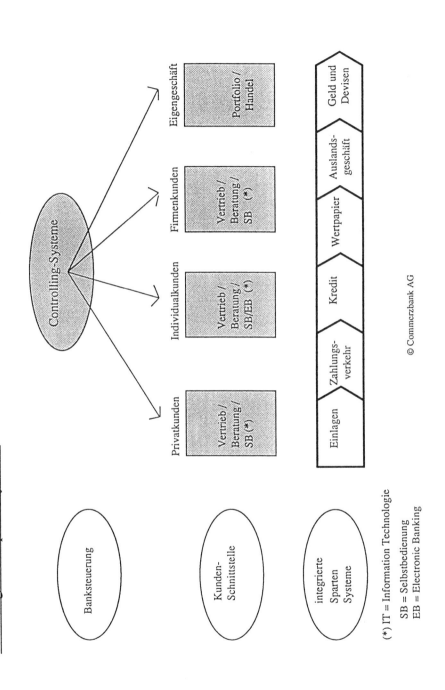

Bild 2

© Commerzbank AG

(*) IT = Information Technologie

SB = Selbstbedienung
EB = Electronic Banking

81

Die Elemente des Steuerungssystems einer Bank stellen umfangreiche Anforderungen an die EDV

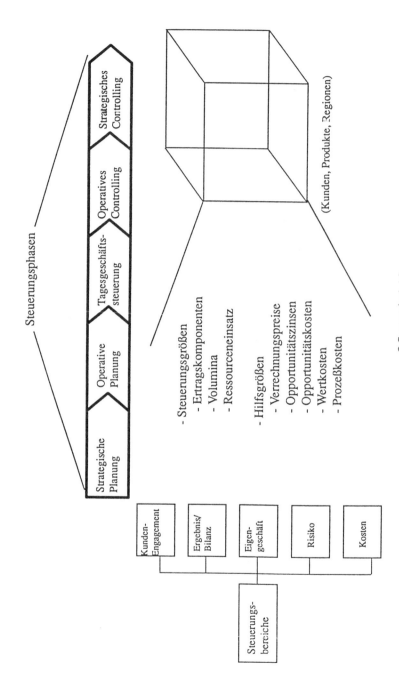

Steuerungsphasen

| Strategische Planung | Operative Planung | Tagesgeschäfts-steuerung | Operatives Controlling | Strategisches Controlling |

(Kunden, Produkte, Regionen)

- Steuerungsgrößen
  - Ertragskomponenten
  - Volumina
  - Ressourceneinsatz

- Hilfsgrößen
  - Verrechnungspreise
  - Opportunitätszinsen
  - Opportunitätskosten
  - Wertkosten
  - Prozeßkosten

Steuerungs-bereiche

- Kunden-Engagement
- Ergebnis/Bilanz
- Eigen-geschäft
- Risiko
- Kosten

© Commerzbank AG

Bild 3

82

Das Projektportfolio besteht aus einer "flächendeckenden" Sammlung von Projekten, die nach zwei Dimensionen eingeordnet werden

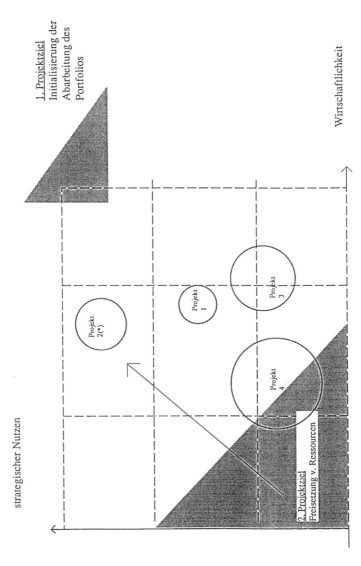

1. Projektziel
Initialisierung der
Abarbeitung des
Portfolios

2. Projektziel
Freisetzung v. Ressourcen

strategischer Nutzen

Projekt 2(*)

Projekt 1

Projekt 3

Projekt 4

Wirtschaftlichkeit

(*) Größe der Kreisfläche proportional zum Projektaufwand

© Commerzbank AG

Bild 4

83

Die Portfolio-Betrachtung ist eines von mehreren Mitteln, um die relative Attraktivität und die
Abhängigkeiten von Projekten besser beurteilen zu können

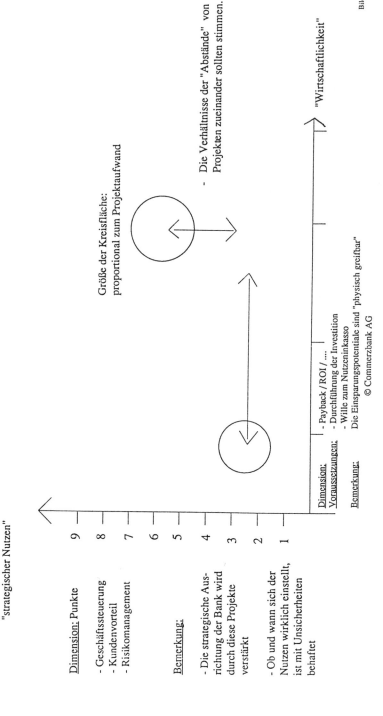

"strategischer Nutzen"

9
8
7
6
5
4
3
2
1

Dimension: Punkte

- Geschäftssteuerung
- Kundenvorteil
- Risikomanagement

Bemerkung:

- Die strategische Aus-
richtung der Bank wird
durch diese Projekte
verstärkt

- Ob und wann sich der
Nutzen wirklich einstellt,
ist mit Unsicherheiten
behaftet

Größe der Kreisfläche:
proportional zum Projektaufwand

- Die Verhältnisse der "Abstände" von
Projekten zueinander sollten stimmen.

"Wirtschaftlichkeit"

Dimension: - Payback / ROI / ....
Voraussetzungen: - Durchführung der Investition
                 - Wille zum Nutzeninkasso
Bemerkung: Die Einsparungspotentiale sind "physisch greifbar"

© Commerzbank AG

Bild 5

EDV-Unterstützungsgrad ist eine das Projektportfolio ergänzende Betrachtung des Geschäftssystems einer Bank

Beispiel für EDV-Unterstützungsgrad
(fiktive Bank)

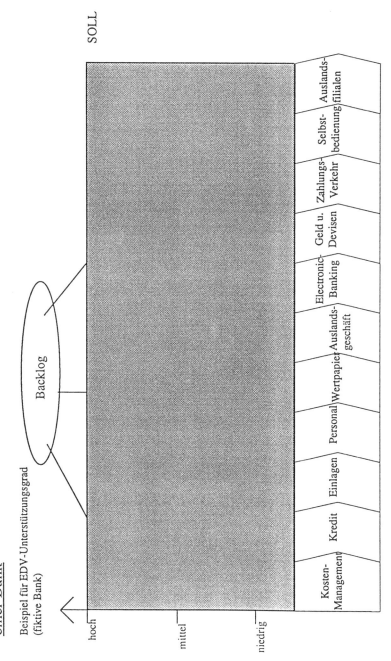

© Commerzbank AG

Bild 6

Die Planungsmethode "Projektportfolio "kann als verlängerter Arm der Bank-strategischen Planung aufgefaßt werden

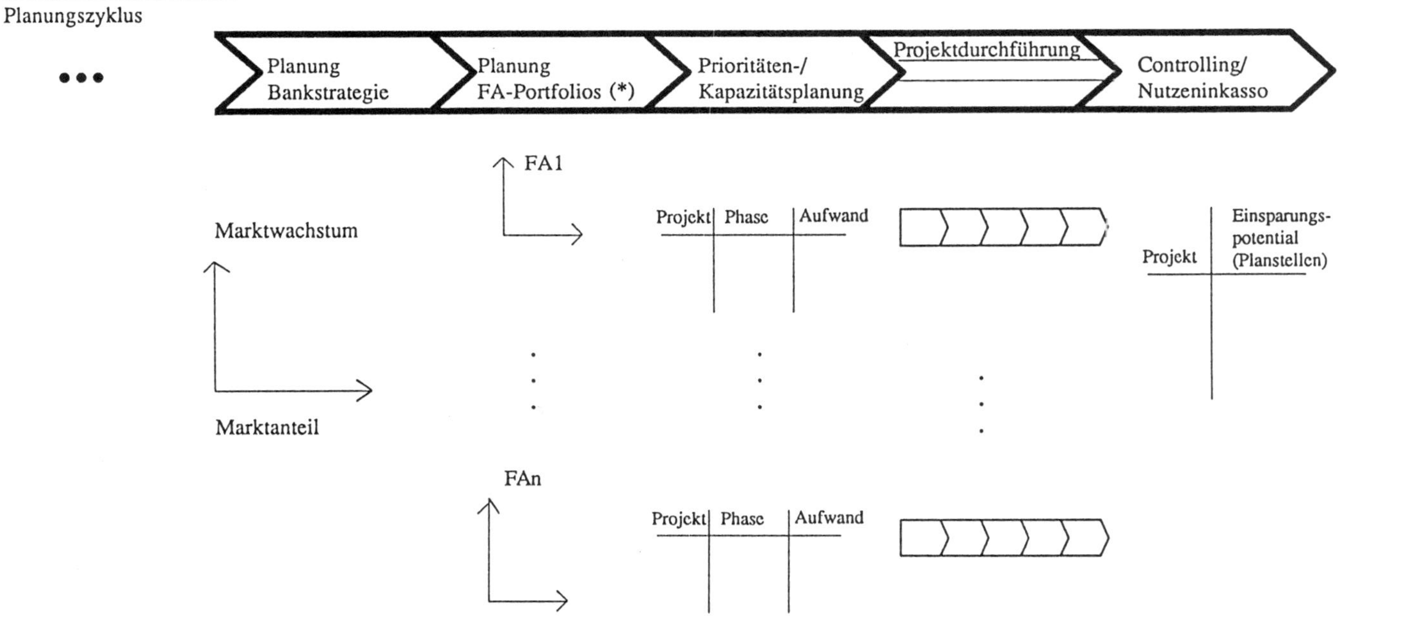

Planungszyklus

(*) FA = Fachabteilung

© Commerzbank AG

Bild 7

Das Portfolio ist ein an die Bankstrategie angelehntes Priorisierungswerkzeug

Portfolio - Ansatz

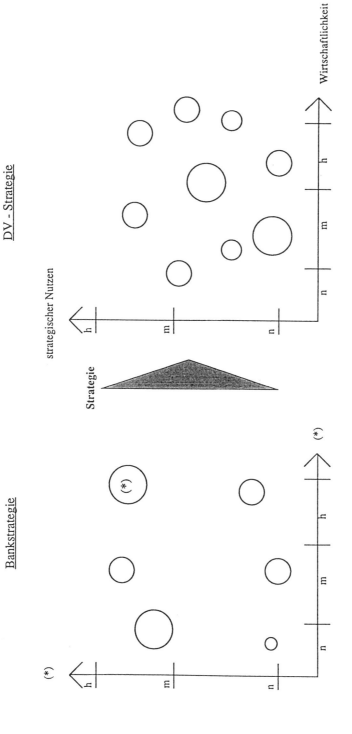

Bankstrategie

DV - Strategie

strategischer Nutzen

Strategie

Wirtschaftlichkeit

(*)Die strategische Positionierung wird durch einen bankspezifischen Portfolio-Ansatz formuliert, in dem Einflußfaktoren wie Marktwachstum, Marktanteile, Marktattraktivität, Wettbewerbsstärke, etc. und Produktgruppen, Kundengruppen, Vertriebskanäle in Beziehung gesetzt werden.

© Commerzbank AG

Bild 8

1. Schritt vor der Realisierung ist die Festlegung der Schnittstellen und Abhängigkeiten

fiktisches Beispiel: Projektportfolio mit Abhängigkeiten

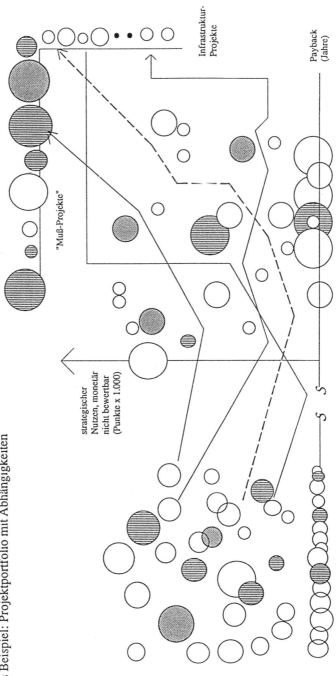

strategischer
Nutzen, monetär
nicht bewertbar
(Punkte x 1.000)

"Muß-Projekte"

Infrastruktur-
Projekte

Payback
(Jahre)

→ harte Abhängigkeit

--→ weiche Abhängigkeit

© Commerzbank AG

Bild 9

In Phase 1 werden 17 Projekte mit einem Aufwand von   MJ in zwei Zeitjahren abgearbeitet

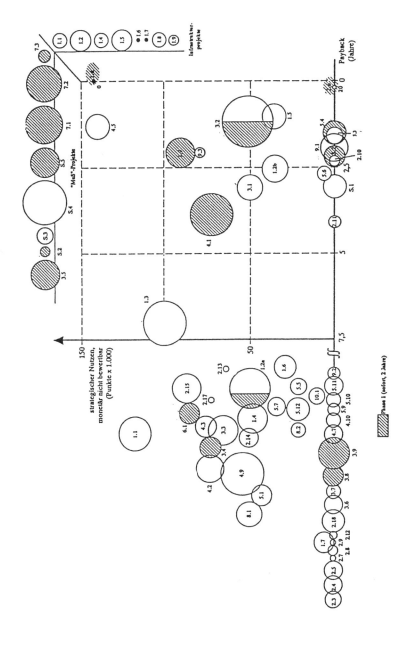

Bild 10

Nach Phase 1 schließt sich Phase 2 mit 13 Projekten mit einem Aufwand von   MJ und ebenfalls 2
Jahren Realisierungsdauer an

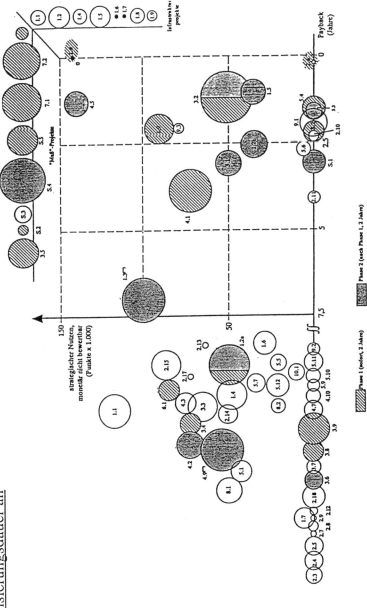

Bild 11

© Commerzbank AG

....vier Dimensionen zur Absicherung der operativen Umsetzung

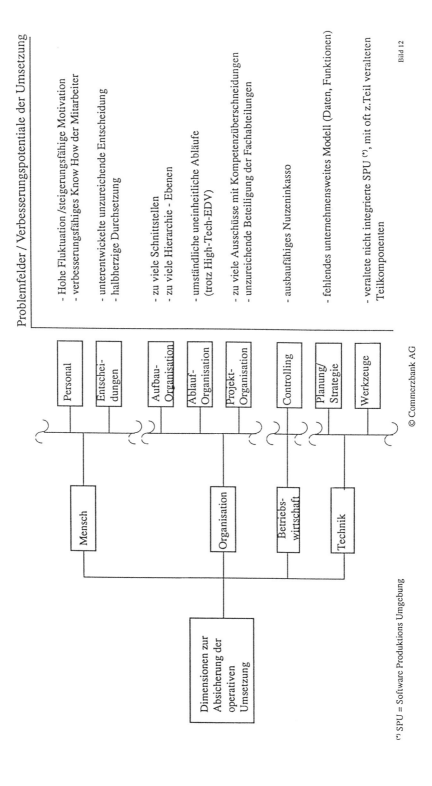

Problemfelder / Verbesserungspotentiale der Umsetzung

Personal
- Hohe Fluktuation /steigerungsfähige Motivation
- verbesserungsfähiges Know How der Mitarbeiter

Entscheidungen
- unterentwickelte unzureichende Entscheidung
- halbherzige Durchsetzung

Aufbau-Organisation
- zu viele Schnittstellen
- zu viele Hierarchie - Ebenen

Ablauf-Organisation
- umständliche uneinheitliche Abläufe (trotz High-Tech-EDV)

Projekt-Organisation
- zu viele Ausschüsse mit Kompetenzüberschneidungen
- unzureichende Beteiligung der Fachabteilungen

Controlling
- ausbaufähiges Nutzeninkasso

Planung/Strategie
- fehlendes unternehmensweites Modell (Daten, Funktionen)

Werkzeuge
- veraltete nicht integrierte SPU (*), mit oft z.Teil veralteten Teilkomponenten

Mensch
Organisation
Betriebs-wirtschaft
Technik

Dimensionen zur Absicherung der operativen Umsetzung

© Commerzbank AG

(*) SPU = Software Produktions Umgebung

Bild 12

91

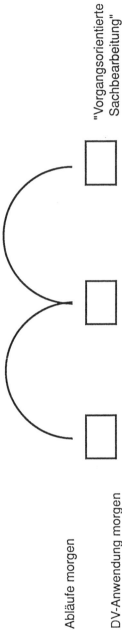

Ohne Organisation der Abläufe kann mit einem DV-Projekt nur ein Teil des Nutzens erzielt werden

Darstellung der Abläufe

Abläufe heute

DV-Anwendung heute

"stark arbeitsteilig"

"viele Einzelschritte"

Abläufe morgen

DV-Anwendung morgen

"Vorgangsorientierte Sachbearbeitung"

Bild 13

Nutzeninkasso kann in 3 Schritten eingeführt werden

Einführung Nutzeninkasso

	1. Schritt	2. Schritt	3. Schritt
	Wirtschaftlichkeitsrechnung ohne Nachkontrolle	Wirtschaftlichkeitsrechnung mit kasuistischem Köpfezählen	Kostenrechnung mit Standardstückkosten
Bei Projektstart		Wirtschaftlichkeitsrechnung	Kostenrechnung
Nach Projekt-durchführung	./.	Bei einzelnen Projekten Planstellen einsparen	Senkung der Standardstückkosten

© Commerzbank AG

Bild 14

93

Wenige Ausschüsse mit definierter Kompetenz ohne Überschneidungen

Projekt - Ausschüsse

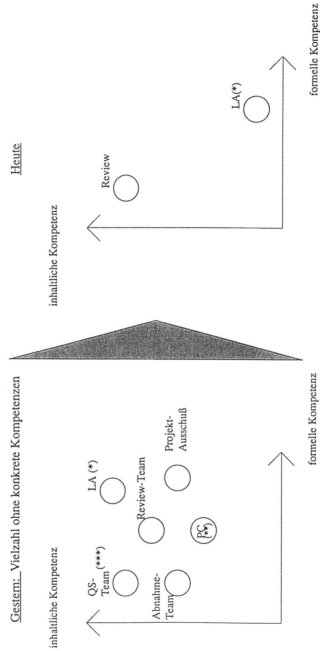

Gestern: Vielzahl ohne konkrete Kompetenzen

inhaltliche Kompetenz

QS-Team (***)

LA (*)

Abnahme-Team

Review-Team

PC (**)

Projekt-Ausschuß

formelle Kompetenz

Heute

inhaltliche Kompetenz

Review

LA(*)

formelle Kompetenz

(*)   LA = Lenkungsausschuß
(**) PC = Projektcontrolling
(***) QS = Qualitätssicherung

© Commerzbank AG

Bild 15

Eines der Hauptprobleme der Steuerung der Anwendungsentwicklung: Neues schaffen und gleichzeitig Vorhandenes bewahren, aber dennoch technisch neu ausrichten

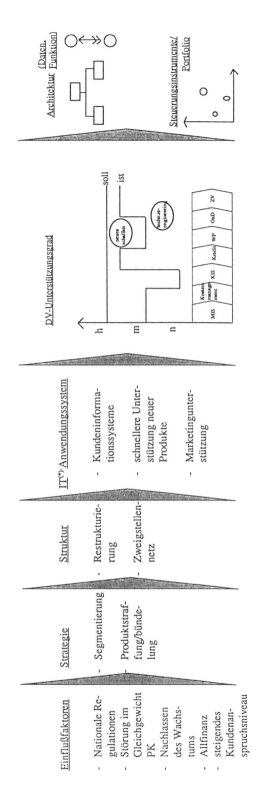

Einflußfaktoren

- Nationale Re-
  gulationen
- Störung im
  Gleichgewicht
  PK
- Nachlassen
  des Wachs-
  tums
- Allfinanz
- steigendes
  Kundenan-
  spruchsniveau

Strategie

- Segmentierung
- Produktstraf-
  fung/bünde-
  lung

Struktur

- Restrukturie-
  rung
- Zweigstellen-
  netz

IT(*) Anwendungssystem

- Kundeninforma-
  tionssysteme
- schnellere Unter-
  stützung neuer
  Produkte
- Marketingunter-
  stützung

DV-Unterstützungsgrad

Architektur (Daten, Funktion)

Steuerungsinstrumente/ Portfolio

(*) IT = Informationstechnologie

© Commerzbank AG

Bild 16

95

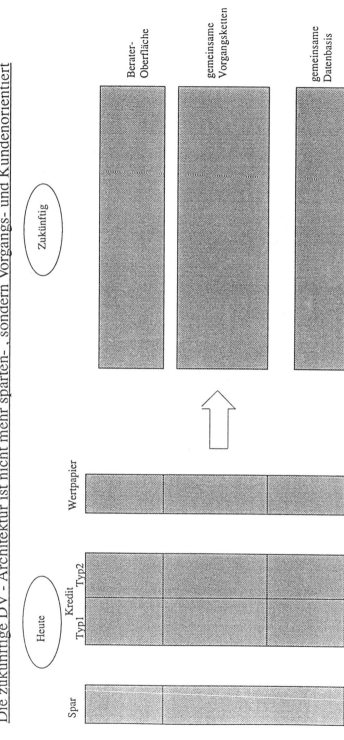

Die zukünftige DV - Architektur ist nicht mehr sparten-, sondern Vorgangs- und Kundenorientiert

Heute

Zukünftig

Spar

Kredit
Typ1 Typ2

Wertpapier

Berater-Oberfläche

gemeinsame Vorgangsketten

gemeinsame Datenbasis

Bild 17

© Commerzbank AG

96

Im Rahmen der Modellierung werden Daten- und Funktionsmodelle erstellt und mehrfach verwendbare Bausteine indentifiziert

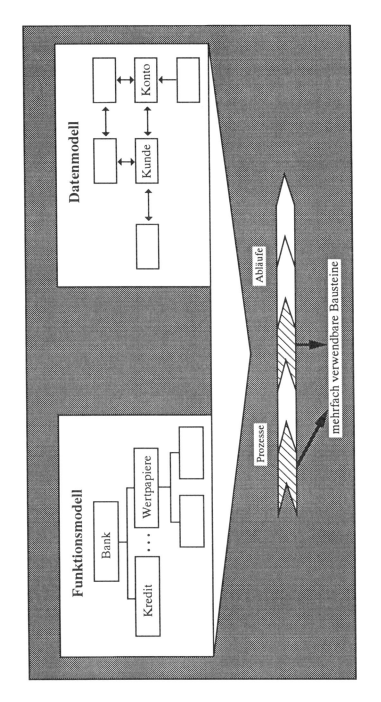

Bild 18

© Commerzbank AG

97

Dr. Rudolf Holdijk
Stv. Vorstandsmitglied
WestLB, Düsseldorf/Münster

Produktivitätssteuerung in der Bausparkasse

1.   Notwendigkeit der Produktivitätssteuerung

2.   Controlling als Voraussetzung der Produktivitätssteuerung

3.   Instrumente der Produktivitätssteuerung

    3.1.   Das Planungssystem der LBS

        a. Der Aufbau der LBS-Planung
        b. Der Ablauf des LBS-Planungsprozesses

    3.2.   Kosten- und Leistungsrechnungen als Informationsquelle für die
        Produktivitätssteuerung

    3.3.   Einzelinstrumente

    3.4.   Berichtswesen

4.   Produktivitätssteuerung in den 90er Jahren

Das Bausparen hat in den letzten Jahren eine Renaissance erlebt. Branchenweit stieg das eingelöste Neugeschäft von 1987 bis 1991 um 58 %. Dies zeigt, welche Attraktivität das Bausparprodukt im Finanzdienstleistungsmarkt besitzt. Ein wichtiger Grund für diese erfreuliche Entwicklung ist - abgesehen von der Ausweitung des Geschäfts auf die neuen Bundesländer - sicherlich in der bestehenden Mangelsituation am Wohnungsmarkt zu sehen. Die Rückeroberung der alten Marktstärke nach dem Neugeschäftseinbruch zu Beginn der 80er Jahre wurde begleitet und zum Teil erst möglich gemacht durch eine tiefgreifende Umstrukturierung der Kollektive in Verbindung mit erheblichen Marktinvestitionen, die in diesem Umfang ohne Produktivitätsfortschritte im Betriebsbereich nicht möglich gewesen wären.

1. Notwendigkeit der Produktivitätssteuerung

Markt-, Kollektiv- und Betriebssteuerung sind die Kernstücke der Gesamtunternehmenssteuerung. Keine für sich isoliert optimierbar, sichern sie gemeinsam den langfristigen Unternehmenserfolg. So sind Markt und Kollektiv allein schon über den Faktor Ansparzeiten eng miteinander verknüpft: Die Gestaltung der Ansparzeiten beeinflußt über die Produktqualität die Stellung im Markt und zugleich die Liquiditätssituation im Kollektiv. Liquidität beeinflußt über den Zinsüberschuß die Rentabilität und damit die Basis sowohl für Marktinvestitionen als auch für die Tragfähigkeit von Verwaltungsaufwendungen im Betriebsbereich.

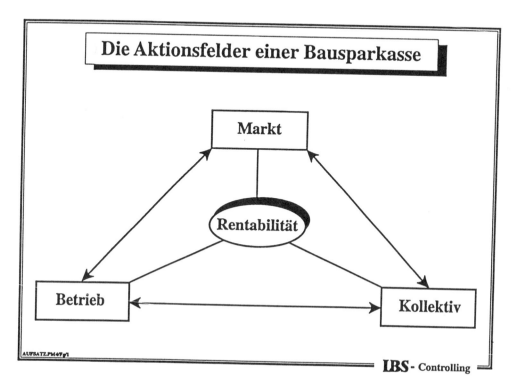

Die Bedeutung der Rentabilitätssteuerung hat sich in der Nachkriegsgeschichte deutlich verschoben.

In einer vom Aufbau geprägten ersten Phase erlebte das Bausparen einen Boom, in dessen Verlauf die Bausparkassen Zuwachsraten im eingelösten Neugeschäft erzielten, die noch in den 60er Jahren mit durchschnittlich 17 % p.a. deutlich über dem Wachstum der Gesamtwirtschaft lagen. Starke Spargeldeingänge ermöglichten die Gewährung überaus günstiger Zuteilungsvoraussetzungen und zugleich gute Erträge. Kollektiv und Betrieb erforderten keine strukturelle Steuerung, sondern lediglich eine quantitative Anpassung an gestiegene Bestände bzw. Arbeitsmengen.

Die 70er Jahre - eine zweite Phase - brachten vor dem Hintergrund einer zunehmenden Staatsverschuldung, eines Anstiegs der Arbeitslosenquote, eines rückläufigen Wohnungsbaus sowie einer - ab Mitte der 70er Jahre - rückläufigen Bausparförderung eine Dämpfung der Neugeschäftsentwicklung auf durchschnittliche Zuwachsraten von 7 %. Unter dem Produktivitätsaspekt war die Unternehmenspolitik nunmehr vor allem darauf gerichtet, die Wachstumsraten des Verwaltungsaufwandes niedriger zu halten als die der zinstragenden Bestände.

Eine dritte Phase wurde durch die Neugeschäftseinbrüche Anfang der 80er Jahre eingeleitet, in deren Verlauf branchenweit das Neugeschäft innerhalb von zwei Jahren um ein Drittel sank. Die Rahmenbedingungen für das Bausparen waren von einer weiteren Reduzierung der staatlichen Bausparförderung, einer ausgeprägten Hochzinsphase, realen Einkommensrückgängen sowie von gestiegenen Immobilienpreisen bzw. Baukosten gekennzeichnet.

Ausgangspunkt für die in dieser Zeit entwickelten Steuerungskonzepte der LBS war die Erwartung, daß es sich bei der Neugeschäftsentwicklung im Gegensatz zu früheren Verläufen um keinen kurzfristigen Einbruch, sondern um eine Niveauverschiebung handelte. Hieraus ergab sich sowohl im Kollektiv- als auch im Betriebsbereich der Zwang zu einer umfassenden strategischen Neuorientierung. Die Kollektivpolitik war auf die Maxime abzustellen, die Wartezeiten unabhängig zu machen von der Notwendigkeit eines permanenten Neugeschäftswachstums, d.h. auch bei langfristig konstantem Neugeschäftsniveau gleichbleibende Ansparzeiten und damit eine unveränderte Produktqualität bieten zu können. Konkret wurde in der Produktpolitik eine Zielgruppendifferenzierung und vertriebsbezogen eine erheblich stärker qualitätsorientierte Neugeschäftspolitik eingeführt. Letzteres beinhaltete eine Konzentration auf langfristig orientierte Kundengruppen (junge Leute, VL und WoP-Berechtigte), die Senkung des Neugeschäftsanteils von kollektivbelastenden Groß- und Schnellsparern und eine Strukturverschiebung im außerkollektiven Geschäft hin zu den mit einem kontinuierlichen Mittelzufluß verbundenen Vorfinanzierungskrediten.

Die Rentabilität stand angesichts des Umfanges und der Bedeutung der Anforderungen aus den Bereichen Markt, Kollektiv und Betrieb stark unter Druck: Die intensivere Marktbearbeitung hatte eine Erhöhung der Akquisitionskosten pro Vertrag zur Folge. Das Absinken der durchschnittlichen Bausparsumme führte zusätzlich zu einer Reduzierung der Stückerlöse, die aufgrund der tariflich fixierten Zinsspanne von 2 % nicht durch Margenerhöhungen aufgefangen werden konnte.

Auf der Betriebsseite sahen sich die Bausparkassen mit Überkapazitäten insbesondere im personellen Bereich konfrontiert. Um dennoch die geplanten Maßnahmen im Markt und im Kollektiv durchführen zu können, war die Steuerung des Betriebsbereichs konsequent auf die Zielsetzung auszurichten, durch strikte Produktivitätssteuerung genügend Freiräume für die benötigten Investitionen zu schaffen, d.h. inflationsbedingte Kostensteigerungen durch Produktivitätsfortschritte zu kompensieren.

Der Notwendigkeit einer systematischen Rentabilitätssteuerung wurde in der LBS Münster/ Düsseldorf durch Bündelung und Ausbau bereits bestehender Instrumente im Rahmen eines umfassenden Controlling-Konzeptes Rechnung getragen.

2. Controlling als Voraussetzung der Produktivitätssteuerung

Controlling wird bei der LBS als eine Methode der dezentralen ziel-, also letztlich gewinnorientierten Steuerung des Unternehmens verstanden. Es geht darum, den Ertrag der LBS durch Erlössteigerungen und/oder Kostensenkungen z.B. über Produktivitätsfortschritte zu erhöhen oder zumindest zu stabilisieren und damit die langfristige Wettbewerbsfähigkeit des Unternehmens und seiner Arbeitsplätze abzusichern. Die im Hause praktizierte kooperative Führung ist zugleich Voraussetzung und Inhalt des Controlling. Controlling ist in diesem Sinne auch ein Führungsstil, der darauf abzielt, in breiter Form die Führungskräfte mit ihren Erfahrungen, Kenntnissen und Anregungen intensiv an unternehmerischen Entscheidungen zu beteiligen. Die Selbststeuerung und Selbstkontrolle ist somit ein zentrales Element des Controlling in der LBS Münster/Düsseldorf.

Institutionell wird das Controlling durch die Controlling-Gruppe, die Abteilungs-Controller, den Controlling-Ausschuß und den ControllingArbeitskreis getragen. Die Controlling-Gruppe der LBS ist im Rechnungswesen angesiedelt, da sich an dieser Stelle alle ergebniswirksamen Aktivitäten zahlenmäßig niederschlagen und mit der Bilanz und GuV die instrumentalen Voraussetzungen für die ergebnisorientierte Steuerung vorhanden sind. Die Gruppe hat die Aufgabe, für die übrigen Abteilungen den notwendigen "Controlling-Service" zu liefern. Sie hat die technischen Voraussetzungen des Steuerungsprozesses zu entwickeln und zu betreuen, notwendige Informationen bereitzustellen und Beratungsfunktionen insbesondere gegenüber den einzelnen Abteilungen zu übernehmen. In jeder Abteilung des Hauses sind sogenannte Abteilungs-Controller angesiedelt. Sie sollen die Abteilungsleitung sowie die einzelnen Mitarbeiter bei der praktischen Durchführung des Controlling unterstützen. Gleichzeitig sind sie Ansprechpartner für die Controlling-Gruppe. Bei der Schaffung der methodischen, formalen und organisatorischen Voraussetzungen arbeitet die Controlling-Gruppe über den geschaffenen Controlling-Ausschuß eng mit der Arbeitsplanung, der Personalabteilung, dem Prüfungsdienst und der Bauspartechnik zusammen. Inhaltlich getragen wird das Controlling von dem dafür geschaffenen Controlling-Arbeitskreis unter der Leitung der gesamten Geschäftsleitung und Beteiligung aller Haupt-, Stabs- und Betriebsabteilungsleiter. Dieser Arbeitskreis dient als Informationsforum und hat gleichzeitig die Aufgabe, die Controllingphilosophie weiterzuentwickeln und die praktische Umsetzung zu unterstützen.

Die wesentlichen Controlling-Instrumente sind eine umfassende Unternehmensplanung, die Kosten- und Leistungsartenrechnungen sowie das Berichtswesen und die Betriebsvergleiche. Daneben werden selbstverständlich viele Einzelinstrumente zur Produktivitätssteuerung eingesetzt.

3. Instrumente der Produktivitätssteuerung

3.1. Das Planungssystem der LBS

a. Der Aufbau der LBS-Planung

Zentrales Element der Unternehmensführung und damit auch der Produktivitätssteuerung ist ein Planungssystem, das die Entwicklung des Gesamtunternehmens vorausschaubar macht. Es soll Basis für Steuerungsmaßnahmen sein und die Auswirkungen getroffener bzw. geplanter Maßnahmen auf die Erfolgssituation erkennen lassen. Planung ist zugleich Grundvoraussetzung für eine Dezentralisierung der Produktivitätssteuerung, denn die von den einzelnen Abteilungen beabsichtigten Maßnahmen bedürfen einer Koordination im Hinblick auf das Unternehmensziel. In einer Bausparkasse muß eine Planung - soll sie das Gesamtunternehmen umfassen - dazu die drei interdependenten Kernbereiche Markt, Kollektiv und Betrieb integrieren. In der LBS wird diese Gesamtplanung revolvierend jährlich auf 5-Jahresbasis, der wesentlich detailliertere Teilbereich Budgetierung auf 1-Jahresbasis durchgeführt.

Die Entwicklung der Teilpläne ist in zentral von der Geschäftsleitung festgelegte, strategische Grundsatzentscheidungen eingebunden; insoweit handelt es sich um eine hierarchische Planung. Sie besteht aus zentralen und aus dezentralen Elementen.

Den Aufbau der Planung und die Verzahnungen zwischen den Teilplänen zeigt die folgende Abbildung.

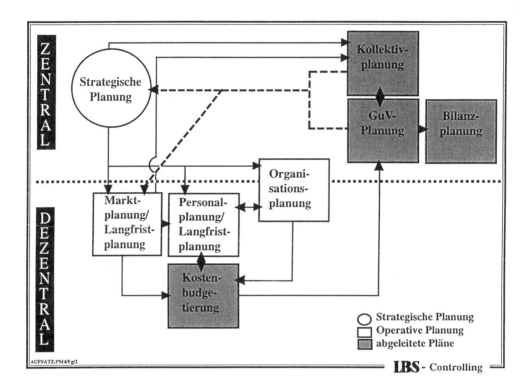

Basis aller Planungen ist zumindest mittelbar die zentral vorgegebene, strategische Ausrichtung des Hauses. Unter Berücksichtigung der kollektiven und rentabilitätsmäßigen Rahmenbedingungen wird die Marktplanung erstellt. Sie enthält Daten zum Volumen und zur Struktur des Neugeschäfts und die damit verbundenen erforderlichen Marktinvestitionen. Die Personalplanung wird einerseits durch die Marktplanung in bezug auf die auch neugeschäftsbedingten Arbeitsmengen, andererseits durch die Betriebsplanung in bezug auf die Effizienz der Arbeitsabläufe beeinflußt. Die kurzfristigen kostenseitigen Konsequenzen der Markt-, Personal- und Organisationsplanung fließen in die Kostenbudgetierung und letztlich in die zentrale GuV-Planung ein, die ihrerseits wieder - bei enger Abstimmung mit der Kollektivplanung - in die Bilanzplanung eingeht.

b. Der Ablauf des LBS-Planungsprozesses

Planung setzt eine Standortbestimmung voraus. Zu Beginn des Planungsprozesses werden daher in einem praktisch von allen Abteilungen des Hauses getragenen Strategie-Arbeitskreis die Stärken und Schwächen der LBS analysiert und die Prognose zur Entwicklung des Bausparmarktes sowie des LBS-Neugeschäfts diskutiert. Ergebnis dieser Sitzung ist eine Standortbestimmung, eine Überprüfung und ggfs. Ergänzung des Zielsystems sowie die Erarbeitung eines Maßnahmenkatalogs als Basis für die durch die Geschäftsleitung zu formulierenden geschäftspolitischen Leitlinien. Deren Bekanntgabe an die Kostenstellenleiter schließt die Phase der Rahmenplanung ab und leitet die Abteilungsplanungen ein. Die dezentralen Planungen werden von der Controlling-Gruppe betreut, koordiniert und zusammengefaßt. Die Planung endet mit der Verabschiedung durch die Geschäftsleitung bzw. den Konzernvorstand.

Getragen wird die Planung von der Geschäftsleitung, die den Planungsrahmen vorgibt und die Ergebnisse verabschiedet, den Abteilungs- und Kostenstellenleitern, die die dezentrale Planung durchführen, und der Controlling-Gruppe:

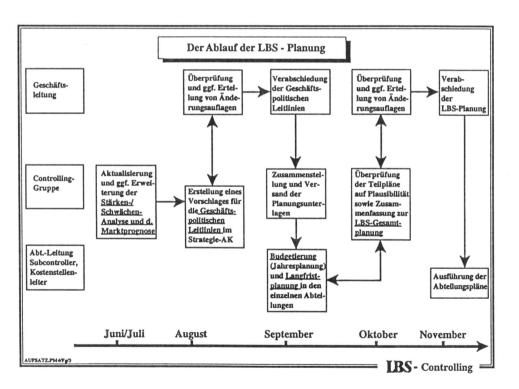

Stärken/Schwächen-Analyse

Aufgabe der Stärken/Schwächen-Analyse ist das systematische Aufdecken von Schwachpunkten und die Formulierung geeigneter Maßnahmen zu deren Beseitigung. Die Analyse soll aber auch zeigen, in welchen Bereichen das Unternehmen Vorteile gegenüber seinen Hauptkonkurrenten hat, um so vorhandene Stärken auszubauen. Daneben hat die Diskussion der Stärken/ Schwächen-Analyse eine erste planungskoordinierende Funktion. So wird durch die Zusammensetzung des Strategie-Arbeitskreises (Teilnehmer sind die Leiter der Marktabteilungen sowie derjenigen Abteilungen, die für die Produktivität im Innendienst zuständig sind) erreicht, daß die mit übergreifenden Maßnahmen verbundenen Abstimmungserfordernisse frühzeitig erkannt werden. Schließlich gewährleistet dieses Vorgehen eine gesamtunternehmerische Bewertung, wodurch solche Vorhaben frühzeitig ausgeschaltet werden, die unter Kosten/Nutzen-Aspekten zu Lasten des Gesamtunternehmens gehen.

Inhaltlich erstreckt sich der Vergleich wiederum auf die drei Bereiche Markt, Kollektiv und Betrieb. Dazu wird die Position im Markt, die Produktseite, die Vertriebsstruktur und das kommunikative Auftreten analysiert. Produktvor- und -nachteile hängen in einer Bausparkasse nicht zuletzt von der Situation im Kollektiv ab. Die Untersuchung soll daher ebenfalls zeigen, inwieweit sich aus der jeweiligen Kollektivsituation (Ansparzeiten, Liquidität, Zuteilungsdruck) bei den Hauptkonkurrenten bedeutende Unterschiede gegenüber der LBS abzeichnen. Auf der Betriebsseite werden schließlich die Kostenentwicklung, die Produktivität und die Rentabilität untersucht.

Der Vergleich mit den Wettbewerbern stützt sich dabei vor allem auf die veröffentlichten Daten der Geschäftsberichte, Presseinformationen und Marktforschungsanalysen.

Marktprognose

Basis der Marktprognose sind die wesentlichen Kennzahlen der gesamtwirtschaftlichen Entwicklung (Bruttosozialprodukt, Verbraucherpreise, verfügbares Einkommen, Zinsniveau etc.). Ergänzt werden diese Größen um Daten zum Wohnungsbau und zur Wohnungsbaufinanzierung. Hier ist zu denken an den nicht gedeckten Wohnungsbedarf, die Anzahl der Baugenehmigungen, die Immobilien- und Baupreise, das Hypothekenzinsniveau sowie an das Bausparklima.

Diese Rahmendaten dienen als Ausgangspunkt, um die Entwicklung des NRW-Bausparmarktes einzuschätzen und um letztlich die LBS-Neugeschäftsprognose nach Höhe und Struktur herzuleiten.

Die von der Marktforschung vorbereitete Prognose wird ebenfalls im Strategie-AK diskutiert und ggfs. ergänzt. Das Ergebnis der Neugeschäftsprognose stimmt nicht zwingend mit dem für die Kapazitätsplanung im Betriebsbereich relevanten Neugeschäftsziel des Vertriebsbereichs überein, denn der Prognose liegt die Prämisse konstanter Marketingaktivitäten der LBS zugrunde. Das Vertriebsziel kann durch Veränderung des Ressourceneinsatzes (Außendienstdichte, Provisionssystem o.ä.) vom Prognosewert abweichen. In die Pläne der übrigen Abteilungen fließt das Vertriebsziel ein, so daß die für die Erreichung dieses Ziels notwendigen Mittel bereitgestellt und unterstützende Maßnahmen durchgeführt werden.

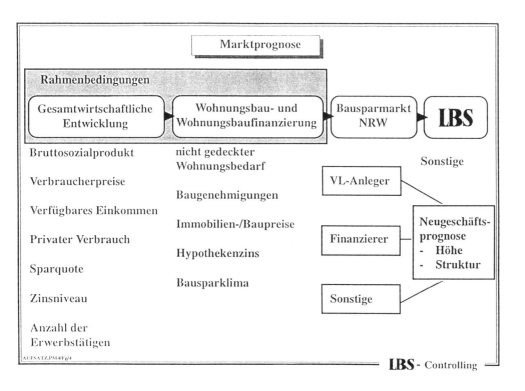

Geschäftspolitische Leitlinien

Die Ergebnisse aus Stärken/Schwächenanalyse und Marktprognose sind Grundlage für die Geschäftspolitischen Leitlinien, die der Geschäftsleitung durch den Strategie-AK vorgeschlagen werden. Nach Prüfung und ggfs. Modifikation oder Ergänzung durch die Geschäftsleitung bilden diese die Rahmenbedingungen für die Abteilungsplanungen. Sie enthalten die Schwerpunkte der Maßnahmenplanung für den Planungszeitraum.

Abteilungsplanungen

Die Abteilungsplanung besteht aus den drei Elementen Abteilungskonzeption, Budgetierung und Langfristplanung.

Die Abteilungskonzeptionen dienen zunächst der schriftlichen Erläuterung der im ablaufenden Jahr umgesetzten bzw. in Angriff genommenen schwerpunktmäßigen Ziele und Maßnahmen. Daneben sind die Planvorhaben aus den Geschäftspolitischen Leitlinien abzuleiten sowie die wesentlichen Ziele und Maßnahmen auf 5-Jahresfrist unter Einschluß der ggfs. abteilungsübergreifenden Auswirkungen zu nennen. Konkret sind Sachinvestitionen zu erläutern und zu begründen, Änderungen in der Abteilungs- und Arbeitsorganisation darzustellen, Personalveränderungen zu begründen und etatwirksame Ziele und Maßnahmen zu erläutern und zu beziffern. Maßnahmen zur Information, Kommunikation und zur Fortbildung der Mitarbeiter der jeweiligen Abteilungen sind schematisch zusammenzustellen.

In der **Personal-Langfristplanung** wird nach den Kriterien Bedarf/Bestand, zeitliche Verteilung, Organisationseinheit und Anforderungsprofil die Entwicklung im Personalbereich geplant. In solchen Abteilungen, deren Arbeitsinhalte weitestgehend standardisiert sind, wird das Instrument der Personalbedarfsrechnung eingesetzt. Hierbei werden die Arbeitsvorfälle in diesen Abteilungen in typische Einzeltätigkeiten untergliedert und die zu deren Bearbeitung notwendige Zeit geschätzt. Unter Einbeziehung von Fehlzeiten und persönlichen Verteilzeiten wird aus dieser Schätzung jeweils ein Arbeitsschlüssel festgelegt. Der Personalbedarf ergibt sich dann im einfachsten Fall als Division von Arbeitsmengen durch Schlüssel. Die Ermittlung von Personalüberhang/-unterdeckung nach Höhe, zeitlicher Entwicklung, organisatorischer Verteilung und Anforderungstypus sind Voraussetzung einer effizienten strategischen Personalsteuerung. Die Langfristplanung enthält darüber hinaus als wertmäßige Komponente Daten zur langfristigen Entwicklung im Personalkosten- wie im Sachkostenbereich.

Zur gezielten Kostensteuerung wird die Gesamtplanung im kurzfristigen Bereich um die **Budgetierung** ergänzt. So fließen die mit den Entscheidungen im Rahmen der dezentralen Planungen (Markt-, Personal- und Organisationsplanung) verbundenen, vom Planenden beeinflußbaren Kosten in ein detailliertes Zielsystem ein, das Ausgangspunkt und Voraussetzung für einen Selbststeuerungsprozeß der Kostenstellen ist. Die Budgetierung zielt darauf ab, kostenbewußtes Handeln auf eine möglichst breite Basis im Betrieb zu stellen. Jeder der insgesamt rd. 100 Kostenstellenleiter soll dadurch zu kostenbewußtem Handeln motiviert werden, daß er über die Kostenkonsequenzen seiner Entscheidungen informiert wird und für die Kostenentwicklung Verantwortung trägt. Insgesamt werden rund 80 % des gesamten Kostenblocks dezentral geplant.

Gesamtplanungen

Aufgabe der Controllinggruppe ist es, die Teilpläne zu einer Gesamtplanung zu verdichten. Die dezentralen Planungen sind zu koordinieren sowie dahingehend zu überprüfen, ob sie den in den geschäftspolitischen Leitlinien formulierten Ansprüchen gerecht werden. Die Einbindung der zentralen GuV-, Bilanz- und Kollektivplanung führt schließlich zur Gesamtplanung. Die Kommentierung der Gesamtergebnisse soll die wesentlichen Trends aufzeigen und auf kritische Entwicklungen hinweisen.

Soll/Ist-Vergleiche

Aus der Planung wird durch den Soll/Ist-Vergleich und die durch ihn ausgelösten Maßnahmen ein geschlossenes Planungssystem. Soll/Ist-Vergleiche decken im Prinzip den gesamten Bereich der Planung ab und unterscheiden sich nach Inhalt und Frequenz. Aufwendigere dezentrale Abgleiche betreffen die geplanten Maßnahmen, die Einzelergebnisse der Budgetierung und das Neugeschäft auf Vermittlerebene.

Zu Beginn der neuen Planungsrunde werden die Abteilungen befragt, welche der im Rahmen der Vorjahresplanung für das erste Jahr vorgesehenen Maßnahmen und Ziele in Angriff genommen oder bereits realisiert wurden. Sollten sich dabei Abweichungen ergeben, sind diese zu begründen und - soweit sinnvoll - die Projekte in der neuen Planung fortzuschreiben.

Im Rahmen der Budgetierung wird die Entwicklung der Kosten quartalsweise im Budgetbericht zusammengefaßt. Durch Gegenüberstellung von Plan- und Istwerten erhält der Kostenstellenleiter die für die Selbststeuerung notwendigen Informationen. Die Kommentierung der Abweichungsursachen auf dieser Detaillierungsebene schafft umgekehrt aber auch höhere Kostentransparenz und ist damit Voraussetzung für eine fundierte Steuerungsmaßnahme auf einer Ebene, die mehrere oder alle Kostenstellen betrifft.

3.2. Kosten- und Leistungsrechnungen als Informationsquelle für die Produktivitätssteuerung

Daten der Kostenrechnung gehen ein in den Planungsprozeß, die Budgetierung und die sonstigen Instrumente zur Produktivitätssteuerung, insbesondere auch in die Leistungsartenrechnung. Auf die Kostenarten- und Kostenstellenrechnung soll hier nicht näher eingegangen werden, da sich ihr Aufbau nur unwesentlich von dem in anderen Kreditinstituten unterscheidet.

Die Leistungsartenrechnung hat das Ziel, zusätzliche Kostentransparenz zu schaffen als Basis für einen detaillierten, von der Organisationsform einzelner Häuser unabhängigen Betriebsvergleich. Die Leistungsartenrechnung ist daher ein wichtiges Instrument zur Verbesserung von Arbeitsabläufen und somit zur Produktivitätssteigerung. Sie dient daneben als Kalkulationsgrundlage für Investitionsentscheidungen.

Ausgangspunkt der Leistungsartenrechnung ist die Erfassung, Abgrenzung und Beschreibung der im Hause typischen Tätigkeiten, die grundsätzlich nach dem Lebenszyklus eines Bausparvertrages (Akquisition, Sparphase, Darlehensbewilligung und Darlehensverwaltung) gegliedert werden. Die direkt mit der Verwaltung eines Bausparvertrages zusammenhängenden Tätigkeiten stellen die z.Z. ca. 100 sogenannten Hauptleistungsarten dar (Vertragsannahme, Kreditbewilligung o.ä.).

Alle übrigen Tätigkeiten werden als Hilfsleistungsarten bezeichnet und danach unterschieden, ob sie direkt in die Hauptleistungsarten einfließen oder die Rahmenbedingungen für die Leistungserstellung schaffen. Erstere charakterisieren die Arbeitshilfsleistungsarten wie etwa die Leistungen der Registratur, des Rechenzentrums oder der Poststelle. Im zweiten Falle handelt es sich um Regiehilfsleistungsarten, z.B. die Tätigkeiten der Geschäftsleitung oder der Stäbe.

Die laufende Kostenverrechnung vollzieht sich in vier Schritten:

1. Kostenstellenweise Verteilung aller Mitarbeiter auf alle Leistungsarten:
Die Mitarbeiteranzahl im Jahresdurchschnitt wird auf Haupt- und Hilfsleistungsarten verteilt. Soweit wie möglich geschieht dies auf der Basis von Soll-Zahlen aus der Personalbedarfsrechnung, in den übrigen Fällen werden Istwerte verwendet.

2. Ermittlung von Leistungsmengen und Bezugsmengen:
Die Leistungserstellung und die Leistungsverflechtungen im Hause sind anhand eines Mengengerüstes abzubilden. Die Daten stehen überwiegend EDV-gestützt zur Verfügung.

3. Zuordnung der Kosten:
In dem Verhältnis, in dem die Leistungsarten Mitarbeiterkapazitäten binden, lassen sich kostenstellenweise die Personalkosten direkt zurechnen. Auch im Sachkostenbereich sind bestimmte Positionen einzelnen Leistungsarten unmittelbar zuzuordnen, andere werden über geeignete Schlüssel verteilt. Am Ende dieses Schrittes ist das gesamte Kostenvolumen auf die definierten Leistungsarten verteilt.

4. Umlage der Hilfsleistungsarten auf Hauptleistungsarten:
Die Kosten der Arbeitshilfsleistungsarten müssen auf die Haupt- und Regiehilfsleistungsarten umgelegt werden. Da hierbei Leistungsverflechtungen innerhalb der Arbeitshilfsleistungsarten zu berücksichtigen sind, wird diese Verrechnung unter Verwendung eines simultanen Gleichungssystems durchgeführt. Am Ende dieses Rechenschrittes stehen die Arbeitskosten der Hauptleistungsarten und der Regiehilfsleistungsarten fest.

Zum Zweck einer ergänzenden Vollkostenbetrachtung werden schließlich die Regiehilfsleistungsarten auf die Hauptleistungsarten verteilt.

Unter strategischen Aspekten stellt die Leistungsartenrechnung für die LBS-Gruppe ein herausragendes Instrument dar, um die gegenüber den bundesweit tätigen Konkurrenten teilweise bestehenden Betriebsgrößennachteile soweit möglich durch die Übernahme der jeweils effizientesten Verfahrensweisen und Arbeitsabläufe auszugleichen.

3.3. Einzelinstrumente

Neben die tragenden Systeme Planung, Budgetierung und Leistungsartenrechnung tritt eine Vielzahl von Einzelinstrumenten, von denen hier lediglich die Personalbedarfsrechnung und die Priorisierung von EDV-Vorhaben kurz zu erläutern sind:

Eine detaillierte und aktuelle Personalbedarfsrechnung ist unentbehrliche Grundlage für operative Entscheidungen im Personalbereich. Sie wird auf Monatsbasis durchgeführt und dient vor allem der Kapazitäts- und Struktursteuerung. Ansatzpunkte aus der Planung und den Betriebsvergleichen, also wie und wo durch aufbau- oder ablauforganisatorische Maßnahmen der Personalbedarf im Sinne der angestrebten Produktivitätsverbesserung beeinflußt werden kann, sind im Rahmen von **Organisationsuntersuchungen** aufzunehmen, deren Ergebnisse sich wiederum in den vereinbarten Personalschlüsseln niederschlagen.

Die EDV-Kapazitäten stellen wie in vielen Unternehmen auch bei der LBS einen Engpaß dar. Die Realisierungsreihenfolge neuer EDV-Vorhaben wird nach dem Prinzip der relativen Deckungsbeiträge gesteuert, d.h. der kalkulierte Nutzenüberhang der einzelnen EDV-Projekte wird unter Einschluß einer groben Quantifizierung nichtmonetärer Nutzeneffekte auf einen Mannmonat des Engpaßfaktors Programmierereinsatz normiert und in eine Rangfolge gebracht. Die für Neuentwicklungen verfügbare Kapazität an Programmierern bestimmt somit die zur Realisierung anstehenden Projekte.

3.4. Berichtswesen

Ein dezentrales Steuerungssystem erfordert ein Berichtswesen, das die Entscheidungsträger mit Informationen über die Gesamtunternehmensentwicklung und detaillierten Angaben für ihren jeweiligen Bereich versorgt. Das zentrale Berichtswesen trägt insofern entscheidend zur Selbststeuerung der Organisationseinheiten bei, indem ihnen die Auswirkungen der Maßnahmen auf die Erreichung des eigenen Planwertes wie auch des Unternehmensziels transparent gemacht werden. Durch Bündelung der Informationen im Rahmen eines Management Informationssystems hat es darüber hinaus die Aufgabe, die Steuerung des Gesamtunternehmens zu unterstützen.

So gibt der quartalsweise erstellte LBS-Bericht, der die wichtigsten Daten und Kennziffern zur Marktsituation, zur Kollektiv- und zur Betriebsseite enthält, einen kommentierten Überblick über die Entwicklung des Gesamtunternehmens. Speziell auf das regionale Neugeschäft und die Vermittlerstruktur geht der ebenfalls quartalsweise erscheinende Außendienstbericht ein.

Die Führungskräfte werden daneben zum einen über wesentliche Gesamtergebnisse der Planung, der Kostenrechnung und des Betriebsvergleichs informiert. Zum anderen erhalten sie im Rahmen der Planung und Budgetierung auf die jeweilige Organisationseinheit bezogene Einzelinformationen.

4. Produktivitätssteuerung in den 90er Jahren

Das Instrumentarium zur Produktivitätssteuerung hat sich bei der LBS bewährt. Im Verlaufe der 80er Jahre konnte bei weitestgehend konstanter Größe des Vertragsbestandes die Mitarbeiteranzahl um mehr als ein Drittel verringert werden. Nimmt man die Anzahl der Verträge pro Mitarbeiter als ein Maß der Produktivität, so liegt sie 1990 um mehr als 50 % höher als zu Beginn des letzten Jahrzehnts.

Für die Bausparbranche haben die 90er Jahre mit erfreulich hohen Neugeschäftszuwächsen begonnen. Die Rahmenbedingungen für eine weitere kontinuierliche Aufwärtsentwicklung sind in Anbetracht der Situation auf dem Wohnungsmarkt zweifellos gut.

Die Attraktivität des Bausparmarktes ist auch branchenfremden Anbietern nicht verborgen geblieben. So sind in den letzten 5 Jahren 6 neue Bausparkassen in Deutschland gegründet worden. Diese Entwicklung wird sich mit hoher Wahrscheinlichkeit fortsetzen, möglicherweise noch forciert dadurch, daß mit der Schaffung des einheitlichen Binnenmarkts ab 1. Januar 1993 der deutsche Wohnungsfinanzierungsmarkt auch für Neugründungen aus dem EG-Ausland offensteht. Entscheidende Wettbewerbsvorteile werden in dieser Situation diejenigen Bausparkassen haben, die das Instrumentarium zur Produktivitäts- und Kostensteuerung weiterhin konsequent einsetzen, um sich Freiräume für zusätzliche Marktinvestitionen zu verschaffen, d.h. letztlich für den "Zukauf" individueller Marktanteile.

Dr. Jürgen Krumnow
Mitglied des Vorstandes
Deutsche Bank AG, Frankfurt

Ressourcenallokation
in einem internationalen Bankenkonzern

A. Junktim zwischen Marktpositionierung und Ressourcenallokation

B. Organisation und Führung als wesentliche Bestimmungsfaktoren der Ressourcenallokation

    1. Regionale Organisation

    2. Divisionale Organisation

C. Grundsätze bzw. Leitlinien der Ressourcenallokation

    1. Inlandsbank

        a. Kundenorientierte Geschäftsbereiche

        b. Produktorientierte Geschäftsbereiche

        c. Servicebereiche

    2. Auslandsfilialen und Tochtergesellschaften

D. Instrumente zur Planung und Steuerung der Ressourcenallokation

    1. Instrumente zur Planung und Steuerung einzelner personeller bzw. sachlicher Ressourcen

        a. Personalsollstellen und Personalentwicklungsplanung

        b. EDV-Budget und EDV-Projektcontrolling

        c. Immobilien-Investitionsplanung

    2. Instrumente zur Planung und Steuerung aller personellen und sachlichen Ressourcen (Unternehmensbereichsrechnung)

E. Kennzahlen zur Erfolgskontrolle der Ressourcenallokation

A. Junktim zwischen Marktpositionierung und Ressourcenallokation

Eine der wichtigsten Entscheidungen, die jede Bank individuell treffen muß, umfaßt die Abgrenzung ihrer Märkte nach Produkten, Zielgruppen und Regionen sowie die Auswahl der effizientesten Organisationsform.

Die Festlegung dieser Parameter, mit der die Bank das betriebswirtschaftliche Ziel der Sicherung ihrer langfristigen Ergebnisfähigkeit verfolgt, findet keineswegs einmalig statt, sondern ähnelt einem beständigen Beantworten der Frage, ob alle Kriterien "noch stimmen" oder ob neue gewichtige Einflußfaktoren hinzugekommen sind, die es zukünftig zu berücksichtigen gilt.

Darum ist dieser "Prüfvorgang" besonders in Zeiten kontinuierlicher Marktanpassung von essentieller Bedeutung, sind es doch nicht mehr die Großen, die bei Veränderungen der Wettbewerbssituation die besseren Chancen haben als die Kleinen, sondern es sind längst die Schnellen, die die Langsamen vom jeweiligen Marktsegment verdrängen.

Wie immer die Positionierung einer Bank im Markt aussehen, wie oft sie auch angepaßt werden mag: Diese fortwährende Entscheidung, welche Produkte welchen Kunden in welchen Regionen angeboten werden sollen, induziert unmittelbar die daran anknüpfende, betriebswirtschaftliche Entscheidung, welche Ressourcen an welcher Stelle einzusetzen sind, um die angestrebte Kundenbedienung und die Abwicklung der Geschäfte sicherzustellen.

Die zweite Entscheidung kann sehr unterschiedlich ausfallen, je nach dem, ob man sich in gewachsenen Strukturen des Inlands bewegt oder z. B. im Ausland völliges Neuland betritt. Hier ist das richtige betriebswirtschaftliche Instrumentarium unentbehrlich, um den Ressourceneinsatz messen und seine Produktivität bewerten zu können.

Beide Entscheidungen - Marktabgrenzung und Ressourceneinsatz - bauen zwar aufeinander auf, können aber nicht isoliert voneinander getroffen werden, da die Ausnutzung eines lukrativen Marktsegments durchaus an der Knappheit der eigenen Ressourcen Personal, Eigenkapital und EDV-Unterstützung scheitern kann.

Im Zentrum der Fragestellung, nach welchen Kriterien die Deutsche Bank ihre knappen Ressourcen auf einzelne Geschäftsfelder und Betriebsstätten verteilt, steht der wichtigste Produktionsfaktor eines Dienstleistungsbetriebs, der Mitarbeiter, dessen effizienter Einsatz durch sachliche Ressourcen erst ermöglicht wird.

Daneben spielt für jede Bank die finanzielle Ressource "Eigenkapital" eine bedeutende Rolle. Da dieses Seminar aber eher auf die Produktivitätssteuerung der personellen und sachlichen Ressourcen ausgerichtet ist, will ich hier auf die Eigenkapitalallokation nicht weiter eingehen.

B. Organisation und Führung als wesentliche Einflußfaktoren der Ressourcenallokation

Stattdessen möchte ich Sie zunächst mit den wichtigsten Grundsätzen bzw. Leitlinien vertraut machen, auf deren Basis die Deutsche Bank ihre Ressourcen alloziert, um anschließend auf einige Instrumente zur Planung, Steuerung und Erfolgskontrolle der Ressourcenallokation einzugehen.

Weil die Allokationskriterien in erheblichem Ausmaß durch die regionale und die divisionale Organisationsstruktur der Bank beeinflußt werden, darf ich deren Besonderheiten kurz vorwegschicken.

1. Regionale Organisation

An der Spitze der regionalen Organisation steht die Zentrale Frankfurt. Bereits 1967 wurden damals noch in Hamburg domizilierende Teile der Zentrale nach Frankfurt integriert. Außerdem sind erst kürzlich drei Vorstände und mehrere Zentrale-Abteilungen, die ihren Dienstsitz noch in Düsseldorf hatten, nach Frankfurt umgezogen. Dieser Bündelung des Ressourceneinsatzes liegt, so kann man es wohl ausdrücken, das nun komplett realisierte Allokationsprinzip zugrunde, die Zentrale aus Synergie- und Kostengründen an einem Ort zu konzentrieren.

Die nächsten Stufen in unserer regionalen Organisation bilden 16 Hauptfilialen, 70 Bezirksfilialen sowie über 1.200 Marktfilialen und Geschäftsstellen.

Bislang war die Deutsche Bank sehr dezentral organisiert, d. h. die Ressourcen wurden zu einem großen Teil in den als Profit Center geführten Filialen eingesetzt, die Stabsfunktionen der Zentrale hielt man dagegen möglichst klein.

Die fortschreitende quantitative und qualitative Entwicklung im EDV-Bereich führte jedoch zu gravierenden Veränderungen z. B. im Mitarbeitereinsatz, so daß wir heute - im Gegensatz zu früher - zwischen Kaufleuten und solchen Technikern zu unterscheiden haben, die nur noch die Abwicklung übernehmen.

Parallel hierzu rückte die divisionale Ausrichtung mit eigenen Leitlinien der Ressourcenallokation gegenüber der dezentralen Sicht immer mehr in den Vordergrund. Wo die Ressourcen heute angesiedelt werden, richtet sich vor allem nach der Komplexität der Produkte und der Größe der Zielgruppe, um das zunehmend kostenintensive Personal optimal auszulasten. Während die Akquisiteure von technischen Verarbeitungsprozessen freigehalten werden sollen, aber zu prüfen bleibt, ob sie unter dem Stichwort "All Business is Local" auch unbedingt "vor Ort" eingesetzt werden müssen, wird die Technik regional konzentriert, wodurch aber die notwendige Marktnähe der Mitarbeiter in den Abwicklungsabteilungen nicht verloren gehen darf.

Ein sinnvolles Relationship Banking muß auf dieser Basis tagtäglich in Erfahrung bringen, inwieweit man die Produktpalette noch erweitern kann, ohne auf ein zu starkes dezentrales Vorhalten von Ressourcen angewiesen zu sein.

2. Divisionale Organisation

Die hier aufgezeigte Entwicklung hat dann folgerichtig zur förmlichen Etablierung einer geschäftsfeldbezogenen, divisionalen Verantwortung innerhalb der Inlandsbank geführt, die auf eine optimale Kundenbedienung ausgerichtet ist, aber natürlich "automatisch" auch die Kriterien der Ressourcenallokation nachhaltig beeinflußt.

Das Schaubild 1 zeigt die neu geschaffenen Unternehmensbereiche "Privatkunden", "Firmenkunden/Institutionen" sowie "Ressourcen & Controlling".

Von den acht Geschäftsbereichen, die jeweils ein klar definiertes Marktsegment ergebnis- und ressourcenverantwortlich betreuen, steht bei vieren die Orientierung auf eine bestimmte Kundengruppe im Vordergrund, während die vier anderen primär über ihr Produktangebot definiert sind.

Außerdem gibt es fünf Servicebereiche, die den Geschäftsbereichen die technische Infrastruktur zur Verfügung stellen.

Divisionale Organisation

Controlling (Zentrale)

3 Unternehmensbereiche

Privatkunden	Firmenkunden/Institutionen	Ressourcen & Controlling

8 Geschäftsbereiche mit Ergebnisverantwortung								5 Servicebereiche mit Serviceverantwortung				
Privat-kunden	Anlage-Management	Firmen und Körper-schaften	Financial Insti-tutionen	Morgan Gren-fell M&A	Corporate Finance	Börsen und Fonds-geschäft	Devisen- Geld- u. Edel-metall-handel	Treasury	Kredit-über-wachung	Personal	Organi-sation und Betrieb	Con-trolling
PK	AM	F/K	FI	MG	CF	B&F	DGE	T	KÜ	P	OuB	C

4 kundenorientierte Geschäftsbereiche	4 produktorientierte Geschäftsbereiche	

Schaubild 1

☑ Deutsche Bank AG

Diese parallele Orientierung auf Kundengruppen, Produkte und Serviceleistungen macht bereits die Probleme einer divisionalen Organisationsform deutlich, in der zugleich die ungeteilte Kundenverantwortung als auch die Ausnutzung von Verarbeitungssynergien angestrebt werden. Die zweifellos vorhandene Gefahr, hierbei Ressourcen doppelt einzusetzen, haben wir durch ein System der Arbeitsteilung zwischen den Bereichen mit einer entsprechenden Verrechnungspreismechanik vermieden.

Da jeder der Geschäfts- und Servicebereiche eigene Grundsätze bzw. Leitlinien der Ressourcenallokation entwickelt hat, die letztlich für die gesamte Inlandsbank typisch sind, möchte ich die wichtigsten Besonderheiten kurz herausarbeiten.

C. Grundsätze bzw. Leitlinien der Ressourcenallokation

1. Inlandsbank

a. Kundenorientierte Geschäftsbereiche

Der Geschäftsbereich "Privatkunden" betreut wirtschaftlich selbständige und unselbständige Privatkunden - soweit sie nicht zum Bereich "Privatkunden Anlage Management" gehören -sowie Kleinunternehmen mit den von dieser Kundengruppe typischerweise in Anspruch genommenen Krediten, Einlagen und Dienstleistungen.

Für PK, wie wir den Bereich nennen, ist der besonders kundennahe Einsatz der Akquisitions- und Beratungsleistung charakteristisch. Nicht zuletzt, weil das Geschäft mit diesen Kunden über zinsgünstig hereingeholte Sicht- und Spareinlagen unsere gesunde Refinanzierungsbasis sichert, andererseits aber gerade hier die Konkurrenz zu Volksbanken und Sparkassen besonders intensiv ist, werden in allen Inlandsstellen, also buchstäblich bis zur "kleinsten Zweigstelle", Berater eingesetzt, deren Zahl und Qualifikation sich nach dem Marktpotential sowie der Kundenzahl und der Kundenstruktur richtet und außerdem auf der Maxime einer weitgehenden Standardisierung aller betrieblichen Abläufe innerhalb der Stelle basiert. Gleichzeitig wird die reine Abwicklungstechnik so weit wie möglich auf vorgelagerte Einheiten konzentriert, wobei natürlich "On-line"-Abfragen der Mitarbeiter "vor Ort" jederzeit möglich bleiben müssen.

Standardisierbare, aber kundennah abzuwickelnde Tätigkeiten wie z. B. Barabhebungen werden in zunehmend stärkerem Maße über Geldausgabeautomaten abgewickelt und auch in der

Gebührenstellung entsprechend begünstigt, um die teure Ressource "Mitarbeiter" durch den Einsatz technischer Hilfsmittel zu substituieren.

Auf der anderen Seite der Palette können besonders anspruchsvolle Produkte mit hohem Erklärungsbedarf Anlaß zu Überlegungen sein, die Ressourcen in einem mobilen Vertrieb - und damit noch flexibler - einzusetzen.

Die Privatkundenabteilung in der Zentrale betreibt kein eigenes Kundengeschäft, sondern nimmt neben der Verantwortung für Produktentwicklung, Marketingaktionen und Werbung Führungsfunktionen wahr.

Der Geschäftsbereich "Privatkunden Anlage-Management" bietet gehobenen Privatkunden, die über das Vermögensanlagepotential definiert werden und typischerweise ein Effektendepot von mehr als 100 TDM besitzen, qualifizierte Vermögensanlageberatung und Vermögensverwaltung an.

Die personellen und sachlichen Ressourcen dieses Geschäftsbereichs werden nicht in allen Geschäftsstellen vorgehalten, sondern in sogenannten Anlagezentren innerhalb einer Filiale konzentriert. Diese Bündelung des Ressourceneinsatzes hat zum Ziel, hoch qualifiziertes Anlageberatungs-Know How mit einer entsprechend aufwendigen EDV-Unterstützung nur an solchen Plätzen vorzuhalten, wo eine ausreichende "Losgröße" an Beratungsbedarf vorhanden ist.

Ein Anlagezentrum besteht typischerweise aus einem Senior- und einem Juniorberater sowie ein bis zwei Assistenten. Diese Besetzung wurde in Versuchsreihen als optimal ermittelt, ermöglicht sie es doch, je nach Beratungsbedarf im Hinblick auf Kunden und Produkte die Ressourcen gestaffelt einzusetzen, indem z. B. der Senior-Berater nur die Top-Kundschaft betreut. Ist der Kundenkreis besonders umfangreich, so kann ein Anlagezentrum auch aus mehreren "Anlageeinheiten" bestehen, die jede für sich in der beschriebenen Weise personell ausgestattet sind und ergebnismäßig einzeln abgerechnet werden.

Für "normale" Kredite, Einlagen und Dienstleistungen, die seine Kunden in Anspruch nehmen, hält der Geschäftsbereich AM keine eigenen Ressourcen vor, sondern bedient sich aus Synergiegründen der Ressourcen des auf diese Leistungen spezialisierten Geschäftsbereichs PK.

Dahinter steht der betriebswirtschaftliche Vorteil, die Fertigungskapazität anderer Bereiche für die Nachfrage der eigenen Zielgruppe in Anspruch zu nehmen und auf diese Weise Doppelarbeit zu vermeiden. Die Einzelheiten dieser Arbeitsteilung werden in bilateralen, vom Controlling zu überprüfenden "Servicevereinbarungen" zwischen den beteiligten Geschäftsbereichen festgelegt, der wirtschaftliche Ausgleich findet in Form eines Ergebnisübertrages in der Unternehmensbereichsrechnung statt, auf die ich noch zu sprechen komme.

Firmenkunden, die bestimmte Bedarfs- und Größenmerkmale überschreiten, werden vom Geschäftsbereich "Firmen und Körperschaften" in ihren Basisgeschäften betreut. Hierzu gehören Produkte des Zahlungsverkehrs, Finanzierungen, Leasing, Beteiligungskapital, Unternehmensservices und -beratung etc.

Während Firmenkunden, die die Größen- und Bedarfsmerkmale nicht erfüllen, dem Geschäftsbereich PK zugewiesen sind, nicht zuletzt, damit sie durch die dort in der Breite vorgehaltenen Ressourcen optimal betreut werden können, ist die Bedienung der Großkunden auf die Direktionen der Hauptfilialen und z. T. auf den Vorstand konzentriert.

Um die eigenen Ressourcen des Geschäftsbereichs F/K noch besser einzusetzen und deshalb höher spezialisierte Leistungen, die eher seltener nachgefragt werden wie z. B. Produkte des Kapitalmarktgeschäfts, nicht selbst anbieten zu müssen, werden die Firmenkunden in solchen Sondergeschäften von den produktorientierten Bereichen - hier im Beispiel von Corporate Finance - betreut.

Die Ressourcen im Geschäftsbereich "Financial Institutions", zu dessen Aufgaben z. B. die Überwachung der Interbankenrisiken gehört, müssen erst noch aufgebaut werden, ich will hierauf nicht weiter eingehen.

b.   Produktorientierte Geschäftsbereiche

Die produktorientierten Geschäftsbereiche betreuen alle diejenigen Kunden, die ihre Produktpalette in Anspruch nehmen.

Das dem Geschäftsbereich "Corporate Finance" zugeordnete Geschäft - z. B. Emissionen - ist so komplex, daß es unökonomisch wäre, Mitarbeiter mit einem derartigen Know How in allen Hauptfilialen zu stationieren. Darum wird der Bereich nur aus der Zentrale heraus tätig.

Der Bereich "Börsen- und Fondsgeschäft" wird zentral gesteuert und domiziliert an allen deutschen Börsenplätzen. Sie kennen das Spezifikum der deutschen Börsensituation, für die es eine Reihe von Argumenten "pro" wie "contra" gibt. Etwaige Veränderungen, z. B. auch eine verstärkte Vernetzung, werden sicher zu entsprechenden Aufgabenneuverteilungen führen.

Für die Bündelung der Ressourcen im Geschäftsbereich "Devisen-, Geld- und Edelmetallhandel" sprechen die teuere technische Ausstattung sowie die Tatsache, daß wirklich gute Händler selten sind. Außerdem erhöhen hohe Volumina die eigene Nachfragemacht.

c. Servicebereiche

Lassen Sie mich zu den Servicebereichen kommen, die den Geschäftsbereichen für die kostengünstige Bereitstellung der personellen Ressourcen und der sachlichen Infrastruktur verantwortlich sind.

Die Servicebereiche wurden nach funktionalen Tätigkeitskriterien gebildet, wobei für das gesamte Organisationsmodell dieselben Prinzipien gelten wie für jede einzelne Stelle: Die Akquisition soll nicht mit der Verarbeitung belastet werden, sondern sich stattdessen voll auf ihre anspruchsvollen markt- und kundenbezogenen Funktionen konzentrieren. Darum ist der R&C-Mitarbeiter nicht unbedingt ein Bankkaufmann, sondern bei ihm stehen die funktionalen Kenntnisse im Vordergrund.

Dem Servicebereich "Treasury" obliegt die Verantwortung für die Steuerung der knappen Ressource Eigenkapital sowie die Einhaltung der finanziellen Normen.

Der Servicebereich "Kreditüberwachung" muß kritische Distanz zu all denjenigen Bereichen wahren, die, salopp gesagt, "den Kunden Geld überlassen", und einheitliche Überwachungskriterien für die Steuerung der Bonitätsrisiken erarbeiten.

Daß der Servicebereich "Personal" die Verantwortung für eine die Strategie der Bank unterstützende Personal- und Entlohnungspolitik trägt, liegt auf der Hand.

Zum Aufgabengebiet von "Organisation und Betrieb" gehört die Optimierung der Ablauforganisation sowie die Gestaltung der Aufbauorganisation.

Die EDV-Organisation ist zur Ausnutzung von Synergieeffekten auf die Zentrale Frankfurt beschränkt, der EDV-Betrieb wird darüberhinaus aus Sicherheitsgründen in den Großrechenzentren Hamburg und Düsseldorf abgewickelt.

Die regelmäßig von der EDV-Organisation zu treffende Entscheidung, in welchem Ausmaß Softwaresysteme am Markt erworben oder aber selbstentwickelt werden sollen, führt zu der ähnlich gelagerten Frage, wie stark die Bank im EDV-Bereich, aber auch anderswo, auf externe

Berater zurückgreifen oder eigene Mitarbeiterressourcen einsetzen soll. In beiden Fällen kommt es auf genaue Prüfung der Besonderheiten des Einzelfalles an.

Eine für die Ressourcenallokation sehr wichtige Funktion innerhalb OuB nimmt unsere Zentrale Beschaffungsabteilung ein, die die Beschaffungsstandards festlegt und entsprechende Rahmenverträge mit den Herstellern aushandelt, in die dann die einzelnen Zentrale-Abteilungen und Filialen eintreten.

Der Servicebereich "Controlling", um diesen Punkt abzuschließen, ist für die externe Rechnungslegung, die Unternehmensbesteuerung sowie die internen Informations-, Analyse- und Planungssysteme verantwortlich. Außerdem hat das Controlling für unser Thema insofern besondere Bedeutung, als ihm die Überwachung der Ressourcenallokation zukommt.

Nachdem das in diesem Bereich erforderliche Spezialwissen früher in den einzelnen regionalen Stellen dezentral vorhanden war und zum Problem der Multiplikation führte, werden die Ressourcen jetzt zunehmend zentralisiert.

2. Auslandsfilialen und Tochtergesellschaften

Soweit die Grundsätze bzw. Leitlinien der Ressourcenallokation in den Geschäfts- und Servicebereichen der lnlandsbank. Lassen Sie mich kurz zu den bisher ausgeklammerten Auslandsfilialen und Tochtergesellschaften übergehen.

Da das neue Strukturmodell hier noch nicht gilt, haben sich andere Kriterien der Ressourcenallokation herausgebildet, die sehr stark durch die historische Entwicklung der einzelnen Stelle, die Besonderheiten des jeweiligen Landes sowie die Strategie der Deutschen Bank in diesem Land geprägt sind.

Ganz allgemein hält die Deutsche Bank die Errichtung eigener Filialen bzw. Tochtergesellschaften in solchen Ländern für attraktiv, die neben Wachstumsmärkten und Stabilität der Währung sowie der politischen Verhältnisse attraktive Zielgruppen bieten, wo wir also, kurz gesagt, auf der Basis unserer eigenen Stärken Erfolgschancen sehen. Dies sind insbesondere Europa, Nord-Amerika und Südost-Asien, also die Regionen, in denen wir jetzt schon tätig sind.

Innerhalb dieses Rahmens muß die Bank für jedes Land entscheiden, ob sie sich z. B. auf das Whole Sale Banking konzentrieren und das Retail Banking den heimischen Institutionen überlassen will, oder ob sie auch verstärkt das Geschäft mit privaten Kunden anvisiert.

Im letzteren Fall wird sie z. B. um die Errichtung von Zweigstellen nicht herumkommen und dadurch ganz erhebliche, insbesondere personelle Ressourcen binden. Da ihr die in der Regel nicht zur Verfügung stehen und auch nur schwer am Markt erhältlich sind, wird in diesen Fällen anstelle einer Neugründung nur die Akquisition eines anderen Instituts mit kompletter Belegschaft und entsprechendem Zweigstellennetz möglich sein. Diesen Weg ist die Deutsche Bank z. B. vor gar nicht langer Zeit in Italien und Spanien gegangen.

Will die Bank sich im umgekehrten Fall auf das Whole Sale Banking beschränken, sind die Möglichkeiten, die Ressourcen für eine Neugründung bereitzustellen, wesentlich besser. Hier kommt es aber besonders darauf an, z. B. bei der Personalzuweisung die "richtige Mischung" aus delegierten und vom lokalen Markt eingestellten Mitarbeitern zu finden, um zum einen die eigene "Corporate Identity" zu demonstrieren, sich aber andererseits den Besonderheiten des Gastgeberlandes anzupassen.

In diesem Zusammenhang möchte ich einen weiteren, für die Steuerung der Ressourcenallokation im Ausland wichtigen Einflußfaktor erwähnen, nämlich die im internationalen Vergleich sehr unterschiedlichen Steuersätze und die sich daraus ergebenden Möglichkeiten der Steueroptimierung eines weltweit operierenden Konzerns.

Hier ist in jedem Einzelfall unter Würdigung aller Umstände sorgfältig abzuwägen, welche Gestaltungsmöglichkeiten sich eine Bank nutzbar machen will.

D. Instrumente zur Planung und Steuerung der Ressourcenallokation

Nach Darlegung der wichtigsten, eher qualitativen Grundsätze bzw. Leitlinien der Ressourcenallokation möchte ich Ihnen einige der Instrumente vorstellen, die in der Deutschen Bank zur quantitativen Planung und Steuerung der Ressourcenallokation verwendet werden.

Vor einigen Jahren haben wir versucht, in einem "Totalmodell" alle Bilanz-, Ertrags- und Aufwands-Positionen simultan zu optimieren, um so die bestmögliche Ressourcenverteilung abzuleiten.

Es hat sich aber gezeigt, daß ein solches Modell, insbesondere wenn es noch Parameter zur Steueroptimierung enthält, für ein Entscheidungsmodell viel zu komplex ist und allenfalls erklärenden Charakter haben kann.

So sind wir auf Hilfsmodelle der Ressourcenallokation ausgewichen, die sich zwei Gruppen zuordnen lassen: zur ersten Gruppe gehören solche Instrumente, die nur einzelne personelle bzw. sachliche Ressourcen abbilden, während die Instrumente der zweiten Gruppe alle personellen und sachlichen Ressourcen umfassen.

1. Instrumente zur Planung und Steuerung einzelner personeller bzw. sachlicher Ressourcen

Die Instrumente zur Steuerung einzelner Ressourcen beziehen sich vor allem auf Personal, EDV und Immobilien.

a. Personalsollstellen-und Personalentwicklungsplanung

Die jährlich formulierte Personalsollstellenplanung trägt der herausragenden Bedeutung des Produktions- und Kostenfaktors "Mitarbeiter" in einem eigenen Planungssystem Rechnung, während die eher langfristige Personalentwicklungsplanung darauf gerichtet ist, das Potential der einzelnen Mitarbeiter frühzeitig zu erkennen und durch gezielte Förderung der Bank nutzbar zu machen.

Die Sollstellenplanung ist zwar ein eigenständiges Modul, muß aber dennoch nahtlos in alle anderen relevanten Rechenwerke eingepaßt werden.

b. EDV-Budget und EDV-Projektcontrolling

Ein zweites Modell zur Ressourcensteuerung bezieht sich auf den effizienten Einsatz der zunehmend wichtiger werdenden EDV, wobei ähnlich wie beim Personal zwei Steuerungsinstrumente mit unterschiedlich langem Zeithorizont zu unterscheiden sind. Während das EDV-Budget als Jahresplanung ausgelegt ist, kann das Controlling umfangreicher EDV-Projekte im Einzelfall durchaus einen mehrjährigen Zeitraum umfassen.

Interessant ist, daß die knappen EDV-Kapazitäten früher zunächst solchen Anwendungen zugeführt wurden, die unmittelbar im Kundengeschäft eingesetzt werden konnten, bevor überhaupt erst interne Bereiche berücksichtigt wurden. Später trat als Entscheidungskriterium für die Ressourcenverwendung der Aspekt der Kosteneinsparung in den Vordergrund. Jetzt steht und fällt das gesamte Standing einer Bank mit der Qualität ihrer EDV, also hat die Wettbewerbssituation - bei zunehmender Vernetzung und Integration der Systeme - herausragende Bedeutung.

c. Immobilien-Investitionsplanung

Eine für das Bankgeschäft unabdingbare Ressource stellen die eigengenutzten Grundstücke und Gebäude dar.

Vor dem Hintergrund zunehmender Dynamik des Immobilienmarktes, der wachsenden und immer komplexeren Ausstattungsnotwendigkeit "intelligenter" Bürogebäude sowie wegen der Notwendigkeit einer professionellen Objektunterhaltung hat die Deutsche Bank im letzten Jahr ihren Immobilienbesitz in einen eigenen Unternehmensbereich mit einem höheren Spezialisierungsgrad eingebracht.

Durch personelle Verstärkung dieses Bereichs mit Fachkräften von außen sowie durch den Einsatz integrierter EDV-Systeme ist es möglich, das Immobilienvermögen betriebswirtschaftlich optimal zu steuern.

Dieser neue Unternehmensbereich erstellt einmal im Jahr seine Investitionsplanung, in der alle Bauvorhaben detailliert aufgeführt und überwacht werden.

2. Instrumente zur Planung und Steuerung aller personellen und sachlichen Ressourcen

Nach der kurzen Darstellung dieser Einzelmodelle möchte ich auf das Instrument eingehen, das einen detaillierten Nachweis über den Verzehr aller personellen und sachlichen Ressourcen liefert und darüber hinaus voll auf unser neues Strukturmodell zugeschnitten ist, die Unternehmensbereichsrechnung, die den geschäftlichen Erfolg und den Verantwortungsbezug des jeweiligen Geschäftsbereichsleiters sowie den Nachweis der Effizienz des Ressourceneinsatzes in einer tiefgestaffelten Deckungsbeitragsrechnung deutlich machen soll.

Lassen Sie mich die einzelnen Stufen kurz erläutern. (Vgl. Schaubild 2)

Die Erträge aus Produkten des eigenen Geschäftsbereichs werden zunächst um den direkt verantworteten Personal und Sachaufwand gekürzt. Der verbleibende direkt verantwortete Deckungsbeitrag ist vom Bereichsleiter in hohem Maße zu beeinflußen und daher zur kurzfristigen Geschäftssteuerung verwendbar.

Unternehmensbereichsrechnung

Mio DM	UB Privatkund.		UB Firmenkunden/Institutionen					Summe GB	Summe SB	Summe GB/SB
	GB PK	GB AM	GB F/K	GB FI	GB CF	GB B&F	GB DGE	GB	SB	GB/SB
Gesamterträge aus Produkten des eigenen GB										
./. direkt verantworteter Personalaufwand										
./. direkt verantworteter Sachaufwand										
= direkt verantworteter Deckungsbeitrag aus Produkten des eigenen GB										
./. direkt verursachter Aufwand der R&C-Bereiche										
= Deckungsbeitrag nach direkt verursachtem R&C-Aufwand										
./. Indirekter Aufwand der filialeigenen R&C-Bereiche										
./. Inanspruchnahme der Zentrale und der Hauptfiliale										
= Bereichsergebnis										
+/- Verrechnungen mit anderen GB										
= Kundengruppenergebnis										
+/- Veränderung von Barwerten und Kursreserven										
= Performance										
Mitarbeiterkapazität										

Schaubild 2

☑ Deutsche Bank AG

In der nächsten Rechenstufe wird jedem Geschäftsbereich der durch ihn direkt verursachte Aufwand der Servicebereiche belastet. Der Deckungsbeitrag nach direkt verursachtem R&C-Aufwand eignet sich für Wirtschaftlichkeitsanalysen.

Zieht man in einer weiteren Stufe den Overhead ab, zeigt das Bereichsergebnis die langfristige Preisuntergrenze an.

Nach Berücksichtigung von Verrechnungen, die für die schon erwähnten Servicevereinbarungen gelten, dient das Kundengruppenergebnis, wie der Name sagt, der Kundengruppen- und Geschäftsbereichssteuerung.

Wir sind der Überzeugung, daß dieses System, das zukünftig - um Marktfaktoren ergänzt - für alle regionalen Einheiten auf Jahresbasis geplant und dann monatlich im "Ist" im Quervergleich zeitnah erstellt werden soll, den Verantwortlichen wertvolle Anregungen für die Steuerung des Geschäfts und dabei insbesondere des effizienten Ressourceneinsatzes vermitteln wird.

In den Auslandsfilialen und Tochtergesellschaften, die noch nicht in die Neustruktur einbezogen sind und die daher auch noch keine Unternehmensbereichsrechnung erstellen, werden zur Steuerung der Ressourcenallokation sehr differenzierte Spartenrechnungen verwendet, die aber im Prinzip ähnliche Informationen liefern.

E. Kennzahlen zur Erfolgskontrolle der Ressourcenallokation

Nach dieser Darstellung der beiden Modelle zur Planung und Steuerung der Ressourcenallokation möchte ich abschließend kurz auf die in unserem Haus verwendeten Kennzahlen zur Erfolgskontrolle der Ressourcenallokation eingehen.

Unser bisheriges Kennzahlensystem, das wir vor der Einführung der Neustruktur installiert hatten und das im Ressourcenbereich auf zahlreiche Rentabilitäts- und Produktivitätsziffern ausgerichtet war, schloß unmittelbar an die Ergebnisdarstellung unserer früheren Spartenrechnung an.

Nach Einführung der Unternehmensbereichsrechnung sind wir gerade dabei, ein hierauf zugeschnittenes, neues aussagefähiges Kennzahlensystem zu etablieren.

Hierbei gehen wir zweistufig vor.

Alle Kennzahlen, die sich lediglich aus der Kombination von Ertrags-, Aufwands-, Ergebnis- und Mitarbeiterzahlen ergeben, wurden schon in unsere erste Unternehmensbereichsrechnung per 30. Juni 1991 für alle Bereiche und Produkte übernommen.

Auf diese Weise haben wir für jede Deckungsbeitragsstufe die korrespondierende Aufwandsrentabilität sowie die Produktivität je Mitarbeiter errechnet und entsprechende Quervergleiche aller Hauptfilialbezirke angestellt.

Uns ist klar, daß nicht alle diese Kennzahlen die gleiche Aussagefähigkeit besitzen. Darum ist gerade ein Arbeitskreis aus Zentrale- und Filialvertretern gebildet worden, der entsprechend selektieren soll, um auf der Basis dieser ersten groben Lösung das System anzupassen, zu verfeinern und um Marktfaktoren zu erweitern. Der Arbeitskreis soll in naher Zukunft seine Vorschläge unterbreiten, derzeit kann ich Ihnen aber leider noch kein konkretes Ergebnis präsentieren.

Harald Koch

Geschäftsführer

dvg - Datenverarbeitungsgesellschaft der niedersächsischen Sparkassenorganisation mbH, Hannover

Die technologiebedingte Revolution
der Dienstleistungsproduktivität von Banken und Sparkassen

1. Ausgangssituation des Finanzdienstleistungsmarktes

Das Thema könnte den Eindruck erwecken, daß von der technologischen Entwicklung ganz allgemein revolutionäre Veränderungen der Dienstleistungsproduktivität bei Banken und Sparkassen ausgehen. Es suggeriert möglicherweise darüber hinaus, daß diese Revolution technologiebedingt zwangsläufig eintritt. Es gehen jedoch maßgebliche Veränderungen, die auf die Dienstleistungsproduktivität wirken, auch vom Markt aus. Es gibt also eine Wechselwirkung von Markt und Technik auf die Dienstleistungsproduktivität. Um das etwas deutlicher zu machen, möchte ich kurz die vom Markt ausgehenden Sogwirkungen und zum anderen die technisch begründeten Veränderungen betrachten (s. Abb. 1 und 2).

2. Rahmenbedingungen der Datenverarbeitung

2.1. Merkmale der bisherigen Entwicklung

- abgeschlossene, spartenorientierte Anwendungen
- Rationalisierung des Mengengeschäftes (insbesondere des Massenzahlungsverkehrs)
- Einzelvorfallbetrachtung
- fehlende Gesamtintegration
- zwangsläufige Nutzung der Anwendungen, vielfach buchungstechnisch begründet

Anforderung: - Strategie neu ausrichten
                   - Technologiesprung zu neuen Anwendungsprodukten

(s. Abb. 3)

2.1.1. Hardware

Im Rahmen dieses Vortrages soll unter technologiebedingt ein durch die Ergebnisse von Hard- und Software-Entwicklung angestoßener Prozeß verstanden werden. Die Entwicklung der Hardwaretechnologie gehört nach wie vor zu den erstaunlichsten Vorgängen der Gegenwart. Man hat sich nur so daran gewöhnt, daß man sich nicht mehr wundert. Seit vielen Jahren durchlaufen die wichtigsten Parameter der Schaltkreistechnik einen exponentiellen Verbesserungsprozeß, für den es auf keinem anderen technischen Gebiet eine Parallele gibt.

Zwar haben sich die Trends in den letzten zehn Jahren etwas abgeschwächt, aber für ein schematisches Bild ist immer noch die Aussage brauchbar, daß die Zahl der Schaltschritte pro Sekunde (=Geschwindigkeit, mit der über Informationen verfügt werden kann), die Anzahl der Schaltkreise und Speicherplätze (=Volumen verfügbarer Informationen), der Volumenbedarf und der Preis pro Schaltkreis und pro Speicherplatz alle zwanzig Jahre um einen Faktor "Tausend" verbessert wurden und gegenwärtig noch werden. Es wird sicherlich nicht in alle Zukunft so weitergehen, und ebenso natürlich wird es sein, daß dieser Prozeß auch nicht abrupt beendet ist, sondern der Fortschritt wird allmählich zäher - ein wenig merkt man schon davon (s. Abb. 4 und 5).

2.1.2. Software

Die Entwicklung der Software ist im Rahmen der technologiebedingten Entwicklung ein nicht weniger bemerkenswerter Vorgang, aber man staunt hier über etwas andere Effekte. Zunächst muß man daran erinnern, daß die Software später in die rasante Entwicklung eintrat als die Hardware. Die Programmierung war lange Zeit ein intellektuelles Vergnügen, aber kein Produkt. Der Unterschied und der Übergang ist nicht überall und von allen Beteiligten gleich gut begriffen worden. Sie sind auch nicht leicht zu verstehen. Ich glaube, daß man etliche echte Probleme mit der Software nicht unterschätzen sollte, vieles haben wir in den Griff bekommen wie bei der Hardware, vieles werden wir in den nächsten Jahren in den Griff bekommen. Aber die Software hat auch Züge, die schwerer zu deuten sind.

Beginnen wir mit den Parametern, die denen der Hardware recht ähnlich sind:

• die Größe des Systems (gemessen in Systemprogrammzeilen)
• die Kosten pro Programmzeile
• die Zahl der Anwendungen des Systems
• die Verläßlichkeit des Systems
• die Servicefreundlichkeit des Systems
• die Güte der Dokumentation

Die Größe des Systems wächst bei der Software exponentiell wie bei der Hardware. Sie hat den verspäteten Start längst aufgeholt und auch bei ihr ist ein nachlassendes Wachstum in den nächsten zehn Jahren nicht zu erwarten. Denn es geht ja nicht nur darum, die vorhandenen Einrichtungen zu verbessern und zu erweitern, sondern auch um immer neue Hilfsmittel und um die Übernahme weiterer Routinearbeit von Operator und Benutzer durch das System. Die Benutzung des Computers soll ja immer einfacher und problemloser und voraussetzungsloser werden. Die Kostensituation ist jedoch ungleich der Hardwareseite, hier bei der Software gibt es keinen Trend, der die Programmierkosten exponentiell abnehmen lassen würde. Die Geschwindigkeit des Programmierers ist konstant und seine Bezahlung muß im Zeitalter der ständigen Inflation ebenso beständig steigen. Die Kosten des Softwaresystems bleiben jedoch proportional zu ihrer exponentiell steigenden Zahl von Programmzeilen. Dagegen helfen immerhin einige Effekte: Erstens kann man Systemteile von früheren und anderen Systemen übernehmen, zweitens kann man mit Standardmodulen arbeiten, die mit geringen Veränderungen immer wieder eingesetzt werden.

Die Hoffnung auf die "Programmierung der Programmierung" ist fast so alt wie der Computer. Manche Hilfsprogramme des Systemprogrammierers fallen in der Tat auch in diese Kategorie, aber ob und wann sich hier die Hoffnung auf einen revolutionierenden Durchbruch erfüllen wird, vermag ich heute nicht zu sagen. Damit bleibt als Hauptreduktionsfaktor für die Kosten die Verwendung eines Softwaresystems auf möglichst vielen Hardwaresystemen. Dazu benötigen wir neue Systemstrukturen und Anwendungsarchitekturen (s. Abb. 6 - 9).

2.2. Weitere Trends in der Datenverarbeitung

2.2.1. Allgemeine Entwicklung

Die weitere Zielrichtung in der Informatik wird sich auf

- eine Optimierung und verstärkte Systematisierung und Standardisierung vorhandener Ressourcen und
- die konsequente Reduzierung vorhandener Kostenblöcke (insbesondere durch SB-Komponenten)

konzentrieren.

Zielrichtung ist dabei ein Ausbau der Unterstützungsfunktionen (insbesondere im Verkauf) sowie die Erreichung strategischer Vorteile im Wettbewerb (s. Abb. 10). Dabei finden auch bemerkenswerte Veränderungen statt: Bisher dominierten zentralisierte, eher spartenorientierte Lösungen, die von zum Teil weniger qualifizierten Mitarbeitern handhabbar, aber in ihrer Leistungsfähigkeit dadurch auch eingeschränkt waren. Zukünftig werden umfassende, integrative Systeme, deren Einsatz mit den betrieblichen Arbeitsabläufen eng aufeinander abzustimmen ist, eine Effizienzsteigerung gewährleisten (s. Abb. 11). Diese Entwicklung wird ermöglicht und/oder gefördert durch das Zusammenwirken verschiedener technologischer Entwicklungen (s. Abb. 12).

Mit dieser Entwicklung geht eine Veränderung der Kostenstruktur in der Datenverarbeitung einher. So ist zu erkennen, daß - wie bereits angedeutet - die Hardware einem dramatischen Kostenverfall unterliegt; die Personal- und Softwarekosten dagegen nicht (s. Abb. 13).

Neben der Hard- und Software kommt der Entwicklung des Fernmeldenetzes eine mindestens ebenso entscheidende Bedeutung im Zusammenhang mit meinem Thema zu. Deshalb auch ein kurzer Blick auf dieses "verbindende Element" (s. Abb. 14).

2.2.2. Zukünftiges Umfeld

Hauptkostenträger in Banken und Sparkassen ist das Personal. Verdient wird das Geld in erster Linie im Vertrieb. Um eine gezielte Ressourcen-Steuerung sicherzustellen, bedarf es eines umfassenden, mehrdimensionalen Vertriebssteuerungssystems, auf dessen Inhalte später bei den Anwendungsbeispielen eingegangen wird.

Die Hauptausrichtung zu einer verbesserten Ressourcennutzung und einem Abbau von Kosten bei gleichzeitiger Verbesserung des Angebotes gegenüber Kunden liegt in der direkten Verkaufsunterstützung. Voraussetzung hierfür ist, daß personalintensive und damit kostenträchtige Leistungen der Kreditinstitute, begleitet durch eine aktive Konditionenpolitik, weiter standardisiert und z. B. im Rahmen der Selbstbedienung auf die Kunden übertragen werden.

Der Kundenberater wird dann mittels Einsatz einer leistungsfähigen Technik gezielter, systematischer und qualitativ hochwertiger und kostengünstiger die Geschäfte mit den Kunden erledigen können, und damit dem Kreditinstitut einen betriebswirtschaftlichen Erfolg verschaffen (s. Abb. 15).

Die praktischen Konsequenzen des bisher Gesagten führen - bezogen auf den einzelnen Arbeitsplatz - zur Integration und Vernetzung und damit zu einer deutlichen Veränderung gegenüber den heutigen, herkömmlichen Arbeitsplätzen.

Die intensive Analyse von Kundenbeziehungen am Bildschirm (Kundenprofile), die Unterlegung des Kundengespräches durch Beraterprogramme, die maschinelle Zuspielung der erforderlichen Kundendaten sowie die EDV-gestützte Standardisierung von Arbeitsabläufen ermöglichen eine effizientere Kundenberatung und Bearbeitung von anfallenden Geschäftsvorfällen.

Der schnelle Zugriff auf Daten sowie eine Beschleunigung und damit Kostenreduzierung von Vorgängen - die Information als Instrument - wird zukünftig eine noch stärkere Rolle als bisher spielen. Das heute noch futuristisch wirkende Bild eines multifunktionalen Arbeitsplatzes wird insofern Realität, als die Investition durch den bereits dargestellten Verfall der Hardwarekosten rentabel und der inhaltliche Einsatz dieser Komponenten im Wettbewerb gefordert und durch die technologische Entwicklung (Sprach- und Bildverarbeitung, künstliche Intelligenz) effizient wird (s. Abb. 16).

Die wesentlichen Merkmale von MFKS sind:

- Bewegtbild-Kommunikation am PC-Arbeitsplatz
- gemeinsames Editieren von Dokumenten, d. h. die Kommunikationspartner können einen Text, eine Grafik, ein Layout oder eine CAD-Zeichnung gemeinsam mit einem entsprechenden Anwendungsprogramm erstellen oder verändern.
- Steuerung von Geräten (z. B. Kamera oder Videorecorder) an der Gegenstelle,
- Verfügbarkeit von ISDN-Diensten wie Filetransfer, Teletex, Telefax und Btx.

3. Exkurs: Verzahnung von
  - **praxisorientierten Anforderungen an die Datenverarbeitung und**
  - **entwicklungstechnologisch bedingten Unterstützungsmöglichkeiten durch die Datenverarbeitung**

Die sich aus dem Markt ergebenden Anforderungen an die Datenverarbeitung sind Ihnen hinlänglich bekannt und zu Beginn meines Vortrages noch einmal zusammengefaßt worden. Worauf es mir, nach der Darstellung von Entwicklung und Tendenzen der EDV-Technologie und Informatik ankommt, ist, die Wirkungen von Marktanforderungen einerseits und des technischen Fortschritts andererseits als Revolution in einem untrennbaren Zusammenhang zu verstehen.

Markt und Technik wirken in drei verschiedenen Ebenen:

- Innovation
- Substitution
- Rationalisierung

Innovation ist hier die technisch wirtschaftliche Realisierung einer neuartigen Lösung für eine bestimmte Aufgabenstellung, die Einführung neuer Produkte, neuer Verfahren, neuer Anwendungen (Hinweis: Kreditinstitut muß auf Basis eines Prozeß- und Datenmodells eigene Produkte selbst kreieren können). Mit Hilfe neuer Technologien werden neue Märkte geschaffen, die längerfristig Wachstum und Konkurrenzfähigkeit der Marktteilnehmer sichern. Die heutige Innovation dient also der Existenzsicherung und dem Wachstum von morgen. Aus der Rückschau und der Betrachtung der Trends sehen wir, daß neue Produkte und Verfahren regelmäßig alte ersetzen.

Die Innovation zieht somit die Substitution nach sich. Der Ersatz vollzieht sich in einem evolutionären Prozeß. Wer Substitutionen verhindern will, behindert gleichzeitig die Innovation und gefährdet gleichzeitig die zukünftige Existenz, deshalb muß der Ersatz unterlegener Substitutionsprodukte und -verfahren mit gleicher Konsequenz betrieben werden, wie die Innovation.

Innovative Produkte und Verfahren stehen im Wettbewerb zu herkömmlichen Produkten und Verfahren; sie können sich nur dann am Markt durchsetzen, wenn sie gegenüber alten Lösungen zusätzlichen Nutzen oder den gleichen Zweck mit geringerem Aufwand erfüllen können. Das bewirkt die eigentliche Rationalisierung. Somit muß der Wirkungszusammenhang zwischen Innovation und Rationalisierung akzeptiert werden. Die von mir aufgezeigte Entwicklung in der Datenverarbeitung erlangt in ihrer Wirkung und durch die sich daraus ergebenden Möglichkeiten eine immer stärkere Eigendynamik. Heute bestimmt nicht mehr der Markt allein die Entwicklung neuer Anwendungen. Der dynamische Prozeß in der Informations-Verarbeitung bestimmt heute vielfach die Unternehmen in ihren Arbeitsabläufen und Arbeitsinhalten, ihrer Aufbauorganisation und den gesamten Kontroll- und Sicherheitsapparat. Die Datenverarbeitung muß daher zukünftig stärker als in der Vergangenheit als eigenständiges Management- und Marketinginstrument (nach innen und außen) gewertet werden.

4. Interdependenz der technologiebedingten Revolution und der Dienstleistungsproduktivität von Banken und Sparkassen

Bevor ich auf einzelne Anwendungsbeispiele eingehe, die die bisherigen Aussagen einer technologiebedingten Revolution der Dienstleistungsproduktivität von Banken und Sparkassen belegen sollen, möchte ich zum gemeinsamen Verständnis auf die möglichen unterschiedlichen Betrachtungsweisen der Produktivitätssteigerungen eingehen (s. Abb. 17).

4.1. Arten der Betrachtungsweise

Nutzenkategorie I:

1. Kostenersparnisse

1.1 Abbau von Tätigkeiten im Backoffice durch maschinelle Unterstützung von Bearbeitungsvorgängen sowie Standardisierung und damit Vereinfachung und Beschleunigung von Arbeitsabläufen

1.2 Abbau von Risiken und verbesserte Früherkennung im Kreditgeschäft durch

- Risikoklassifizierung
- Bonitätsanalyse
- Scoring-Verfahren

1.3 Ausbau der Kundenselbstbedienung für mehr Service und Abbau von weniger qualifizierten, aber kostenträchtigen, weil personalintensiven Tätigkeiten z. B.

- Kasse
- Kontoauszug
- Dauerauftrag
- Überweisungen

Nutzenkategorie II:

2. Produktivitätszuwachs

2.1 Beschleunigung bei der Erledigung von Arbeiten, Steigerung der Produktivität durch Übernahme zusätzlicher Tätigkeiten

2.2 Qualitative Verbesserung von Arbeitsvorgängen (Beratung Sachbearbeitung)

Nutzenkategorie III:

3. Strategische Nutzen

3.1 Verbesserung der Analyse und Steuerung zur Erkennung und Bearbeitung von schwachen Geschäftsfeldern/Kundengruppen

3.2 Verbesserung der Effizienz von Unternehmensteilen durch Einsatz EDV-gestützter Instrumente

- Budgetierung
- Materialverwaltung
- Kostenrechnung

3.3 EDV-gestützte Straffung der Produktpalette (z. B. Ratensparvertrag von 3 - 25 Jahren statt in drei Formen 3-6/7 Jahre, 8 - 25 Jahre) und Bildung und Zuordnung von Produktbündeln auf zuvor definierte und maschinell ausgewertete strategische Geschäftsfelder (z. B. vermögende Private).

Eindeutige Hauptstoßrichtung des Technologieansatzes ist der Kunde bzw. die Kundenbeziehung.

Strategisch geht es darum, die eigene Position gegenüber den Wettbewerbern abzusichern. Hinsichtlich der verursachten Kosten gilt es, durch Rationalisierung und Standardisierung eine Steigerung der Effizienz herzustellen. In Bezug auf das Verhältnis Institut/Kundenbeziehung wird das Ziel verfolgt, Nutzen durch ertragsorientierte Steuerung des Dienstleistungsangebotes und -absatzes zu forcieren. An die Datenverarbeitung werden aus dieser Vorgehensweise hohe Anforderungen gestellt.

Eine wesentliche geschäftspolitische Anforderung ergibt sich aus den im Grundsatz generischen Strategien des überlegenen Nutzens (mehr Absatz) bzw. niedrigerer Kosten (verstärkte Rationalisierung/Standardisierung). Es wird zukünftig eine entscheidende Managementaufgabe sein, diese beiden Strategien in Bezug auf den Kunden zu optimieren.

4.2. Anwendungsbeispiele

Aus einer mehrdimensionalen Betrachtungsweise des gesamten Geschäftsbetriebes kann ich hier nur einige Beispiele, die die bisherigen Aussagen belegen sollen, herausheben.

Am wichtigsten erscheint mir dabei, die Steuerung des Unternehmens, insbesondere des Vertriebs.

4.2.1. Vertriebssteuerung/Verkaufsunterstützung

Eine in der Aufbauorganisation weitestgehend umgesetzte Marktorientierung muß auch EDV-technisch unterstützt werden. Die Beziehung Kunde/Bank muß zum Hauptverbindungsglied ausgebaut werden. Sie muß getragen werden durch eine EDV-gestützte Analyse, Segmentierung und Kontrolle. Der Einsatz einer Konto- und Kundenkalkulation, unterstützt durch eine unternehmensweite Kostenrechnung bis zum Einsatz einer Profitcenter-Rechnung stellt ein wesentliches Instrument dieser Steuerung dar.

Die maschinelle Unterstützung bei der Festlegung strategischer Geschäftsfelder sowie eine systematische Betreuung der Kunden mittels geeigneter Instrumente löst Zufallskontakte oder (wie in der Vergangenheit) die weitestgehend vom Kunden ausgehende Initiative ab.

Diese Steuerung wird insofern zwingend notwendig, als der Großteil des Ergebnisbeitrages aus der Privatkundschaft von einer nur kleinen Gruppe herauszufilternder Kunden erbracht wird (s. Abb. 18).

4.2.2. Kundenselbstbedienung

Eine wesentliche strategische Zielrichtung zum Abbau von Kosten ist, wie bereits mehrfach angedeutet, der konsequente Ausbau der Kundenselbstbedienung. Erfahrungen liegen bereits durch den langfährigen Einsatz von Kontoauszugdruckern und Geldausgabeautomaten (EUFISERV) vor. Zukünftig ist es sehr wohl vorstellbar, den gesamten Dauerauftragsdienst sowie die heute noch immer vielfach von Mitarbeitern erstellten Überweisungsaufträge durch Kunden selbst an multifunktionalen SB-Komponenten tätigen zu lassen. Und warum soll nicht auch ein einfaches Anlagegeschäft in dieser Form abgewickelt werden?

Der weitere Abbau der zur Zeit noch weitestgehend klassischen Vertriebswege über Geschäftsstellen läßt eine Reduktion der Vertriebskosten im Mengenkundengeschäft um bis zu 40 % zu (s. Abb. 19).

4.2.3. Computerunterstützte Sachbearbeitung (CSB)

- Passiv
- Wechsel
- Aktiv

Am Beispiel einer computerunterstützten Sachbearbeitung im Passivgeschäft möchte ich die qualitative Verbesserung der Beratung, die Reduzierung von Folgekosten sowie die Imagesteigerung gegenüber den Kunden verdeutlichen.

Stellen Sie sich zunächst die noch sicherlich verbreitete Form eines Anlagegesprächs vor: Der Kunde hat unklare Vorstellungen, möchte Alternativen durchgerechnet haben, es werden Renditetabellen bewegt und Taschenrechner benutzt. Hat sich der Kunde entschieden, wird an der Schreibmaschine ein Vertrag ausgefüllt und später manuell eine Kontoeröffnung durchgeführt.

Im Rahmen einer computerunterstützten Sachbearbeitung werden zum Beratungsgespräch die hinterlegten Kundendaten aufgerufen, mittels standardmäßig hinterlegter Konditionen Anlagealternativen im Dialog ermittelt und dargestellt und bei Entscheidung des Kunden das Konto maschinell eröffnet und der Vertrag ausgedruckt. Bis auf die Unterschrift des Kunden alles ohne Papier und Bleistift (s. Abb. 20).

4.2.4. Zahlungsverkehr

- EZÜ
- EAF
- Schriftenlesung

Die Rationalisierung des Zahlungsverkehrs stellt hinsichtlich der absoluten Kosten besondere Anforderungen an die Datenverarbeitung. So sind neben Möglichkeiten zur Reduzierung des beleggebundenen Zahlungsverkehrs bereits seit Jahren Belegleser (lesen codierter Zeilen) mit Erfolg im Einsatz. Die Übertragung beleggebundener Daten auf elektronische Medien (EZÜ, Schriftenlesung) beschleunigt die Übertragungsdauer zu deutlich geringeren Kosten (s. Abb. 21 - 24).

1. Elektronische Abrechnung mit Filetransfer (EAF)

Im EAF werden Inlandszahlungen ab DM 10.000,00 und SWIFT-Anschlußzahlen am LZB-Bankplatz (z. Z. nur Frankfurt) zwischen EAF-Teilnehmern abgewickelt. Bedingung ist, daß die Teilnehmer am Bankplatz ein LZB-Konto unterhalten.

2. Elektronischer Schalter (ELS)

Das ELS-Verfahren dient der Übermittlung von Eilüberweisungen ab DM 10.000,00, telegrafischer Überweisungen und der Platzüberweisungen. Empfänger eiliger oder telegrafischer Überweisungen können alle Kreditinstitute in Deutschland sein. Die Übermittlung der Daten erfolgt zum Rechenzentrum der LZB, die Verrechnung über das örtliche LZB-Konto ohne Einschaltung der Girozentrale.

3. Elektronische Kontoinformation (EKI)

Da Aufträge im Zahlungsverkehr der Bundesbank nur bei ausreichender Deckung ausgeführt werden, kommt der EKI besondere Bedeutung zu. Es können Kontoauszüge und Konto-stände abgefragt werden.

Informationen werden übermittelt:

- über ungedeckte Aufträge zu einem bestimmten Zeitpunkt
- unabhängig vom Zeitpunkt, wenn ein Negativ-Saldo der EAF zu einer Unterdeckung des Kontos führen würde.

Ziel der Maßnahmen ist es, im Rahmen der EZÜ-Pflicht für Überweisungen ab DM 10.000,00 an alle Kreditinstitute vom 20.01.1991 an, die tagglgleiche Buchung beim Empfängerinstitut zu erreichen.

4.2.5. Computerbörse

Anhand der Entwicklungen im Wertpapierhandel läßt sich nachvollziehen, wie traditionell von Personen betriebene Geschäfte durch Einsatz neuer technischer Möglichkeiten verändert werden.

Nutzen: Präsenzbörsen und Börsenbüros verschwinden

Makler werden überflüssig

Finanzplatz Bundesrepublik wird aufgewertet

Position der Banken im internationalen Wettbewerb wird gestärkt

Durch professionelles Management der Kosten für Marktorganisation und Markttechnik können Fehlinvestitionen vermieden werden.

Vorteile für Kunden?

- geringeres Risiko

- schnellere, zeitnähere Abwicklung

- Kauf-/Verkaufsmarken maschinell setzen

- Preiskonstanz

5. Auswirkungen technologischer Veränderungen

5.1. Innerbetriebliches Konfliktfeld

Die Datenverarbeitung durchdringt alle Lebensbereiche in exponentiell wachsendem Ausmaß: Von der Futtermischung in einer Hühnerfarm über die Entwicklung und Produktion eines neuen Rasenmähers, bis hin zur Berechnung eines Hypothekendarlehens. Überall sind heute Computer im Einsatz, um Waren und Dienstleistungen effizienter herstellen und kostengünstiger anbieten zu können. Um das Leistungspotential moderner Hard- und Software einigermaßen voll nutzen zu können, benötigen Unternehmen, also auch Banken und Sparkassen qualifizierte Mitarbeiter, deren einmal erworbenes Fachwissen nicht statisch sein darf. Wer sich nicht permanent weiterbildet, verliert schnell den Anschluß an die Entwicklung der Technik.

Welche Bedeutung der Informationstechnologie in der Arbeitswelt zukommt, verdeutlicht eine Studie des Instituts für Arbeitsmarkt- und Berufsforschung: Danach waren im Jahr 1970 für 95 % aller Tätigkeiten DV-Kenntnisse nicht erforderlich. Bis zum Jahre 2000 werden sich die Verhältnisse grundlegend ändern. In knapp einem Jahrzehnt, so die Untersuchung, wird wohl nur noch ein gutes Drittel aller Berufstätigen ohne Computerwissen auskommen (s. Abb. 25).

Die Arbeitswelt im Jahr 2000: Ohne Computer geht's nicht mehr

Randberufe   sind jene Tätigkeiten, in denen es um die reine Anwendung von Programmen geht, Hintergrund aber nicht erfordrlich ist. Dazu gehören beispielsweise Sekretärinnen, die ein Textverarbeitungssystem bedienen oder Journalisten, die ihre Artikel schreiben müssen.

Mischberufe   üben diejenigen aus, die an ihrem Arbeitsplatz vertiefte Fachkenntnisse - zum Beispiel im kaufmännischen Bereich - mit komplexen Datenverarbeitungsmöglichkeiten kombinieren müssen.

Kernberufe   beschäftigen sich ausschließlich mit den höheren Weihen der Datenverarbeitung. Software-Entwickler, Systemanalytiker, Datenbankadministratoren - die Liste dieser Kernberufe ist lang und wird ständig länger.

5.2. Herausforderung an die Führungskräfte von Banken und Sparkassen

Bedingt durch die Technologieentwicklung in dem vorstehend dargestellten Sinne: mehr Dinge gleichzeitig, schneller, unter höheren Risiken und auf neue Art und Weise zu bewältigen, bieten sich Chancen, die von den Unternehmen in neue Systeme und Produkte umzusetzen sind. Dabei kommt aber den Führungskräften und letztlich dem Management des Unternehmens die Aufgabe zu, den Bedarf an die Entwicklung neuer Anwendungen und Verfahren zu ermitteln und zu bewerten (s. Abb. 26).

Das Grundproblem, das dabei sichtbar wird, ist eine steigende Systemkomplexität. Es ist nämlich relativ einfach, Meilensteine durch Erfassung von fertiggestellten Programmbefehlen oder Teilanwendungen u.ä. zu kontrollieren, ungelöst ist aber immer noch das Problem, die Entwurfsleistung (das Konzept) zu bewerten und/oder den Zeitbedarf abzuschätzen, der z. B. für das Zusammenfügen einzelner erstellter Softwarepakete untereinander und mit der parallel entwickelten, teilweise noch vielbeachteten Hardware erforderlich ist. Je komplexer das System ist, desto mehr nimmt auch die Produktivität pro Mann-Jahr ab. Zwischen einfachen und sehr komplexen Systemen sind Produktivitätsunterschiede von 4 : 1 durchaus realistisch. Der Mehraufwand rührt vom ungleich höheren Kommunikationsbedarf her, dabei kann man z. B. in Softwareprojekten nicht ohne weiteres Verbesserungen durch verstärkten Mitarbeitereinsatz erreichen.

Die Produkte und Systeme werden auch deswegen komplizierter und komplexer, weil eine Fülle von Leistungsmerkmalen im Wettbewerb unabdingbar ist. Dies können Leistungsmerkmale sein, die am Beginn der Produktentstehung (Konzepterstellung) nicht gefordert waren, aber beim Übergang zum Praxiseinsatz doch implementiert sein müssen. Diese Leistungsmerkmale sind in der Technologie aber nicht nur produkt- und systemimmanente Verbesserungen, sondern auch so komplexe Dinge wie Zukunftssicherheit, Erweiterbarkeit und einfachere Bedienung und Wartung.

Es gibt aus diesen Anforderungen keine Patentrezepte für das Management. Wichtig ist jedoch meines Erachtens:

1. Daß die Entwicklungen in der Kommunikations-Technologie und ihre Anwendungsmöglichkeiten fortlaufend vorausschauend beobachtet und bewertet werden. Es gilt, die Nutzungsmöglichkeiten neuer Technologien nicht nur für künftige Produkte und Leistungen, sondern auch für die bestehenden zu erkunden. Damit bekommt die Technologiebeobachtung immer größere Bedeutung für die Produktentwicklung und -optimierung. Nur eine zielgerichtete Technologiebewertung macht das Risiko der Technologiewahl bei Entwicklungsbeginn kal-

kulierbar. Eine Faustregel besagt, daß die technologische Vorausschau über die doppelte Zeit des Entwicklungsprozesses erfolgen sollte. Bei großen und komplexen Systemen in der Kommunikationstechnik bedeutet dies eine Voraussicht von etwa zehn Jahren.

2. Sinn der immer wichtiger werdenden Entwurfsphase ist, zu einem streng strukturierten und damit nach formalen Kriterien überprüfbaren Vorgehen zu kommen. Das bedeutet: klare Festlegung des Entwicklungszieles, sowie Segmentierung in Teilentwicklungen; sie erleichtern die dynamische Kontrolle der Aktivitäten auch bei nachträglichen Änderungen. Die bisherigen Erfahrungen zeigen, daß der erhöhte Zeitaufwand in der Konzept-/Entwurfsphase sich durch Einsparungen in dem weiteren Prozeß rechtfertigt.

3. Die Komplexität muß planbar, berechenbar und kontrollierbar gemacht werden. Die notwendige Transparenz wird in der Ablauforganisation durch einen projektorientierten Prozeß mit den erforderlichen Planungs- und Steuerungsmethoden erreicht. Klar definierte Arbeitspakete mit eindeutigen Zeitvorgaben sowie eine rasch reagierende Kostenkontrolle, bis hinunter auf die Kostenstellenebene sind heute über weite Strecken in den Produktentstehungsprozeß eingefügt. Dazu gehört auch eine Auseinandersetzung mit der Frage: Mit welchen Produkten, mit welchen Dienstleistungen will die Bank die nächsten fünf bis zehn Jahre bestehen. In einer internationalen Befragung von der Consulting Firma Booz, Allen & Hamilton haben zwei Drittel der befragten Top-Manager ausgesagt, daß die langfristige Technologieplanung nur eine unvollkommene Berücksichtigung im Rahmen der unternehmerischen Gesamtplanung fände. Das setzt auch an das Anforderungsprofil eines Managements in einer Bank oder Sparkasse neue Maßstäbe. Wenn ich neue Produkte, neue Verfahren, neue Anwendungen entwickeln und auf den Markt bringen will, setzt dies die fachliche Qualifikation voraus, ergänzt durch die Fähigkeit, neue Erfahrungsbereiche aufzunehmen, neue Zusammenhänge zu erkennen, begleitet von dem Gespür für das Machbare ohne die Grenzen zum Phantastischen zu überschreiten. Dazu gehören meines Erachtens:

• Kreativität, Neues zu denken und zuzulassen,
• Vorstellungskraft, Neues anzuwenden,
• Märkte aufzuspüren,
• Kundenwünsche mit neuen Lösungen erfüllen zu können,
• Motivationskraft für Mitarbeiter,
• Neues zu wollen und Teamgeist für Forschen, Entwickeln und Marketing zu fördern.
• Toleranz, Konkurrenz im Unternehmen zuzulassen und auch Doppelentwicklungen zu betreiben.

• Die Bereitschaft, hohes Risiko zu praktizieren und von den Mitarbeitern zu akzeptieren: Frei nach dem Lehrsatz, das Risiko dividiert durch die Chance ist immer eine Konstante. Das schließt die Toleranz gegenüber Mißerfolgen ein.

Andere Qualifikationen des Managements sind gefordert, wenn es darum geht, alte Produkte durch neue zu ersetzen, also den Substitutionsprozeß durchzuführen. Hier kommen die klassischen pragmatischen Unternehmensführungsmerkmale zu ihrem Recht, wie Entscheidungskraft zur

• Investition/Desinvestition
• Rentabilitätsbewußtsein und Kostendenken
• Durchsetzungsfähigkeit gegenüber beharrenden Kräften
• Planungs- und Organisationstalent
• Autorität und Ausdauer
• Straffe Organisation mit hierarchischer Führungsstruktur
• Realistische Markt-/Kunden- und Wettbewerbseinschätzung

Zu den Anforderungen, die die technologiebedingten Veränderungen in den Kreditinstituten hervorrufen, gehört auch die Fähigkeit, Innovationen zu vermarkten. Unternehmerische Betätigung in innovatorischen Technikfeldern setzt hohe Qualität eines innovatorischen Marketings voraus. Gegenüber traditionellen Märkten bestehen situationstypische Unterschiede, die mit folgenden Kennzeichen in bestehenden Märkten beschrieben werden können.

Es existiert eine Vielfalt neuer Lösungswege unterschiedlicher Natur.

Es besteht primär Substitutionswettbewerb zwischen alten Produkten, Verfahren und Anwendungen gegenüber neuen Systemlösungen mit zunehmend komplexen Eigenschaften. (Vernetzte Systeme)

Für den technisch unkundigen Anwender wird das Nutzungspotential wegen zunächst nur wenig durchschaubarer Deckungsgleichheit der neuen Prototypen mit seinem Bedarf nicht abschätzbar.

Dazu kommt, daß der Hersteller zwar die technologischen Optionen kennt, aber nicht die Präferenzen der Anwenderseite. In diesem Zusammenhang muß auch festgestellt werden, daß zwischen alten und neuen Technologien immer ein außerordentlich hohes Substitutionspotential enthalten ist, bei dem man aber immer die Frage stellen muß, ob die neuen Technologien auch kreativ genug angewendet werden.

Hierzu einige Beispiele aus einer Diebold-Studie zur Belegung dieser These:

<u>Fazit:</u>

• "Trotz eines umfangreichen DV-Dienstleistungsangebotes sind Papier und Bleistift nach wie vor die wichtigsten Werkzeuge im Privatkundengeschäft der Banken."

• Für alle Bereiche der Institute besteht zum Teil eine umfassende, optimale DV-Unterstützung.

• Die Qualität der Angebote hat jedoch keinen Einfluß auf den Nutzungsgrad im Kontakt zwischen Mitarbeiter und Kunde.

Man kann sich dieses hier in wenigen Strichen skizzierte Bild nach eigenem Geschmack in vielen weiteren Einzelheiten ausmalen, es wird dann ein Bild von ungeheurer Tiefe und überwältigender Vielfalt. Und je größer die Vielfalt wird, je weiter der vieldimensionale Bewegungsraum des menschlichen Geistes, umso wichtiger werden Orientierungshilfen - besonders für den Zugang.

Die Desorientierung, die heute gelegentlich (und wohl auch künftig) noch festzustellen ist, ist eine Folge der durch die Technik hervorgebrachten Freiheit und des Informationsüberangebotes ohne wegweisende und einschränkende Landmarken. Zuviel Freiheit und zuviel Informationen machen unsicher, einen Teil der Freiheit wird man gegen Sicherheit zurücktauschen müssen. Die Tiefe und Vielfalt der Technik kann nur durch Disziplin gemeistert werden.

Aspekte des Strukturenwandels
im Markt für Finanzdienstleistungen

	Veränderungen	Wirkungen	Ursachen
Markt-tendenzen	• Deregulierung • Globalisierung • Verbriefung • Desintermeditation • Spezialisierung	• gegenseitige Marktdurchdringung • Veränderungen von Marktstrukturen und -segmenten • Relation Zins-/Dienst-leistungs-Ergebnis kehrt sich um	• Nutzung weltwirtschaft-licher Ungleichgewichte • Flüchtigkeit des Kapitals • schrumpfende traditionelle Teilmärkte - zentrale Finanz-disposition im Konzern, Ab-wanderung von Privat- und Firmenkunden in attraktive Gebiete
Wett-bewerbs-tendenzen	• Neue Wettbewerber - inländische und ausländische near- und nonbanks • Neue Kombination von Banken und Nichtban-ken	• Intensität, Struktur, Ursachen, Konditionenpolitik • Verdrängungswettbewerb • knappere Gesamtmargen	• Deregulierung in wichtigen Ländern • europäischer Binnenmarkt • Konkurrenzdruck vielfältiges Nichtbankenwettbewerbs
Techno-logische Innova-tionen	• Weltweite Netze • lokale Intelligenz • Kundenselbstbedienung • electronic banking EFT/POS • Bürokommunikation • künstliche Intelligenz	• Veränderung von Geschäftssystemen, Marktstrukturen • kostengünstige Bear-beitung des Mengen-geschäfts • Funktions-Verlagerungen	• Entwicklung Informations-und Kommunikations-technologie = Ursache und Wirkung für Bedarfs-änderung und Produkt-innovation
Produkt-Innova-tionen	• Allfinanz-Dienst-leistungen • Globalisierung • Finanzdienstleistungen werden zu Leistungen der Informationsverar-beitung	• kürzere Produktlebens-zyklen • knappere Profit-Phasen • nur temporäre Vorteile für Innovatoren • Produktvielfalt	• Sättigungsgrenzen traditio-neller Marktsegmente • völlig neuer Bedarf bei Marktteilnehmern • Folge des verschärften Wettbewerbs
Risiko-Tendenzen	• höhere Einzelrisiken -Liquiditäts-Risiko -Ausfall-Risiko -Zinsänderungs-Risiko -Kurs- und Währungs-risiken -Preisrisiken aus Options und Futures	• Adressen-Risiken aus Wertpapier- und Swap-Geschäften • höherer Bedarf haftenden Eigenkapitals	• Markt- und Wettbewerbs-veränderungen • zunehmende Verbriefung • Anhäufung von Kredit-, Zins- und Währungsrisiken im Institut ohne adäquate Kontroll- und Steuerungs-Instrumente

Abb. 1

Aspekte des Strukturwandels im Markt für Finanzdienstleistungen

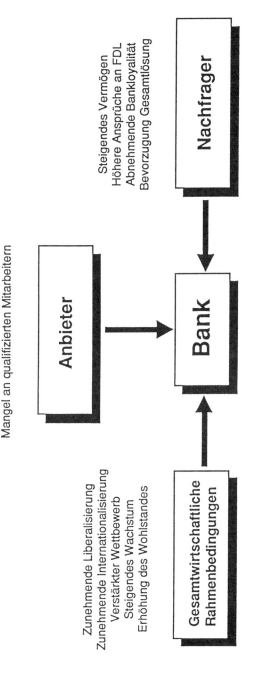

Erhebliche Wettbewerbszunahme
Trend zu Allfinanzanbietern
Steigende Zahl Produkte/FDL
Mangel an qualifizierten Mitarbeitern

Anbieter

Zunehmende Liberalisierung
Zunehmende Internationalisierung
Verstärkter Wettbewerb
Steigendes Wachstum
Erhöhung des Wohlstandes

Gesamtwirtschaftliche Rahmenbedingungen

Steigendes Vermögen
Höhere Ansprüche an FDL
Abnehmende Bankloyalität
Bevorzugung Gesamtlösung

Nachfrager

Bank

Ausbau Kundenberatung
Optimale Befriedigung der Kundenbedürfnisse
Ausbau Dienstleistungen
Erweiterung Vertriebswege
Aufbau hochqualifiz. Berater
Ausbau Gesamtbanksteuerung

Abb. 2

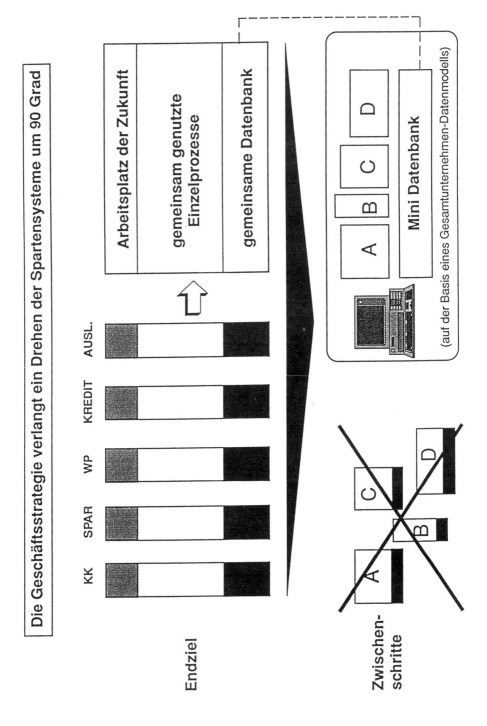

Die Geschäftsstrategie verlangt ein Drehen der Spartensysteme um 90 Grad

Endziel

KK SPAR WP KREDIT AUSL.

Arbeitsplatz der Zukunft

gemeinsam genutzte Einzelprozesse

gemeinsame Datenbank

A B C D

Mini Datenbank

(auf der Basis eines Gesamtunternehmen-Datenmodells)

Zwischen-schritte

A B C D

Abb. 3

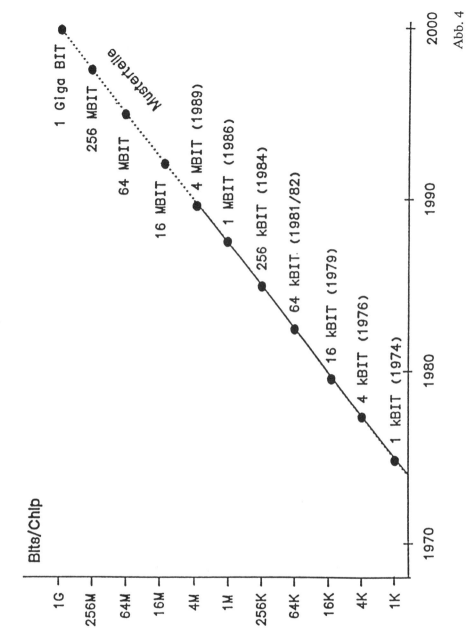

ENTWICKLUNG DER SPEICHERTECHNOLOGIE

dvg/IBM

Kontinuierlicher Preisrückgang bei mikroelektronischen Funktionen

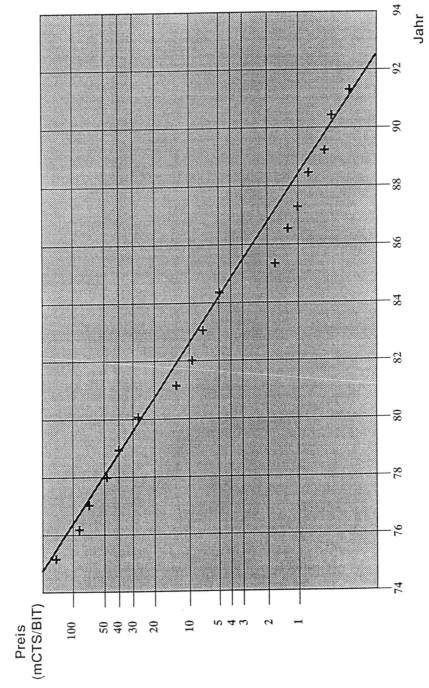

Preis
(mCTS/BIT)

Jahr

Abb. 5

dvg: Dataquest

Der Nutzen einer neuen Architektur ist konkret belegbar

PROBLEME HEUTIGER ARCHITEKTUR

- Spartenübergreifende Funktionen oft nicht wirtschaftlich realisierbar

- Hohe, nicht nachvollziehbare Abweichungen in Berichts-system-Daten

- Hoher Entwicklungsaufwand und extrem hoher Wartungsaufwand selbst bei kleinsten Änderungen

- Wenige Möglichkeiten für Endanwender-Computing

NUTZEN ZUKÜNFTIGER ARCHITEKTUR

- Rückgewinnung der Handlungsfähigkeit

- Korrekte Werte aufgrund einheitlicher Datenbasis

- Mindestens Verdopplung der Produktivität in der System-entwicklung,-wartung

- Stärkere Verlagerbarkeit auf Endanwender

Steigerung Effektivität

Steigerung Effizienz

Nutzen-dimension

Abb. 6

dvg/IBM

Neue Systemstruktur als einziger Weg zur Rückgewinnung hoher Entwicklungsressourcen

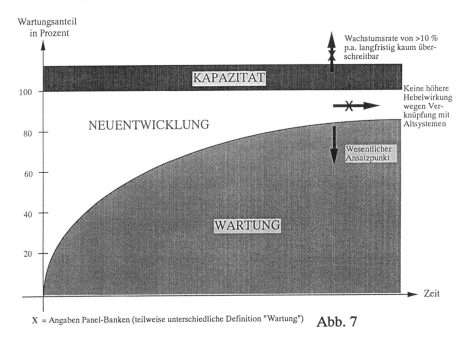

X = Angaben Panel-Banken (teilweise unterschiedliche Definition "Wartung")   **Abb. 7**

Ohne Architekturaktivitäten nimmt der Netto-Output der Systementwicklung selbst bei einem jährlichen Personalzuwachs von 5% ab

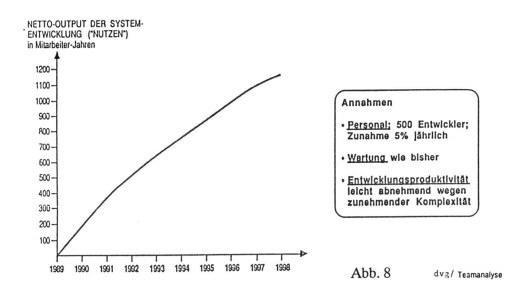

Abb. 8   dvg / Teamanalyse

In einem konservativen "Architekturszenario" wird der Break-Even bereits nach dem vierten Jahr erreicht

VARIANTE 1

Netto-Output der System-
Entwicklung ("Nutzen")
in Mitarbeiter-Jahren

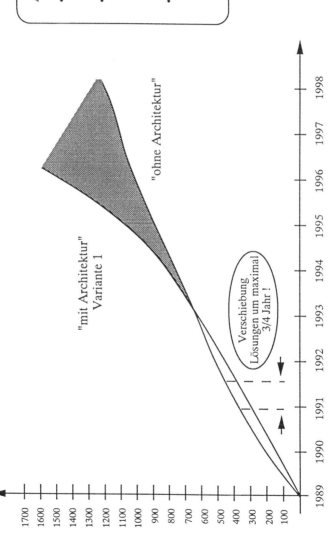

Annahmen "mit Architektur"

- Personal gegenüber "ohne Architektur" nicht erhöht

- Wartung eingeschränkt:
  - 1990 um 30%
  - 1991 um 20%
  - 1992 um 10%

- Entwicklungsproduktivität
  - 1990 um 50% reduziert
  - bis 1993 auf 100% steigend
  - bis 1998 auf 200% steigend

"mit Architektur"
Variante 1

"ohne Architektur"

Verschiebung
Lösungen um maximal
3/4 Jahr !

1989 1990 1991 1992 1993 1994 1995 1996 1997 1998

1700
1600
1500
1400
1300
1200
1100
1000
900
800
700
600
500
400
300
200
100

dvg/Teamanalyse

Abb. 9

155

Zielrichtungen der Informatik in Kreditinstituten

Kreditinstitute können Informationstechnik mit zwei
unterschiedlichen Zielrichtungen einsetzen

- als Unterstützungsfunktion
- zur Erringung strategischer Wettbewerbsvorteie

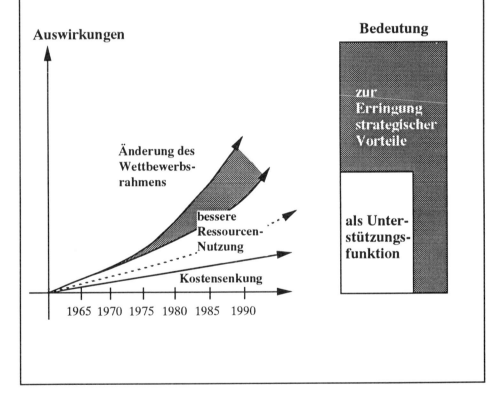

Abb. 10

Trends

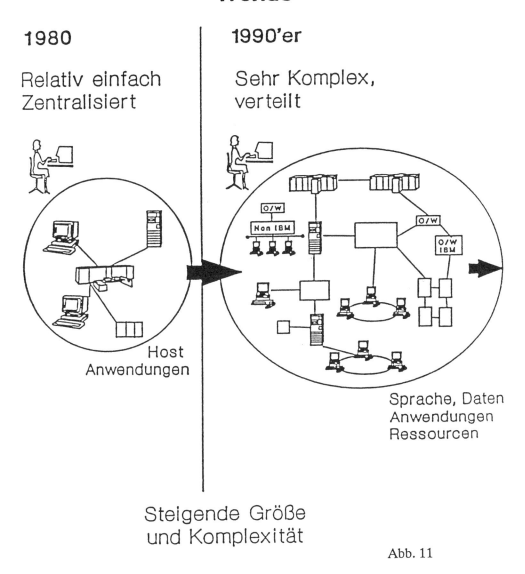

1980

Relativ einfach
Zentralisiert

Host
Anwendungen

1990'er

Sehr Komplex,
verteilt

O/W
Non IBM
O/W
O/W
IBM

Sprache, Daten
Anwendungen
Ressourcen

Steigende Größe
und Komplexität

Abb. 11

Technologie Trends

Halbleiter

Megabit Chips
Mikro-Prozessoren
Logik Chips

Systeme

PC
Workstation
Mittlere Systeme
Großsysteme
Parallel-Rechner

E/A

Magnetplatten
Optische Platten
Bänder
Bildschirme
Drucker

Kommunikation

L A N / W A N
I S D N
Glasfaser
Satelliten
S N A / O S I

Software

Betriebssysteme
Expertensysteme
Spracherkennung
Neuronale Netze
Ease-of-Use
Enterprise Computing
Schnittstellen

Basis Technologie

Supraleitfähigkeit

Abb. 12

dvg/IBM

Kosten der gesamten Datenverarbeitung

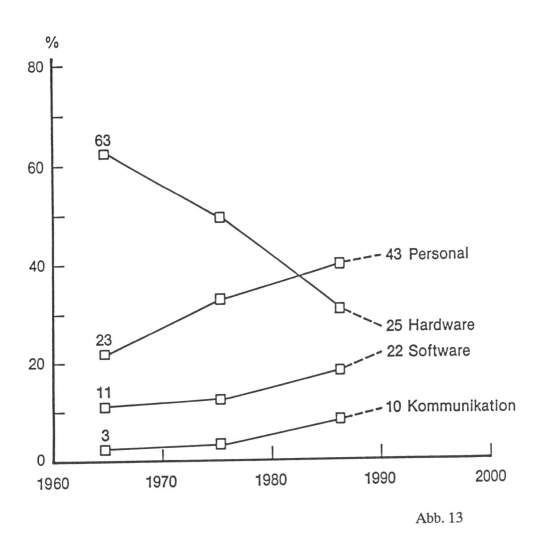

Abb. 13

Entwicklung des Fernmeldenetzes

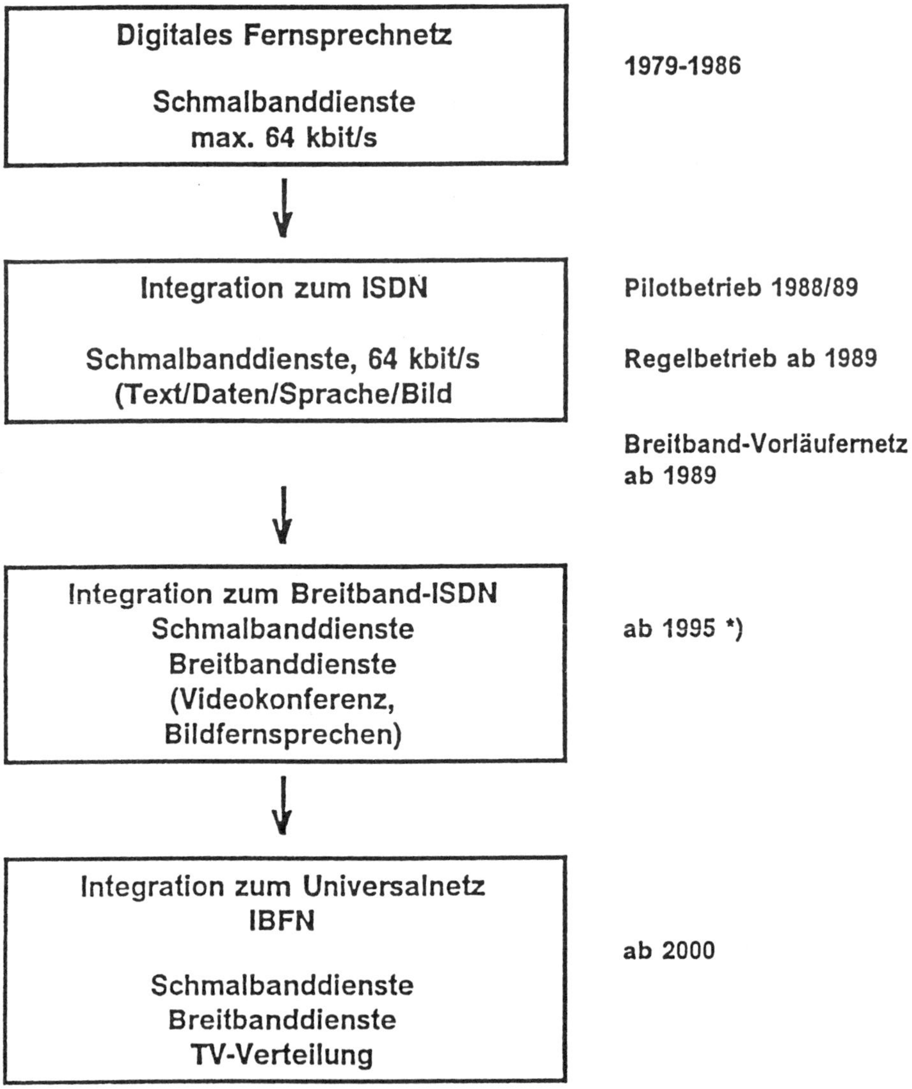

Digitales Fernsprechnetz **Schmalbanddienste** **max. 64 kbit/s**	**1979-1986**

↓

Integration zum ISDN **Schmalbanddienste, 64 kbit/s** **(Text/Daten/Sprache/Bild**	**Pilotbetrieb 1988/89** **Regelbetrieb ab 1989** **Breitband-Vorläufernetz** **ab 1989**

↓

Integration zum Breitband-ISDN **Schmalbanddienste** **Breitbanddienste** **(Videokonferenz,** **Bildfernsprechen)**	**ab 1995 *)**

↓

Integration zum Universalnetz **IBFN** **Schmalbanddienste** **Breitbanddienste** **TV-Verteilung**	**ab 2000**

Abb. 14

*) Internationale Standards für das Übermittlungsverfahren und die
Schnittstellen sind nicht vor 1992 zu erwarten.

dvg/IBM

Gezielte Differenzierung verlangt massive Anstrengungen im Informationstechnologie-Einsatz

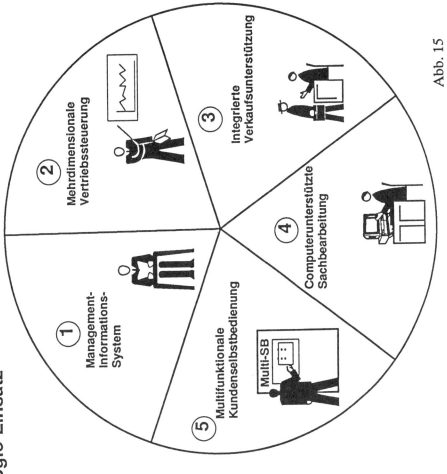

1. Management-Informations-System
2. Mehrdimensionale Vertriebssteuerung
3. Integrierte Verkaufsunterstützung
4. Computerunterstützte Sachbearbeitung
5. Multifunktionale Kundenselbstbedienung

Multi-SB

Abb. 15

161

162

Das Multifunktionale-Kommunikations-System (MFKS)

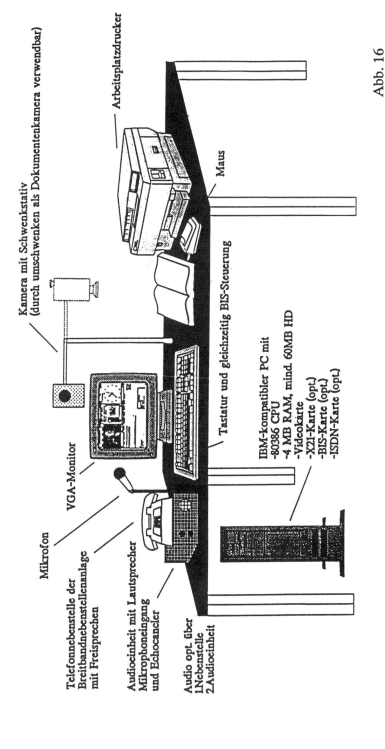

Kamera mit Schwenkstativ
(durch umschwenken als Dokumentenkamera verwendbar)

Arbeitsplatzdrucker

Mikrofon

VGA-Monitor

Maus

Telefonnebenstelle der
Breitbandnebenstellenanlage
mit Freisprechen

Audioeinheit mit Lautsprecher
Mikrophoneingang
und Echocancler

Audio opt. über
1Nebenstelle
2Audioeinheit

Tastatur und gleichzeitig BIS-Steuerung

IBM-kompatibler PC mit
-80386 CPU
-4 MB RAM, mind. 60MB HD
-Videokarte
-X21-Karte (opt.)
-BIS-Karte (opt.)
-ISDN-Karte (opt.)

Abb. 16

dvg / VK Praxis

Folgende Betrachtungsweise bietet sich an:

Nutzen		
Nutzenkategorie I	**Nutzenkategorie II**	**Nutzenkategorie III**
Kostenersparnisse	**Produktivitätszuwachs**	**Strategischer Nutzen**
- Sachkosten - Arbeitskosten	- Bessere Nutzung der knappen Ressourcen - Auffangen zukünftiger Kostensteigerungen	Nutzen durch Wettbewerbsvorteile und Sicherung unternehmerischer Erfolgsfaktoren
Bewertungsmaßstab: - IST-Kosten, die entfallen, sind relativ genau zu ermitteln	- Schätzung des zukünftigen Aufwands, der entfällt - Vermeidung von Fehlern, Wartezeiten	- Annahmen, die durch Scenarien, Erfolgsfaktoren, technolog. Entwicklungen näher begründet sind
Einfluß auf die Realisierung: - durch das Unternehmen allein kraft Entscheidung	- Entwicklung des Unternehmens am Markt - Wachstum des Arbeitsumfangs - Konsequenz in der Planung Kontrolle der defi-	- Interne Einflüsse: Bereitschaft und Fähigkeit der Mitarbeiter - Externe Einflüsse: Marktsituation, Kundenstruktur

Abb. 17

Ergebnisbeitrag der Privatkunden

Von 100 Kunden sind:

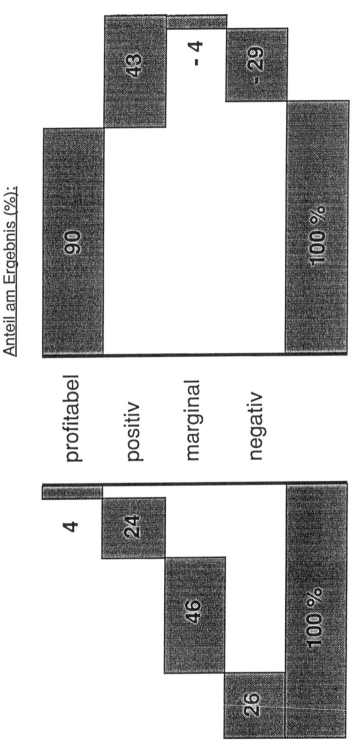

Anteil am Ergebnis (%):

profitabel	4	90
positiv	24	43
marginal	46	- 4
negativ	26	- 29
	100 %	100 %

Quelle: Engels, Wettbewerb am Markt für Finanzdienstleistungen

Abb. 18

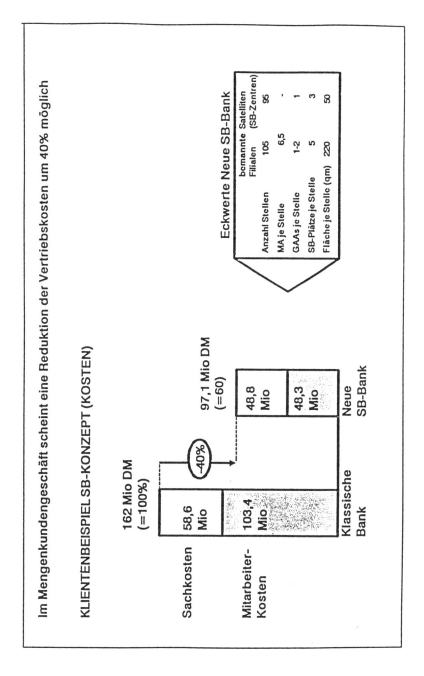

Im Mengenkundengeschäft scheint eine Reduktion der Vertriebskosten um 40% möglich

KLIENTENBEISPIEL SB-KONZEPT (KOSTEN)

Eckwerte Neue SB-Bank

	bemannte Filialen	Satelliten (SB-Zentren)
Anzahl Stellen	105	95
MA je Stelle	6,5	-
GAAs je Stelle	1-2	1
SB-Plätze je Stelle	5	3
Fläche je Stelle (qm)	220	50

162 Mio DM (=100%)

Sachkosten — 58,6 Mio

Mitarbeiter-Kosten — 103,4 Mio

Klassische Bank

−40%

97,1 Mio DM (=60)

48,8 Mio

48,3 Mio

Neue SB-Bank

Abb. 19

CSB-Passivgeschäft:
Vereinfachte schematische Darstellung eines CSB-Dialoges
am Beispiel einer Kundenberatung

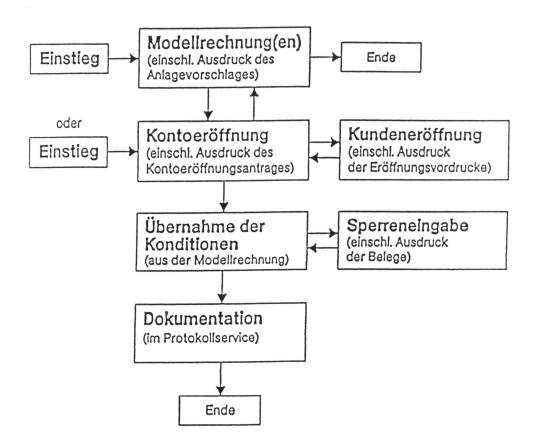

Abb. 20

Verteilung von mtl. direkten Kosten
- Sach- und Personalkosten nach Modell -

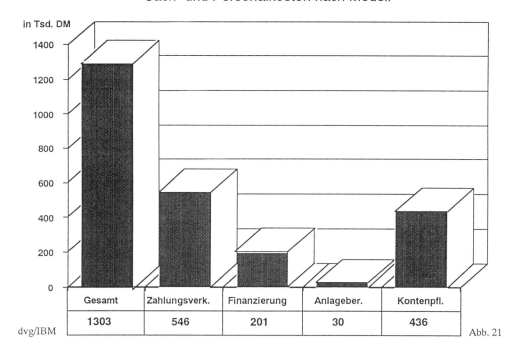

in Tsd. DM

	Gesamt	Zahlungsverk.	Finanzierung	Anlageber.	Kontenpfl.
	1303	546	201	30	436

dvg/IBM

Abb. 21

Brutto-Einsparpotentiale (TDM / Monat)

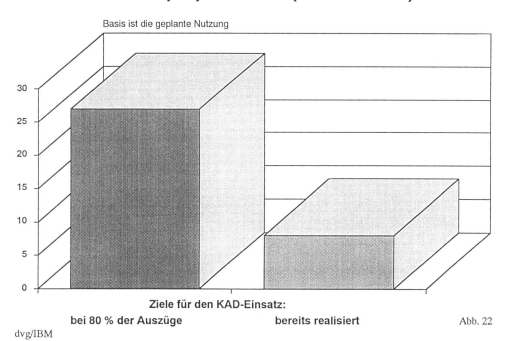

Basis ist die geplante Nutzung

Ziele für den KAD-Einsatz:

bei 80 % der Auszüge   **bereits realisiert**   Abb. 22

dvg/IBM

Brutto-Einsparpotentiale (TDM / Monat)

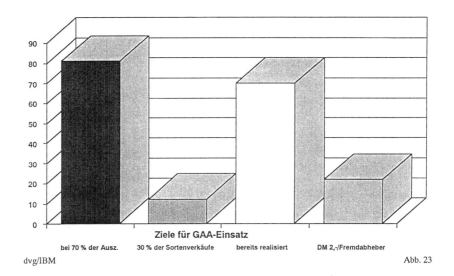

dvg/IBM

Abb. 23

Mitarbeitereinsatz

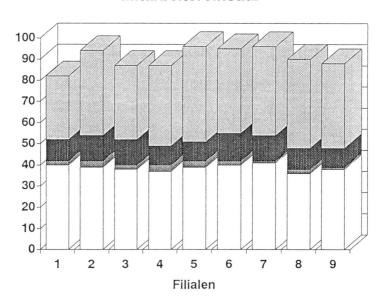

Filialen

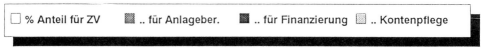

☐ % Anteil für ZV   ▓ .. für Anlageber.   ▓ .. für Finanzierung   ▒ .. Kontenpflege

dvg/IBM

Abb. 24

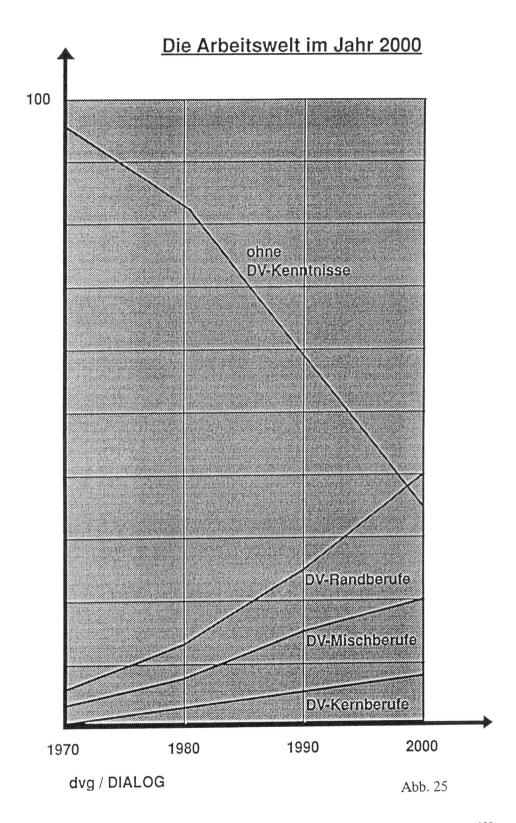

Die Arbeitswelt im Jahr 2000

ohne DV-Kenntnisse

DV-Randberufe

DV-Mischberufe

DV-Kernberufe

dvg / DIALOG

Abb. 25

Die Anforderungen an die Mitarbeiter . . .

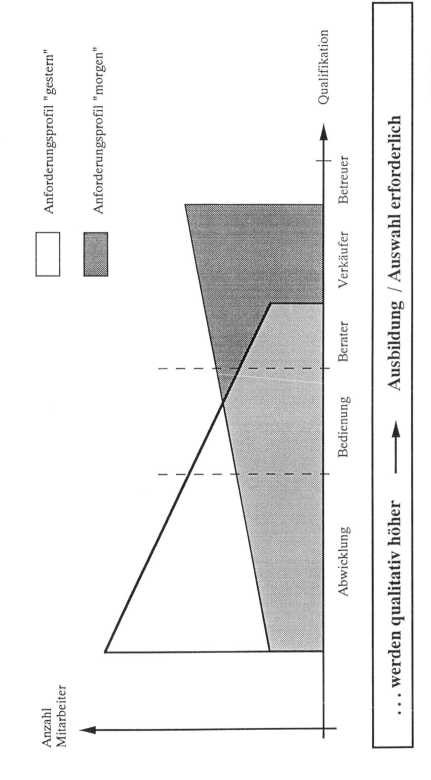

. . . werden qualitativ höher ➝ **Ausbildung / Auswahl erforderlich**

Abb. 26

Dr. Rainer Pelizäus
Abteilungsdirektor
DEVK Versicherungen, Köln

Kostensteuerung in Versicherungsunternehmen

Als Vertreter der Versicherungswirtschaft möchte ich Ihnen das Kostenmanagement in diesem Partnerbereich innerhalb der Finanzdienstleister vorstellen. Dies soll am Beispiel der DEVK geschehen. Das dargestellte System ist so angelegt und strukturiert, wie es in vielen Unternehmen angestrebt wird, in einigen teilweise realisiert ist, aber in wenigen in der dargestellten vollständigen Form existiert. Sie bekommen also grundsätzlich einen Eindruck von der Art und Weise, wie Versicherungsunternehmen Kosten steuern.

Zu Beginn dieses Vortrags werde ich Ihnen das System vorstellen, daran anschließend dazu übergehen zu zeigen, wie notwendig und zwingend ein solches Kostenrechnungssystem in sämtliche Strukturen eines Versicherungsunternehmens eingebettet und integriert sein und im alltäglichen Leben im Versicherungsunternehmen mit Leben erfüllt werden muß.

Im letzten Teil des Vortrags werde ich dann unabhängig von der DEVK Ansätze für Methoden vorstellen, die in Zukunft erforderlich sein werden, um ein Versicherungsunternehmen, vielleicht auch eine Bank, erfolgreich in die Zukunft zu führen. Es werden strategische Aspekte, angefangen in der Vergangenheit und bis weit in die Zukunft hinein, durchleuchtet und Aussagen hergeleitet, was - auch nach Meinung des Verfassers - die entscheidenden Kostenkomponenten für die Unternehmenssteuerung in Zukunft sein werden.

Schwerpunkt wird hier der innerbetriebliche Teil der Strategiebildung sein, wobei dann vorausgesetzt wird, daß der außerbetriebliche Bereich, wie Marktstrategien und Unternehmenspolitik, schon weitgehend in Literatur und praktischen Ansätzen diskutiert und realisiert ist.

Zum besseren Verständnis möchte ich Ihnen nun die Unternehmen der DEVK vorstellen.

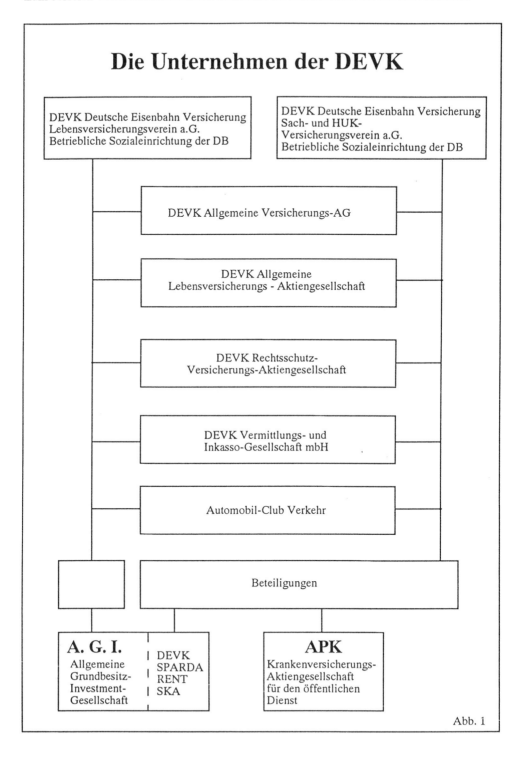

Die Unternehmen der DEVK

DEVK Deutsche Eisenbahn Versicherung
Lebensversicherungsverein a.G.
Betriebliche Sozialeinrichtung der DB

DEVK Deutsche Eisenbahn Versicherung
Sach- und HUK-
Versicherungsverein a.G.
Betriebliche Sozialeinrichtung der DB

DEVK Allgemeine Versicherungs-AG

DEVK Allgemeine
Lebensversicherungs - Aktiengesellschaft

DEVK Rechtsschutz-
Versicherungs-Aktiengesellschaft

DEVK Vermittlungs- und
Inkasso-Gesellschaft mbH

Automobil-Club Verkehr

Beteiligungen

A. G. I.
Allgemeine
Grundbesitz-
Investment-
Gesellschaft

DEVK
SPARDA
RENT
SKA

APK
Krankenversicherungs-
Aktiengesellschaft
für den öffentlichen
Dienst

Abb. 1

Die DEVK wird beherrscht von 2 Versicherungsvereinen auf Gegenseitigkeit, dem Deutsche Eisenbahn Versicherungs-Lebensversicherungsverein a.G. und dem Sach-HUK-Versicherungsverein a.G. (vgl. Abb. 1). Es hat sich Ende der 70er Jahre herausgestellt, daß die Anforderungen der Kunden an die DEVK, ihnen Versicherungsschutz zu gewähren, in zunehmendem Maße auch aus dem Nicht-Eisenbahner-Bereich kamen. Dieser Kundenwunsch nahm einen solchen Umfang an, daß die Gründung von Aktiengesellschaften für den allgemeinen Markt erforderlich wurde.

Hier entstand zunächst 1977 die DEVK Allgemeine Versicherungs-AG, die das Sach-HUK-Angebot auf dem allgemeinen Markt offeriert und inzwischen das größte Unternehmen der DEVK-Gruppe geworden ist. Jünger, nämlich erst 4 Jahre alt, ist die DEVK Allgemeine Lebensversicherungs-Aktiengesellschaft, die das Lebensversicherungsangebot vertritt. Etwas mehr als 10 Jahre alt ist die DEVK Rechtsschutz-Aktiengesellschaft. Alle diese Unternehmen, insbesondere die Aktiengesellschaften, sind Unternehmen mit einem sehr dynamischen Wachstum, was Sie auch schon daraus sehen, daß die Sachversicherungs-AG die Mutter innerhalb von 10 Jahren mit weitem Abstand überholt hat.

Die Wachstumsraten bei allen Aktiengesellschaften sind im zweistelligen Bereich anzusiedeln. Darüber hinaus haben wir eine Vermittlungs- und Inkassogesellschaft gegründet, die den Versicherungsschutz, den wir nicht gewähren, an andere Unternehmen weitervermittelt. Wir sind engagiert mit dem Automobilclub Verkehr (ACV) und beteiligt an einigen Finanzdienstleistungs- und Krankenversicherungsunternehmen, so daß wir insgesamt sagen können, daß wir das Finanzangebot für den Privatkunden rundum abdecken können.

Einige Eckdaten der DEVK (Geschäftsjahr 1990) finden Sie in der Abb. 2 dargestellt:

Einige Eckdaten der DEVK-Gruppe 1990	
Beitragsvolumen	1,50 Mrd. DM
Kapitalanlagen:	6,52 Mrd. DM
Versicherungsnehmer:	2,35 Mio.
Anzahl verwalteter Verträge:	5,65 Mio.
Anzahl Innendienst-Mitarbeiter:	2200
zzgl. Auszubildende:	290
Anzahl Außendienst-Mitarbeiter:	
hauptberuflich:	1025
nebenberuflich:	12700
Bezirksleitungen:	16
Beratungsstellen:	212

Abb. 2

Nun zum Kostenmanagement eines Versicherungsunternehmens:

Bevor man auf die Kostensteuerung eines Versicherungsunternehmens eingeht, muß man sich die Organisationsform von Versicherungsunternehmen anschauen.

Die Abb. 3 zeigt Ihnen, wie fast alle Versicherungsunternehmen organisiert sind.

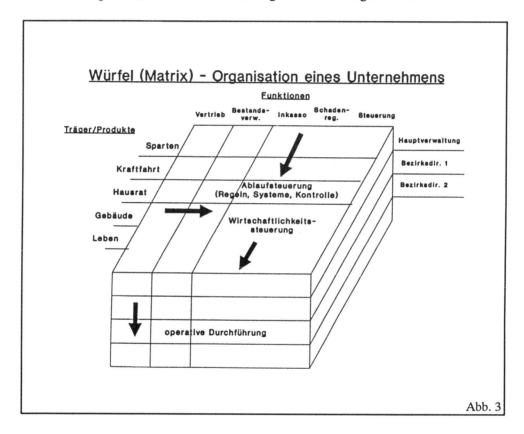

Abb. 3

Versicherungsunternehmen stellen - wie viele andere Unternehmen auch - Produkte her. Ein Produkt ist der abstrakte Schutz vor zufallsabhängigen Risiken, und die Menge aller Produkte stellt die Menge der Kostenträger dar - wie in der produzierenden Industrie. Kostenträger der Versicherungsunternehmen sind die einzelnen Sparten, das sind die Kraftfahrtversicherung, die Hausratversicherung, die Lebensversicherung usw. Jeder dieser Kostenträger oder auch Sparten benötigt, um betrieben zu werden, verschiedene funktionale Abläufe. Die Kraftfahrtversicherung muß vertrieben werden, sie muß verwaltet werden, die Beiträge müssen eingezogen werden usw. Dementsprechend zerfällt das Betreiben einer Sparte in verschiedene Aufgaben - wir sagen dazu: Funktionsbereiche. Diese sehen Sie in der Grafik senkrecht angeordnet.

Funktionsbereiche sind der Vertrieb, die Bestandsverwaltung, der Inkassobereich, die Schadenregulierung und viele andere Aufgaben- oder Ablaufbereiche zusätzlich bis hin zur Unternehmenssteuerung. Besonders bedeutsam für diese Einheiten ist es, daß jeweils ein "Chef" für diese Sparten bzw. Aufgabenbereiche verantwortlich ist. So ist für die Sparten jeweils der Spartenchef zuständig, z.B. für die Kraftfahrtversicherung: Er hat zum Ziel die Wirtschaftlichkeit seiner Sparte zu optimieren, und zwar in der Gesamtheit über alle Abläufe hinweg bis hin zum versicherungstechnischen Gewinn und Verlust. Auf der anderen Seite werden die Funktionsbereiche ebenfalls über einen Verantwortlichen gesteuert, das ist z.B. der Vertriebschef, der über alle Sparten hinweg dafür zu sorgen hat, daß bestimmte Ziele des Unternehmens im Vertrieb, z.B. Spartenmix auch erreicht werden und daß sein funktionaler Ablauf optimal gestaltet ist. Er ist also dafür verantwortlich, daß für die Abläufe die Regeln gemacht werden, daß die Abläufe kontrolliert ablaufen und daß sie möglichst einheitlich sind, um eine auch letzten Endes kostenoptimale und möglichst erfolgreiche Gestaltung dieses Ablaufs über alle Sparten hinweg zu erreichen.

Man könnte zunächst glauben, daß die Zielsetzungen eines Funktionsbereichschefs, etwa des Vertriebschefs und eines Spartenchefs, völlig identisch sind. Doch hier gibt es durchaus Meinungsverschiedenheiten. So wird der Spartenleiter immer darum bemüht sein, daß der Vertrieb sich allein um seine Sparte kümmert, der Vertrieb dagegen wird bemüht sein, ein Rundumangebot an den Kunden zu bringen und die Ziele des Unternehmens auf dem Markt, z.B. den Rundumversicherungsschutz, zu erreichen. So gibt es ähnlich unterschiedliche Ausgangspunkte auch im Bereich der Bestandsverwaltung. Hier wird von der funktionalen Seite her gesehen die Einheitlichkeit der Gestaltung der Abläufe mehr im Vordergrund stehen als das optimale Funktionieren einer einzelnen individuellen Sparte. Das sind in der Regel keine gravierenden Unterschiede, jedoch immer wieder liegt hier in diesen Punkten ein kleines Konfliktpotential.

Die dritte Dimension, die wir zu betrachten haben, ist die Dimension der hierarchischen Einheiten. Die einzelnen Funktionen und Sparten werden von den verschiedenen Abteilungen, Hauptabteilungen oder auch Gruppen betrieben und verwaltet. Das sind Organisationseinheiten innerhalb der Hauptverwaltung, innerhalb der Bezirksdirektion - bei anderen Unternehmen heißen Bezirksdirektionen auch Landesdirektionen -, also dezentrale Betriebs- und Vertriebssteuerungseinheiten. Jede dieser hierarchischen Stellen - in der Grafik senkrecht angeordnet - ist für eine oder mehrere Sparten und für eine oder mehrere Funktionen zuständig, so daß die operative Durchführung des Geschäftes sich in sehr vielen einzelnen individuellen Einheiten, unseren Kostenstellen, vollzieht. Eine Vielzahl von Ansprechpartnern - bei der DEVK sind es mehr als 300 Verantwortliche - tragen neben der Kostensteuerung innerhalb der eigenen Kostenstelle dazu bei, Funktionen und Sparten wirtschaftlich optimal zu betreiben.

Hier ist der Ansatzpunkt des ältesten (klassischen) Kostenrechnungsinstrumentes, der Kostenstellenrechnung, die ich Ihnen im folgenden kurz vorstellen möchte, um dann auf die Kostenträgerrechnung und Funktionsbereichskostenrechnung der DEVK einzugehen.

Zunächst also zur Kostenstellenrechnung:

Die Kostenstellenrechnung

Die Kostenstellenrechnung hat das Ziel, die Kostensteuerung in hierarchischen Einheiten über deren Verantwortliche durchzuführen. Hierarchische Einheiten sind Gruppen, Abteilungen, Hauptabteilungen. Das Steuerungsmittel für die Kostenstellenrechnung ist das übliche Controllinginstrument, nämlich die Planung, die Ist-Darstellung, der Plan-Ist-Vergleich und die Analyse der eingetretenen Entwicklung. Voraussetzung dafür, daß man Kostenverantwortung überhaupt tragen kann ist erstens, daß der Kostenverantwortliche sein Kostenvolumen vollständig kennt. Er muß es vollständig sehen können, und es dürfen keine Aufwendungen in seine Kostenstelle hineinkommen, die ihm unbekannt sind.

Die Kostenstellenrechnung der DEVK

Ziel: Steuerung der Kosten in hierarchischen Einheiten (Gruppen, Abteilungen, Hauptabteilungen) über deren Verantwortliche.

Steuerungsmittel: Planung
Ist-Darstellung
Plan/Ist-Vergleich und Analyse, vergleichende Analyse

Voraussetzungen: zur Kostenverantwortlichkeit sind, daß der/die Kostenverantwortliche
- sein/ihr Kostenvolumen vollständig kennt
  (Information)
- die Abhängigkeiten zwischen Geschäftsverläufen und Kostenentwicklungen beherrscht
  (Steuerungsfähigkeit)
- dieses Kostenvolumen beeinflussen kann.
  (Verantwortlichkeit)

Hieraus resultieren folgende Grundsätze für die Zuordnung von Kosten zu Kostenstellen

- Vollkostenrechnung (Nichts entzieht sich der Verantwortung, Vollständigkeit).
- Jede Buchung ist dem Verantwortlichen bekannt und nachvollziehbar (Klarheit).
- Jede Buchung steht in unmittelbarem Zusammenhang mit den Aufgaben der Kostenstelle (Verantwortung).
- Schlüsselungen auf verschiedene Kostenstellen sind nicht erlaubt.
- Verrechnungen sind auf ein Minimum zu beschränken (z. B. nur EDV-, Raum-, Druck u. ä. Kosten).

Abb. 4

Zweitens muß der Verantwortliche die Abhängigkeiten zwischen Geschäftsverläufen und Kostenentwicklung beherrschen können. Wenn er sie nicht beherrscht, kann er sie nicht planen und kann keinerlei Einfluß darauf ausüben. Er muß also fähig sein zur Kostensteuerung.

Das dritte ist ganz wichtig, er muß für seine Kosten verantwortlich sein, er muß sie beeinflussen können, und zwar das gesamte Volumen, das auf ihn zukommt. Ich muß hier gleich eine Einschränkung machen und darauf hinweisen, daß dies nicht immer erreichbar ist, denn man muß einige Kostenarten auch dem Mitarbeiter zuordnen, der quasi nur verwaltet. Dieser "Verwaltende" kann nicht uneingeschränkt mehr steuern, er verwaltet, koordiniert in diesen Fällen die Kostenentwicklung solch spezieller Kostenarten.

Aus diesen Voraussetzungen resultieren <u>Grundsätze</u> für die Zuordnung von Kosten zu Kostenstellen, die nicht ganz unumstritten sind. Das ist insbesondere schon der erste Punkt: Unsere Kostenrechnung ist eine Vollkostenrechnung, die das interne und externe Rechnungswesen abdeckt.

Es gibt dagegen gleichwohl die These, externe und interne Rechnungslegung zu trennen und zur internen Kostensteuerung etwa nur die direkt zurechnungsfähigen und/oder variablen Kostenarten heranzuziehen.

Wir haben uns dafür entschieden, eine Vollkostenrechnung zu betreiben, damit sich keine Verantwortungsleerräume ergeben, quasi als "Säcke", die sich von Jahr zu Jahr immer mehr mit den Kostenarten füllen, für die Verantwortliche sich der Verantwortung entziehen wollen und die nach Jahren erfahrungsgemäß ein großes Volumen beinhalten, das an der Kostensteuerung vorbeigeführt wird.

Weiterhin ist wichtig, daß dem Verantwortlichen der gesamte Buchungsstoff seiner Kostenstelle bekannt ist (Klarheit). Hierfür haben wir die Regel, daß es in den seltenen Fällen, in denen Fremde in die Kostenstelle eines Verantwortlichen "hineinbuchen", der Verantwortliche diese Buchung zwingend mitzeichnen muß, außer, daß der Vorgang über schriftliche Regeln (Arbeitsanweisungen) gesteuert ist. Umgekehrt kann ein Verantwortlicher auch alle Buchungen anhand einer Liste nachvollziehen, die seine Kostenstelle betroffen haben. Der Grundsatz, daß alle Buchungen in unmittelbarem Zusammenhang mit den Aufgaben der Kostenstelle stehen müssen, damit der Kostenstellenchef auch verantwortlich steuern kann, ist klar und letztlich nur eine Frage der Sauberkeit der Organisation des Unternehmens.

Die beiden letzten Grundsätze, das Verbot von Schlüsselungen im Bereich der Kostenstellenrechnung sowie eine strikte Beschränkung auf ein Minimum an Verrechnungen zwischen

Kostenstellen sind ebenfalls nicht unumstritten. Hier haben wir aus ganz pragmatischen Gründen so entschieden: Wir wollten eine Diskussion und Steuerung von Kosten erreichen und diese nicht verwässern lassen durch eine vorrangige Diskussion um die Angemessenheit von Verteilungskriterien, Verrechnungspreisen und anderen Sekundärfaktoren.

Schauen wir uns nun einmal einen Ausdruck aus der Kostenstellenrechnung, die "Kostenstellen-Informations-Liste", an (Abb. 5).

KOSTENRECHNUNG DEVK   KS-INFORMATIONSLISTE GJ:1990   AUSWERTUNGSZEITRAUM: V-DAT: 29.01.91 Seite 46
   01.01.90 - 31.12.90
KOSTENSTELLE 218218   ABT. HYPOTHEKENVERWALTUNG   KOSTENVERANTWORTUNG: VERDICHTUNG IN: 218900
   AL PREISWERT

KOSTENARTENABSCHNITTE KOSTENARTENGRUPPEN	PLANKOSTEN DES GESCHÄFTSJAHRES IN TDM				ISTKOSTEN AUSW-ZEIT IN TDM	VERBRAUCH GJ-PLANK. %	PLANABWEICHUNG AUSWERT-ZEIT		BEMERKUNGEN
	1.QU.	1.-2.QU.	1.-3.QU.	1.-4.QU.			TDM	%	
VERGÜTUNGEN INNENDIENST-MA									
1410 FESTE GEHALTSTEILE ID					444				
1420 MEHRARBEITSVERGÜT. ID					8				
1430 SONSTIGE VERGÜTUNGEN ID					61				
SUMME:	117	274	410	598	514	85,9	-84	-14,1	*
SOZIALVERSICHERUNGS-AUFW.ID									
1710 SOZIALVERSICHERUNG ID					73				
SUMME:	18	39	58	82	73	89,4	-9	-10,6	
WEITERBILDUNG ID									
1830 EXT.SCHULUNGEN+SEMIN.					17				
SUMME:	2	4	6	8	17	212,5	49	112,5	##
.									
.									
.									
ENDSUMME	277	603	892	1269	1321	104,1	52	4,1	

Abb. 5

Die KS-Info-Liste zeigt vierteljährlich allen Verantwortlichen den angefallenen Kostenverbrauch und vergleicht ihn mit den jeweiligen Plankosten. Geplant wird vierteljährlich auf der Ebene von Kostenartenabschnitten, die eine grobe Klassifikation der Kostenarten darstellen. Diese grobe aber doch sehr die dahinterstehenden Sachverhalte darstellende Klassifikation hat sich als Planungsebene bewährt, ebenso die feinere Darstellung des Ist-Verbrauchs nach Kostenartengruppen, die es den Führungskräften erlaubt, Abweichungen besser "lokalisieren" zu können und dann detaillierter über Kostenartgruppen in das jeweilige Konto bzw. die einzelne Buchung "einsteigen" zu können. Diese Detailinformationen werden in einer gesonderten Liste, die nach denselben Sortierungsmerkmalen aufgebaut ist, gezeigt.

Die rechte Hälfte der KS-Info-Liste zeigt Plan/Ist-Abweichungsmerkmale bis hin zu den "Bemerkungen": *, #, ##.

"*" bedeutet starke Abweichung nach unten und ist zu kommentieren

"#" bedeutet starke Abweichung nach oben und ist noch nicht zu kommentieren

"##" bedeutet starke Abweichung nach oben und ist zu konkretisieren.

Hierbei werden die Symbole *, #, ## automatisch vergeben, wenn absolute und/oder prozentual fest vorgebene Werte über- bzw. unterschritten werden. In diese Kostenstellendarstellung gehen keine geschlüsselten Kosten ein. Jede Buchung ist den Verantwortlichen bekannt und kann auch von ihnen kontrolliert werden, so daß sowohl von den Anforderungen her, als auch - das hat 8-jährige Praxis gezeigt - von der Steuerungsmethode her alle zuvor genannten Anforderungen und Ziele der Kostenstellenabrechnung erfüllt werden.

Die Kostenträger- und Funktionsbereichskostenrechnung

Betrachten wir nun die Kostenträgerrechnung und die Funktionsbereichskostenrechnung. Hierzu erinnern wir uns an den "Organisationswürfel" eines Versicherungsunternehmens. Jetzt haben wir es nur noch mit zwei statt drei Dimensionen zu tun: den Aufgabenbereichen (Funktionsbereichen) und den Sparten als den Kostenträgern.

Die Funktionsbereichskostenrechnung
und
die Kostenträgerrechnung der DEVK

Beide Kostenrechnungsarten hängen zusammen

- inhaltlich
- kostensteuerungsmäßig
- technisch, operativ

Steuerung der Abläufe/Funktionen
(Funktionsbereichskostenrechnung)

Sparten / Funktionsbereiche	K	H	VHV	...	HY	GB	...
Abschluß					X	X	
Betrieb					X	X	
Inkasso					X	X	
Schadenab.					X	X	
Rückvers.					X	X	
Kapitalverw.	X	X	X				
. . .							

Steuerung der Wirtschaftlichkeit (Kostenträgerrechnung)

Abb. 6

Sie sehen in der Abb. 6, wie alle senkrecht untereinander angeordneten Kästchen, z.B. Abschluß/K, Betrieb/K, Inkasso/K usw., in ihrer Summe die Kosten der Sparte (im Beispiel die K (Kraftfahrzeug)-Sparte) beschreiben und umgekehrt die Kästchen einer Zeile, z.B. Betrieb/K, Betrieb/H, Betrieb/VHV etc., die Aufwendungen eines Funktionsbereichs (hier: Betrieb) ergeben. Kennt man also die einzelnen Kästchen, dann kann man aus dieser Menge die vollständige Funktionsbereichskostenrechnung und die Kostenträgerrechnung erzeugen. Wie wir das machen, beschreibe ich gleich, zunächst möchte ich Ihnen exemplarisch einige "Outputs" zeigen.

Anmerkung: Sämtliche Daten in allen dargestellten Listbildern sind "frei erfunden", so daß lediglich die Struktur der Information, nicht die Größenordnung der Beträge interpretierbar ist.

Schauen wir uns zunächst die Kostenträgerdarstellung der Verbundenen Hausratversicherung (VHV) an (Abb. 7).

KOSTENRECHNUNG DEVK   FB/KT-INFORMATIONSLISTE   GJ: 1990   AUSWERTUNGSZEITRAUM: 01.01.90 – 30.09.90   V-DAT: 31.01.91/23:16   SEITE: 53
UNTERNEHMEN: V   BEREICH: VERBUNDENE HAUSRATVERSICHERUNG   VHV

| KAGR | AUFWENDUNGEN F. VERS-BETRIEB INCL.PROVISIONEN | | | | | | | |
	INKASSO	RUECKV.	BETRIEB	IK+AR+BE	ABSCHL.	INCL. AB	LEISTUNG	GESAMT
130							2.169	2.169
010							2.169	2.169
C610	1	3	4	8		8		8
060	1	2	5	8	2	10		10
0710	1	2	2	5	10	15	0	15
0730	2	2	1	5	13	18		18
070	4	2	1	7	23	30		30
0810	2	4	6	12	94	106		106
0890	2	1	5	8	42	50		50
080	2	3	3	8	136	144		144
***	3	4	10	17	159	176	2.169	2.345
1110	20	8	61	89	97	185	349	534
1116	2	1	7	10	15	25	39	64
1125	3	1	8	12		12		12
1130	17		42	59	71	130	235	365
1140	72	7	161	240	109	349	524	873
110	119	7	283	409	291	700	1.147	1.847
.								
SUMME:								

Antwort auf:
Welche Kostenart bewirkt was?

Abb. 7

Sie sehen in der Kopfzeile einige technische Informationen zum Inhalt der Auswertungen, darunter sehen Sie, wie die Hausratversicherung spaltenweise in ihren Funktionsbereichen dargestellt wird. Die Endsumme jeder Spalte gibt den Verbrauch der Hausratversicherung für

Inkasso, Rückversicherung, Betrieb usw. an; die Daten in den Zeilen zeigen, wieviel jede Kostenartengruppe dazu beiträgt. Nehmen wir also an, die Kostenartengruppe 0610 seien Portokosten. Dann werden also 1 TDM für Porto im Inkassobereich der Hausratversicherung angegeben, 3 TDM Porto für die Rückversicherung und 4 TDM für die Bestandsverwaltung (Betrieb) usw.

Damit kann also dem Spartenchef der Hausratversicherung die Frage beantwortet werden: Welche <u>Kostenart</u> bewirkt in meiner Sparte was?

Darüber hinaus möchte der Spartenchef aber noch wissen, wo, d.h. in welchem Bereich sind diese Kosten angefallen, damit er mit Kollegen gemeinsam Steuerungsprozesse durchführen kann. Nun, hierfür erhält er die folgende Liste mit der gleichen Aufteilung, nur daß die Kostenartengruppen durch die verursachenden Kostenstellengruppen ersetzt wurden (Abb. 8).

KOSTENRECHNUNG DEVK FB/KT-INFORMATIONSLISTE GJ: 1990 AUSWERTUNGSZEITRAUM: 01.01.90 - 30.09.90 V-DAT: 31.01.91/23:16
UNTERNEHMEN: V   BEREICH: VERBUNDENE HAUSRATVERSICHERUNG   VHV

KSGR	AUFWENDUNGEN F. VERS-BETRIEB INCL.PROVISIONEN							
	INKASSO	RUECKV.	BETRIEB	IK+AR+BE	ABSCHL.	INCL. AB	LEISTUN	GESAMT
210900							2.169	2.169
211900							2.169	2.169
212900			8	8		8		8
213900			8	8		8		8
214900					10	10		10
215900					13	13		13
220900					23	23		23
230900					94	94		94
240900			8	8	42	50		50
250900			8	8	136	144		144
***			17	17	159	176	2.169	2.345
302900	28		61	89	97	185	349	534
303900	2		7	10	15	24	39	63
304900			12	12		12		12
305900	17		42	58	71	130	235	365
306900	72	7	161	240	109	349	524	873
308900	119	7	283	409	291	700	1.147	1.847
.								
SUMME:								

Antwort auf:
Wo entstehen welche Einflüsse?

Abb. 8

Damit ist auch diese Frage des Spartenchefs ebenfalls beantwortet.

Für den Funktionsbereich werden die Informationen (erinnern Sie sich an die Organisationsmatrix) völlig analog aufbereitet. So wird beispielsweise für den Vertriebschef der Abschluß-kostenbereich aufgeteilt nach Sparten und danach wieder nach Kostenartengruppen (Abb. 9) und - ohne daß es hier gezeigt wird - nach Kostenstellengruppen dargestellt, so daß auch der Funktionsbereichschef die Wirkung von Kostenarten und Kostenstellen der einzelnen Sparten für seine Aufgaben erkennen kann.

KOSTENRECHNUNG DEVK FB/KT-INFORMATIONSLISTE GJ: 1990 AUSWERTUNGSZEITRAUM: 01.01.90 - 30.09.90 V-DAT: 31.01.91/23:16 SEITE: 2
UNTERNEHMEN: V BEREICH: FUNKTIONSBEREICH VERSICHERUNGSABSCHLUSS AB

	KAGR	0710	0730	070	0810	0890	080	0920	090	...	ENDSUMME
KFZ	KFZ	10	13	23	94	42	136				
HAFTPFL.	HAFTPFL.	10	11	·21	9	35	44				
UNFALL	UNFALL	35	19	54	4	25	29	0	0		
	H + U	45	30	75	13	60	73	0	0		
GROSSE SACHSPARTEN	HAUSRAT	19	38	56	1	40	41				
	GEBÄUDE	6	28	34	1	21	21				
	GLAS	13	33	47	2	69	71				
	VH/VG/GL	38	99	137	3	130	134				
	ZWISUM	93	143	235	111	232	342	0	0		
KLEINE SACHSPARTEN	FEUER		1	1		3	3	0	0		
	EINBRUCH		1	1		3	3				
	L-WASSER	1		1		1	1				
	STURM					2	2				
	CARAVAN					1	1				

Abb. 9

Nach diesem Kurzausflug in die Praxis möchte ich Ihnen das System in seiner gesamten Anlage vorstellen (Abb. 10).

Hierbei sollen zwei Aspekte im Vordergrund stehen:

1. Die notwendige Integration der Kostenrechnung in die Organisationsformen und Arbeitsablaufstrukturen des Unternehmens.

2. Die hieraus resultierende Produktivitätsmessung und sich darüber ergebende Steuerungs-mechanismen.

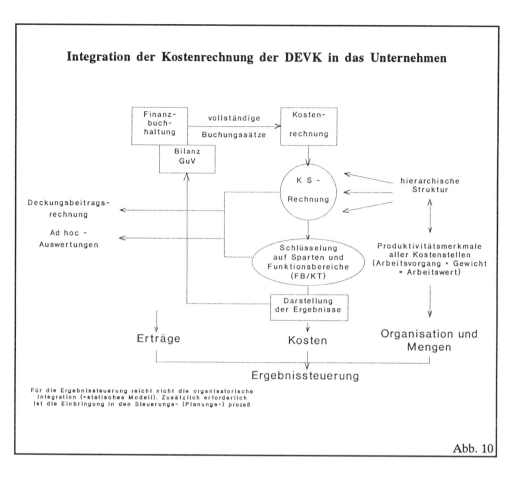

Integration der Kostenrechnung der DEVK in das Unternehmen

Abb. 10

Finanzbuchhaltung (FiBu) und Kostenrechnung (KoRe) sind im Grunde genommen ein System. Nur zur Klarheit dieser Darstellung werden beide Teile hier entzerrt. So übergibt die FiBu an die KoRe vollständige Kostenbuchungen. Diese Buchungen beinhalten neben vielen anderen Informationen immer: Unternehmen, Konto (Kostenart), Betrag und die Kostenstelle (vgl. KS-Rechnung: direkte Zuordnung, keine Schlüsselung auf Kostenstellen), nicht zwingend dagegen den Funktionsbereich und Kostenträger. Hier wird über den Kontenplan eindeutig geregelt, für welche Kostenart jeweils der Funktionsbereich und Kostenträger angegeben werden muß und für welche er nicht angegeben werden darf. (Sofern Funktionsbereich und Kostenträger nicht angegeben werden dürfen, ist eine Verteilung des Aufwands (Schlüsselung) auf diese Einheiten erforderlich.). Verstöße gegen diese Regeln werden maschinell ausgesteuert.

Warum haben wir solche scheinbar sehr restriktiven Regeln aufgestellt?

Erstens wollten wir es nicht dem Zufall, sprich dem Kenntnisstand eines jeweils buchenden Sachbearbeiters überlassen, ob direkt gebucht oder geschlüsselt wird.

Zweitens wollten wir (resultierend aus erstens) die Kostenverteilung durch Schlüssel sachgerecht durchführen: Eine Verteilung über Schlüssel wird dann unpräzise, wenn etwa eine Sparte zufallsabhängig mit einem mehr oder weniger großen Teil des Buchungsstoffes direkt belastet wird und mit dem mehr oder weniger großen Rest evtl. nochmals über den Schlüssel belastet wird. Dagegen ist die Verteilung des gesamten und bekannten Buchungsstoffes über einen sauberen Schlüssel die präzisere Lösung, auch wenn gelegentlich eindeutig Zuordnungsfähiges geschlüsselt wird.

Zurück aber zum ursprünglichen Kostenbuchungssatz.

Durch die zwingende Kostenstellenangabe sind sämtliche Kosten der Kostenstelle zuordnungsfähig, und damit ist die Kostenstellenrechnung in der dargestellten Form durchführbar. Ihre Leistungsfähigkeit hängt davon ab, wie sauber hierarchische Strukturen die Aufgaben und Zuständigkeit von Verantwortlichen widerspiegeln. Die Kostenstellenrechnung wird also von der hierarchischen Struktur des Unternehmens geprägt.

Funktionsbereichs- und Kostenträgerrechnung

Produktivitätsermittlung und -verwendung

Nicht ganz so einfach ist die Funktionsbereichs- und Kostenträgerrechnung, denn hier muß - sofern nicht die direkte Buchung vorgeschrieben ist - geschlüsselt werden, und dies nach mengenwertigen und belegbaren Kriterien (Vorschrift des Aufsichtsamtes).

Weil ein Sachbearbeiter in seiner Tätigkeit zu variabel, eine Hauptabteilung in ihren Aufgaben zu komplex ist, haben wir uns dafür entschieden, eine Kostenstelle (Abteilung oder Gruppe) als Basis für die Schlüsselung zu wählen. Die Arbeit einer Kostenstelle, die an der produktiven Abwicklung des Geschäftes beteiligt ist, ist in der Regel eindeutig beschreibbar durch Arbeitsmengen, die statistisch erfaßt sind. Beispielsweise werden in einer Betriebsgruppe Anträge risikomäßig geprüft (Mengenmerkmal: Anzahl Verträge Neugeschäft), Verträge verwaltet (Merkmal: Anzahl Verträge im Bestand) und Zulieferarbeiten für die Schadenbearbeitung gemacht (Merkmal: Anzahl Schäden). Jede dieser Tätigkeiten ist unterschiedlich arbeitsintensiv, was durch die Häufigkeit des Anfalls und die Arbeitsdauer widergespiegelt wird. So benötigt eine Risikoprüfung vielleicht die zehnfache Zeit einer einfachen Bestandsarbeit (z.B. Adressänderung), die zudem auch je Periode nur einen Bruchteil des Vertragsbestandes betrifft. Das heißt, daß unsere die Aufgaben widerspiegelnden Geschäftsmengen mit "Gewichten" zu versehen sind, welche die Arbeitsdauer, ggf. auch Häufigkeit des Arbeitsanfalls repräsentieren. Multipliziert man Arbeitsmengen mit Gewichten, so erhält man - wie in der Automobilindustrie für das Auswechseln eines Auspuffs - hier Arbeitswerte für die Risikoprüfung, die Bestandsverwaltung, die Schadenregulierung etc. und kann so die gesamte Produktivität eines Bereiches beschreiben/messen. Da diese Mengenmerkmale alle eindeutig Unternehmen, Sparten, aber auch Funktionsbereichen (Neugeschäftsverträge --> Abschluß, Anzahl Verträge Bestand --> Betrieb, Anzahl Schäden --> Leistung/Schadenregulierung) zuordnungsfähig sind, kann man über diese Arbeitswerte produktivitätsabhängig alle Verteilungsschlüssel definieren, indem entsprechend dem Prozentanteil an Arbeitsmengen für eine Funktionsbereichs- und Kostenträgereinheit (Abschluß/Kraftfahrt oder Betrieb/Haftpflicht) die zu verteilenden Kosten in dieser Kostenstelle dieser Einheit zugeordnet werden. Darüber hinaus lassen sich entsprechend dem Anfall von Arbeitswerten Kosten auf Unternehmen verteilen bzw. solche anderweitig hergeleiteten Verteilungen prüfen. Letztlich werden alle Steuerungsprozesse, für die man Produktivitätskennzahlen benötigt, so möglich gemacht, beispielsweise:

- Personalmengensteuerung
- Produktivitätssteuerung gleichartiger Bereiche (Vergleich)
- Investitionssteuerung, Rationalisierungseffekte bei Maschineneinsatz durch Veränderung der Arbeitszeit, also der Gewichte (kaum der Mengen!).

Anmerkung:
Bei Gemeinkostenbereichen, z.B. Stabsbereichen, greift dieser Produktivitätsansatz nicht. Zur Kostenverteilung greifen wir hier auf durchaus auch seitens des Amtes akzeptierte Tricks, wie "Verteilung analog zu allen direkt am Geschäft arbeitenden Bereichen" (Argument: alle werden auf Dauer gleich betreut) zurück.

Werden also insgesamt die Kosten so auf Funktionsbereiche und Kostenträger verteilt, dann ist die Funktionsbereichs-/Kostenträgerrechnung nichts anderes als das Spiegelbild der Arbeitsabläufe des Unternehmens.

Auf diese Art und Weise der Schlüsselung von Kosten und Addition mit den direkt gebuchten Kosten erhält man sowohl die Funktionsbereichs- und Kostenträgerrechnung als auch eine Fülle an Produktivitätskennzahlen. Darüber hinaus werden aber viel mehr Informationen erzeugbar, nämlich alle die, die der kritische Zuhörer bei der Vorstellung der starren Listbilder vorhin vermißt hat:

Flexible ad-hoc-Auswertungen je nach jeweiligem Informationsbedarf und eine sehr flexible, der jeweiligen Fragestellung angepaßte Deckungsbeitragsrechnung.

Datenbasis und resultierende Auswertungsflexibilität

Stellen Sie sich bitte vor, daß aus einem von der FiBu übergebenen Buchungssatz durch die Schlüsselung bis zu 140 neue Buchungssätze entstehen, die zusätzlich zu den ursprünglichen Informationen noch die Angabe von Funktionsbereich, Kostenträger, verwendetem Schlüssel und dem zugehörigen Teilbetrag enthalten. Im Durchschnitt werden die Buchungssätze so vervierzehnfacht: Aus etwa 2 Mio. Kostenbuchungssätzen entstehen 28 Mio. Sätze mit vollständiger Information. Diese Anhäufung von Informationen können wir dann mit Mitteln der individuellen Datenverarbeitung auf dem Großrechner nach jedem beliebigen Parameter auswerten und jede gewünschte Information über einige wenige Optimierungstricks innerhalb von höchstens einem halben Tag liefern. Diese Flexibilität ist von besonderer Bedeutung bei der Anwendung von Deckungsbeitragsrechnungen.

Zur Deckungsbeitragsrechnung

Wie Sie alle wissen, leidet die Deckungsbeitragsrechnung oftmals darunter, daß bestimmte Kostenarten über längere Zeiträume als stückabhängig, kurzfristig dagegen als fix anzusehen sind, oder daß für eine dezentrale Organisationseinheit die Kosten der Zentrale als fix, aus der Sicht des gesamten Unternehmens jedoch auch in der Zentrale große variable Kostenblöcke bestehen. Das bedeutet, daß je nach Steuerungszweck die Deckungsbeitragsrechnung hinsichtlich der Stückabhängigkeit der Kosten anders auszulegen ist. Beispielsweise ist zur Bewertung des wirtschaftlichen Erfolgs einer Bezirksleitung ein anderer Deckungsbeitrag 4 oder 5 zu wählen als bei der Bewertung der Gesamtorganisation, bei der Bewertung des Wachstums einer zentral organisierten Sparte ein anderer als der einer dezentral organisierten, wiederum ein anderer bei der Bewertung von Geschäftsfeldern. Der Deckungsbeitrag ist also nicht nur zu stufen, sondern auch innerhalb der Stufen zu variieren. Wir lösen das ganz einfach, indem wir für jede Kostenstelle festgelegt haben, welche Kostenart in welcher Deckungsbeitragsstufe als variabel anzusehen ist. So sind beispielsweise die Personalkosten der Betriebsgruppe K-Versicherungen einer Bezirksleitung im Deckungsbeitrag 3 variabel, weil hier das Massengeschäft verarbeitet wird, diejenigen des Werbebereichs dagegen fix. In Abhängigkeit von diesen Festlegungen können wir dann schnell und flexibel über eine passende Deckungsbeitragsrechnung alle relevanten Wirtschaftlichkeitsfragen beantworten.

Ein kleiner Ausflug zur Prozeßkostenrechnung

Die Prozeßkostenrechnung ist im Augenblick Gegenstand vieler Veröffentlichungen und Diskussionsrunden, was den Praktiker, der sich schon einmal mit Arbeitsablaufuntersuchungen beschäftigt hat, doch ein wenig erstaunt. Auf einer etwas anderen Ebene können wir aber auch in unserem KoRe-System Parallelen finden.

Wenn wir uns den Betriebsablauf einer Versicherung ansehen, so entspricht dieser seiner Struktur nach der Zusammensetzung unserer Funktionsbereiche:

Die Versicherung wird abgeschlossen (Abschluß), verwaltet (Betrieb), ggf. rückversichert (Rückversicherung), die Beiträge werden erhoben (Inkasso) und Schäden bezahlt (Leistung).

Sie erkennen also die Grobstruktur des Versicherungsprozesses.

Betrachten Sie umgekehrt einmal das dargestellte System. Es wäre sicherlich noch verfeinerbar, die Maschine würde ohne weiteres statt unserer 1000 Schlüssel auch 10000 verwalten und statt 14mal so viele auch 140mal so viele Buchungen erzeugen können wie eingegeben werden. Das Problem sind eher die Menschen. Solche Systeme müssen inhaltlich beherrscht, gesteuert werden können. Es muß jemanden geben, der die Schlüssel im Zusammenwirken beurteilen kann. Einen "Wasserkopf" an Personal darüber zu setzen ist keine Lösung, besonders nicht für einen Kostenmanager.

Ich glaube also, daß die Prozeßkostenrechnung als ein Standardinstrument, das das gesamte Unternehmen überdeckt und durchleuchtet, für Versicherungsunternehmen nicht brauchbar ist, sich nicht amortisieren kann. Dagegen glaube ich schon, daß sie im Sinne einer ad-hoc-Maßnahme aufsetzend auf der Funktionsbereichsrechnung und in Details unterstützt durch Messungen der Betriebsorganisation, ggf. auch Schätzungen, ein sehr hilfreiches Instrument zur Durchleuchtung spezieller wohl abgegrenzter Abläufe sein kann, nicht jedoch - ich wiederhole es noch einmal - zur permanenten Standardsteuerung des gesamten Unternehmens.

Betrachten wir nun noch einmal die Abb. 10 in ihrer Gesamtheit.

Rechts finden Sie die Darstellung von hierarchischer Struktur, Arbeitsabläufen und Produktivität. Diese verhalten sich spiegelbildlich zur Kostenrechnung, die wiederum die Kostenergebnisse der Produktionsfaktoren liefert und diese an die Finanzbuchhaltung weiterleitet. Die Finanzbuchhaltung liefert wiederum die Erträge. Nimmt man noch die das Standardgerüst auffüllenden ad-hoc-Auswertungen und die Deckungsbeitragsrechnungen hinzu, dann ergibt sich ein ziemlich vollständiges formales Instrumentarium zur Ergebnissteuerung eines Unternehmens.

Wichtig ist festzuhalten:
Je besser ein Unternehmen organisiert ist sowohl seitens der Hierarchie als auch der zugeordneten Arbeitsabläufe, umso besser und effizienter läßt sich ein Kostenrechnungssystem aufsetzen. Umgekehrt bietet die Installation einer Kostenrechnung die Chance, die eigenen Organisationsformen zu überprüfen und zu bereinigen.

Ich glaube, daß wir mit diesem System eine feine und hinreichende Darstellung der Kostensituation des Unternehmens nach allen relevanten Gesichtspunkten ermöglicht haben. Das System betreiben wir seit 1983 und haben seitdem keinerlei Anlaß gehabt, irgend etwas entscheidendes an dem System zu ändern. Die einzigen Änderungen, die in dem System bisher erfolgt sind, sind die zusätzliche Anlage von Unternehmen oder die zusätzliche Anlage von Kostenstellen, Kostenträgern oder auch Funktionsbereichen, also Änderungen, die wir über die im System installierte Systemsteuerung ohne Eingriffe der Datenverarbeitung innerhalb von ein bis zwei Stunden erledigen. Auch auf absehbare Zeit hinweg sehen wir keinen Grund für Änderungen, auch wenn es inzwischen neue DV-Techniken gibt, denn auch diese neuen Techniken scheinen uns noch keine den Änderungsaufwand amortisierenden Verbesserungen zu bringen. Wir betreiben dieses System mit vielen Aufwendungen, denn zur Verwaltung des Systems benötigen wir etwa 1/3-Mannjahr sowie an verrechneten DV-Kosten etwa 20.000,-- DM. Wir meinen, daß dies ein sehr günstiges Preisleistungsverhältnis für ein derartig vollständiges und reibungslos laufendes System darstellt.

Der Planungsprozeß

Was nutzt uns jedoch ein gutes System, wenn es nicht in das alltägliche Leben des Unternehmens implementiert ist, wenn es nicht in die Abläufe des Unternehmens integriert ist. Hierzu haben wir einen Netzplan entwickelt, der im Detail bestimmt, wer im Verlauf des Steuerungsprozesses, des Planungs- und des Plan-Ist-Abgleichs-Prozesses an wen, welche Informationen abgibt. Diesen Netzplan, der aus sehr vielen Feinheiten und Details besteht, kann ich hier nicht vollständig vorführen. Deshalb möchte ich Ihnen nur eine grobe Skizze - Abbildung 11 - zeigen.

Der Steuerungsprozeß

Grobstruktur des Planungsnetzplans der DEVK

Der Netzplan beinhaltet im Detail, wer welche Informationen an wen zu liefern hat und wann welche Abstimmungen stattzufinden haben.

Januar	Prüfen der Zielerreichung Vorjahr
März	Konsequenzen für begonnenes Jahr rollierende Neufestsetzung/Korrektur der Mittelfrist-Planung mit Festlegung der Gesamtziele Folgejahr
Mai	(Bestand, Neugeschäft) Festlegung der Ziele je Geschäftsfeld (regional, Schwerpunkte etc.) Ressourcenplanung, Projekte/Maßnahmen/
Juli	Beschaffungen/Investitionsrechnungen
August	Aufbereitung der Ergebnisse
September	Festlegung des Gesamtkostenrahmens
Oktober	Kostenplanung "vor Ort" (Kostenstellen) Abstimmungsprozeß Gesamtrahmen/Planung
November	"vor Ort" (bottom up versus top down)
Dezember	Gewinn und Verlust-Planung Folgejahr

Parallel zu diesem Planungsprozeß findet der Soll/Ist-Ableich mit der Planung des laufenden Jahres statt.

Abb. 11

Wir beginnen im Januar mit der Prüfung, ob wir die Ziele des Vorjahres erreicht haben und ziehen daraus die ersten Konsequenzen für das Folgejahr. Es kann sein, daß ein Fachbereich Ziele - Verkaufs- oder Kostenziele - nicht erreicht oder erheblich übertroffen hat und sich fragen muß: Wieviel muß ich davon aufholen? Kann ich das überhaupt? Woran hat es (auch der Erfolg) gelegen? Wurde das Angebot über Erwarten gut oder schlecht vom Markt angenommen? Hat der Vertrieb Produktivitätsfortschritte oder Stagnation erreicht?

Etwa im März beginnen wir dann unsere Mengenziele festzulegen. Wir machen dies zunächst von Jahr zu Jahr rollierend in langen Perioden, bis zu 10 Jahren, für die wir uns Ziele setzen, insbesondere für die Marktanteile angesichts der Potentialentwicklungen, also der Entwicklung der Kundenanzahl, der Einwohneranzahl, der Anzahl der Haushalte, der Anzahl der Pkw.

Hier prognostizieren wir die Entwicklungen, gestützt natürlich auf externe Quellen. Anschließend legen wir fest, wieviel von diesen Potentialen wir in unseren Beständen haben möchten.

Sowohl aus diesen Bestandsentwicklungen heraus und aus der sehr gut greifbaren Entwicklung unserer Abgänge - hier haben wir zuverlässige Daten aus der Vergangenheit - errechnen wir, wieviel Neugeschäft wir jeweils in 10 Jahren, viel feiner dann auf einzelne Sparten bezogen, in 5 Jahren brauchen und insbesondere, wieviel wir im nächsten Jahr an Beständen und an Neugeschäft erreichen wollen.

Wenn wir diese Mengendaten unseres operationalen Geschäftes festgelegt haben, beginnt im Mai die Festlegung der Ziele, heruntergebrochen auf einzelne Einheiten, das sind Geschäftsfelder, regionale Zielgruppen. Neben der Festlegung der reinen Geschäftsmengen planen wir auch die hierfür erforderlichen Ressourcen in Außendienst, Innendienst und Technik. Weiterhin werden Projekte, die sich aus der Vergangenheit oder aus der aktuellen Erfordernis heraus ergeben und Maßnahmen zur Rationalisierung oder Kostenoptimierung sowie zur Bewältigung des Geschäftsvolumens geplant. Hierzu gehört insbesondere die Beschaffungsplanung. Sämtliche dieser Planungen werden - abhängig vom Investitionsvolumen mit mehr oder minder intensiven Kosten-/Nutzen-Analysen - unterlegt.

Damit sind die operativen Maßnahmen festgelegt, und wir können im August aufgrund all dieser Planungen einen Kostenrahmen für das gesamte Unternehmen erarbeiten. Hier gilt es, den Konflikt zwischen den Erfordernissen und Wünschen, die die Fachbereiche gemeldet haben, und auf der anderen Seite dem, was das Unternehmen sich in der Gesamtheit an Aufwand leisten kann, zu lösen. Es muß ein Kompromiß gefunden und der Geschäftsleitung vorgeschlagen werden, der einerseits berücksichtigt, daß das entscheidend Wichtige gemacht werden kann, auf der anderen Seite die daraus resultierenden Kosten für das Gesamtergebnis vertretbar sind. Wenn die Geschäftsleitung dem zugestimmt hat, wird dieser Gesamtkostenrahmen für das Unternehmen heruntergebrochen auf einzelne Hauptabteilungen und Bezirksleitungen. Dieser Kostenrahmen je Hauptabteilung, je Bezirksleitung wird dann in einer Kostenkonferenz gegen Ende September den Führungskräften vorgestellt (top-down). Es wird begründet, woher der Kostenrahmen kommt, wie er sich zusammensetzt und was uns dazu bewogen hat, diese Größenordnungen jeweils anzusetzen. Hierbei werden dann die Führungskräfte befragt, ob sie gravierende Bedenken zur Umsetzbarkeit haben. Wenn dies der Fall ist, werden diese genannt und wir überdenken nochmal in Einzelfällen die Planung. Unabhängig davon beginnt jede einzelne Hauptabteilung, jeder einzelne Bereich, jede Kostenstelle zu planen (bottom-up). Der Kostenrahmen ist hierbei ein Orientierungsrahmen. Was bei der Planung herauskommt, weicht oftmals, in der Regel nicht gravierend, vom Rahmen sowohl nach unten als auch nach oben ab. Die Ergebnisse der Einzelplanungen werden zur Planung des Unternehmens zusammengefaßt und abschließend mit dem zuvor mit der Geschäftsleitung abgestimmten Gesamtkostenrahmen abgeglichen.

Über das Ergebnis des Abgleichs wird der Geschäftsleitung berichtet, und sie entscheidet dann darüber, ob wir mit dem möglicherweise über dem Rahmen liegenden Planvolumen leben wollen und können, oder ob eine Korrektur der Planung erforderlich ist.

Ganz wichtig ist bei dieser Korrektur, daß hier durchaus von Jahr zu Jahr verschiedene Instrumente angewandt werden. Die klassischen Controllinginstrumente, wie Einzelgespräche mit den Fachbereichen, Abstimmrunden zwischen Fachbereichen sind gute Instrumente, aber auch Instrumente, die sich selbst abnutzen, wenn sie zur jährlichen Routine werden. Also muß man zusätzlich andere Instrumente/Methoden anwenden, die durchaus nicht immer Idealvorstellungen eines Controllers sind, die aber letztlich ungeheuer wichtig sind, um Leben im Unternehmen zu halten und um - ich wiederhole es - gute klassische Controllinginstrumente nicht abzuschleifen.

Nun, wenn die Planung abgestimmt ist und das Ziel gesetzt ist, errechnen wir - der Controllingbereich - in enger Zusammenarbeit mit den Sparten die Gewinn- und Verlustplanung für das Folgejahr, und Ende Dezember wissen wir dann nicht nur, daß das gerade abgelaufene Jahr erfolgreich war, sondern als typische Controller feiern wir bereits die Erfolge des nächsten Jahres.

Auf diesen Planungsprozeß setzt dann im Folgejahr der Soll/Ist-Abgleichsprozeß (Abb. 12) auf, den ich ganz schnell durchgehen möchte.

Der Soll/Ist-Abgleich und Steuerung im Jahreswechsel

1. Subcontrollingsysteme (Personal/Verkauf) berichten neben permanenten Datenlieferungen 1/4jährlich der Geschäftsleitung

2. Controlling berichtet 1/4jährlich über
   - Kostenentwicklung
   - Gewinn und Verlust Entwicklung
   - spezielle Kennzahlen über Markt-, Konkurrenz- und eigene Entwicklung

3. Alle Kostenstellen erhalten 1/4jährlich Soll/Ist-Abgleich
   - Kommentarpflicht   - maschinell angezeigt
     der KS-Verantwortlichen   - ggf. geziele Ansprache durch Controlling

   - Kommentarpflicht grundsätzlich bei Über- und Unterschreitungen (halbjährlich)

4. Planänderungen nur durch Geschäftsleitung
   Eventuelle Zusatzmaßnahmen bedürfen Ausgleichsposition.

5. Bei besonderen Entwicklungen/Sonderbudgets etc.:
   Einzelentscheidungen der Geschäftsleitung in Abhängigkeit von
   - strategischer Bedeutung
   - Aufwand
   - Kosten-Ist-Situation
   - Gewinn- und Verlust-Situation.

Abb. 12

Vierteljährlich berichten Subcontrollingsysteme - das sind bei uns der Personalbereich und der Verkaufsbereich - und wir der Geschäftsleitung über Kostenentwicklung, Gewinn- und Verlustentwicklung, aber auch über spezielle Kennzahlen am Markt, die Konkurrenzentwicklung und die eigene Entwicklung. Die Kostenstellenverantwortlichen, die Spartenverantwortlichen und die Funktionsbereichsverantwortlichen erhalten vierteljährlich die vorhin dargestellten Informationen. Die kommentarpflichtigen Stellen, durch die Vergabe von Sternchen und Kreuzchen jeweils angezeigt sowie andere Besonderheiten werden halbjährlich analysiert und begründet.Eine Ausnahme zu dieser halbjährlichen Berichtspflicht ist dann gegeben, wenn wir oder die Geschäftsleitung gezielt auf einen Fachbereich zugehen und diesen wegen Abweichungen befragen.

Warum machen wir das halbjährlich? Nun, wir sind angefangen und haben es vierteljährlich gemacht, dann aber sehr schnell festgestellt, daß nach dem ersten Vierteljahr die Daten zu unpräzise und die Saisonverschiebungen noch zu gravierend sind, so daß nach einem Vierteljahr im Grunde genommen zu wenig greifbare Steuerungsansätze erhältlich sind. Nach einem Dreivierteljahr ist die Situation so, daß die Kosteninformationen Mitte Oktober vorliegen, die Kommentare Ende Oktober da sind, etwaige Beschlüsse zur Korrektur möglicherweise Mitte November vorhanden sind, dann jedoch - obwohl alles schon sehr schnell gegangen ist - es zu spät geworden ist, um das Jahresergebnis noch zu beeinflussen. Also beschränken wir uns bei Bericht, Kommentaren und Steuerungseingriffen auf die Perioden nach dem ersten Halbjahr und, im Rahmen des Schlußberichts, nach Ablauf des gesamten Jahres. Gelegentlich wird an uns der Wunsch nach unterjähriger Planänderung herangetragen, was in einigen Unternehmen auch durchaus üblich ist. Wir lassen grundsätzlich keine Planänderung zu, indem wir sagen, Planänderungen sind nur über die Geschäftsleitung möglich. Dies ist sehr sinnvoll und auch notwendig, weil durch mehrfache Änderung eines Planwertes im Jahr der eigentliche Ausgangspunkt dessen, was man sich zu Jahresbeginn vorgenommen hat, verwischt und verzerrt wird, und es im nachhinein nicht mehr möglich ist zu erkennen, welche Entwicklung man sich ganz anders vorgestellt hat, als sie tatsächlich eingetreten ist. Da diese Lerneffekte ein wichtiges Ziel der Planung sind, haben wir über diese Regelung Planänderungen so gut wie ausgeschlossen. Wenn jemand zusätzliche ungeplante Maßnahmen durchführen will, dann wird er gefragt, ob er dafür eine Ausgleichsposition anzubieten hat, in Notfällen suchen wir im Controlling möglicherweise in und mit anderen Fachbereichen nach dem zusätzlichen Aufwand ausgleichender Kostenpositionen.

Damit steht uns insgesamt ein operatives, relativ flexibles Steuerungssystem zur Verfügung, das sich insbesondere zur Kostensteuerung in ein bis zwei Jahresperioden seit 8 Jahren etabliert und bewährt hat.

Ein Ausflug in "visionäre Sphären"

Zunächst "Pseudo-Historie"

Es stellt sich nun die Frage, reichen diese Steuerungsmittel, die operativ auf ein/zwei Jahre hin orientiert sind, heute und in Zukunft aus. Betrachten wir zunächst einmal die Geschichte der Kostensteuerung, wobei wir nicht unbedingt historisch vorgehen, sondern uns mehr an inhaltlichen Aspekten orientieren wollen (Abb. 13).

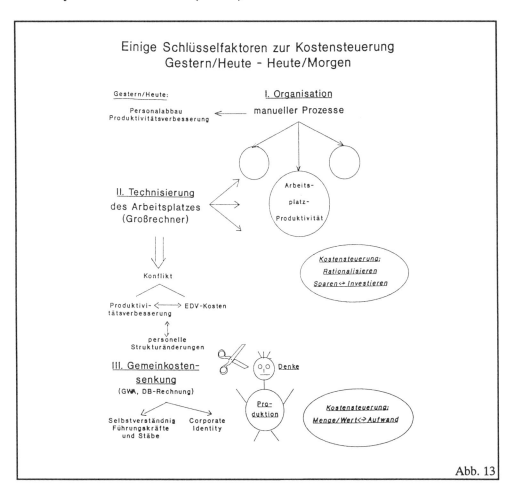

Abb. 13

Inhaltlich begann die Kostensteuerung im Grunde genommen lange vor Einsatz irgendwelcher informationstechnischer Mittel mit der Organisation der manuellen Prozesse. Man hat Arbeitsablaufuntersuchungen gemacht und versucht, über eine bessere Struktur dieser Arbeitsabläufe Personal abzubauen, was gleichbedeutend damit ist, eine Produktivitätsverbesserung zu erreichen. Diese Arbeitsplatzproduktivitätsverbesserung wurde dann erheblich beschleunigt durch die Technisierung des Arbeitsplatzes, und zwar im wesentlichen zunächst durch den Einsatz von Großrechnern. In diesem Zusammenhang entstand auch der erste Konflikt zwischen Produktivitätsverbesserung auf der einen Seite und den dafür erforderlichen zu investierenden EDV-Aufwendungen. Hier hat es viele Probleme gegeben. Wie wir aus der Vergangenheit wissen, schnellten oftmals die EDV-Kosten so sehr in die Höhe, daß durch Produktivitätsverbesserung Ersparnisse in der Höhe, wie auf der einen Seite Geld investiert wurde, nicht erreicht wurden. Hier ergaben sich dann gezielt zwei Aufgaben für die Kostensteuerung; einerseits das Wechselspiel zwischen Sparen und Investieren zu steuern und auf der anderen Seite die langfristig anhaltenden (das sind ja alles keine einmaligen, sondern - wie sich später zeigte - sich selbst dynamisch weiterentwickelnde Investitionen gewesen) EDV-Kosten im Griff zu behalten. Gleichbedeutend und gleichzeitig mit der Produktivitätsverbesserung über den Einsatz von EDV-Maschinen entstanden personelle Strukturveränderungen. Der Arbeitsplatz wurde anspruchsvoller, vielseitiger, die Arbeitsgeschwindigkeit durch den Einsatz dieser technischen Mittel sehr stark erhöht , und das Personal mußte selbst sehr stark darauf reagieren und/oder die Unternehmensführung zur personellen Strukturveränderung greifen. Diese Entwicklung hat ihren Lauf genommen und läuft heute auch noch weiter in dem Sinne, daß neben der Großrechenanlage jetzt die Mittel der individuellen Datenverarbeitung sowohl auf dem Großrechner als auch auf Abteilungsrechnern und PC's um sich greifen. Hier bleiben die genannten Probleme bestehen, und es kommen neue Fragestellungen auf, auf die ich gleich ein wenig eingehen werde, die aber nicht alle hier erörtert werden können. Das wäre im Grunde genommen ein eigener Vortrag, der unter den Titel "Wie gehe ich mit Informationen um" versehen sein könnte.

Der dritte Schritt zur Kostensenkung war der Ansatz, die Gemeinkosten in Versicherungsunternehmen in den Griff zu bekommen, eine Gemeinkostensenkung zu betreiben. Bekannte Begriffe hierzu sind die Gemeinkostenwertanalyse (GWA) und die Deckungsbeitragsrechnung. Man ging hin und entfernte aus vielen Abteilungen/Bereichen eigene Stäbe, die

1.) qualitativ nicht in der Lage waren, die Leistungen zu erbringen, die ein hochqualifizierter zentraler Stab erbringt,

2.) die infolge ihrer Heterogenität auch dafür gesorgt haben, daß Mißverständnisse besonders in der Sprache und in der Kommunikation im Unternehmen entstanden sind, und die

3.) durch die Steuerung auf einzelne Fachbereiche sehr teuer waren.

Man schnitt also - wenn man es umgangssprachlich sagen will - den Fachbereichen die "Denke" ab. Dafür etablierten sich intensiver zentrale Bereiche, versehen mit insgesamt weniger, aber entsprechend den Anforderungen hochqualifiziertem Personal, das die Aufgaben zentral übernahm, die früher viele kleine Bereichstäbe übernommen hatten. Bei diesem Prozeß entstanden hohe Anforderungen an das Selbstverständnis der Führungskräfte und der Stäbe, die ja auf gewisse eigene Möglichkeiten verzichten mußten. Die Umsetzungsleichtigkeit dieser Entwicklung entsprach der mehr oder weniger groß ausgeprägten Corporate-Identity des jeweiligen Unternehmens. Wir haben also den Prozeß des Sparens und des Investierens ergänzt durch eine Kostensteuerung, bei der die Menge und der Wert der Leistung dem Aufwand gegenübergestellt werden und die Gemeinkosten klein gehalten werden sollen.

Vom Heute zum Morgen

Heute und morgen (Abb. 14) wird nach wie vor im Mittelpunkt des Bemühens die Optimierung von Organisation, Technik und die Reduktion der Gemeinkosten mit den klassischen Mitteln von Rationalisieren, Sparen, Investieren und mengenwertiger Steuerung stehen. Wir müssen aber damit rechnen, daß sich die Inhalte, die Erfordernisse und Ansätze zur Kostensteuerung verlagern werden.

Heute / Morgen

Nach wie vor im Brennpunkt: Organisation
                                            Technik
                                            Overhead (Gemeinkosten)

mit rationalisieren, sparen, investieren, mengenwertige Steuerung

aber: Verlagerung/Erweiterung von Inhalten, Erfordernissen, Ansätzen

Bedeutung: Menge   →   Bedeutung: Technik/Information

BANKEN und VERSICHERUNGEN
sind reine
INFORMATIONSVERARBEITUNGSBETRIEBE

Abb. 14

Die fortschreitende Technisierung des Arbeitsplatzes bringt es mit sich, daß die Arbeitsmenge weiterhin immer mehr an Bedeutung verlieren wird und die Steuerung der Technik und der Information sowohl von ihrem sukzessiven Aufbau als auch von ihrer inhaltlichen Sauberkeit her zunehmen wird. Die Konsistenz von Instrumenten, passender Information und umgekehrt ist optimal zu erreichen.

Folgende Vision macht diese Bedeutung klar:

Banken und Versicherungen sind reine Informationsverarbeitungsbetriebe.

Wir können uns sehr gut vorstellen, daß von einem Zeitpunkt an, bei dem der Kunde selbst über die technischen Mittel, z.B. Btx o.ä. verfügt, um entweder zu Hause am Bildschirm oder über den Außendienstler, der ihm gerade mit einem Laptop gegenübersitzt, seine Wünsche und

Daten in die Maschinenperipherie eingibt, und hier innerhalb der Maschinenperipherie, eventuell direkt beim Außendienstler in dessen PC, einige Informationen verarbeitet werden und an die Hauptverwaltung, die Zentrale, weitergegeben werden, wo dann sämtliche Bearbeitungsschritte, die heutzutage noch sehr stark dezentral ablaufen, maschinell, z.b. über Expertensysteme, durchgeführt werden. Das bedeutet also, daß nahezu alle Tätigkeiten, die heute noch manuell bei der Verwaltung des Geschäftes, auch der Bearbeitung von Neugeschäft und zahlreichen Schadenregulierungstätigkeiten, also fast alle manuellen Tätigkeiten (je trivialer umso eher) entfallen können und von Maschinen übernommen werden. Dementsprechend (Abb. 15) wird die Kostensteuerung im Sinne einer Optimierung andere Ansatzpunkte haben müssen.

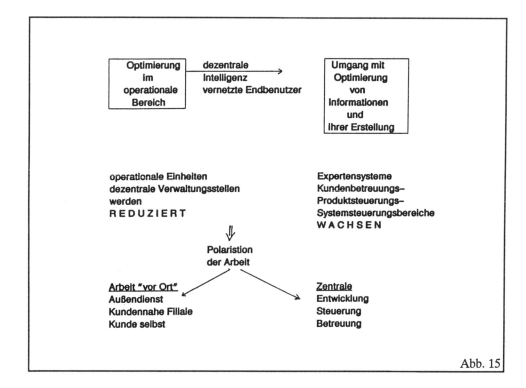

Abb. 15

Die Optimierung im Bereich der operationalen manuellen Tätigkeit wird übergehen in eine Optimierung des Umganges mit Information und der Erstellung von Information. Das wesentliche Mittel hierbei wird die dezentrale Intelligenz sein, verknüpft mit der zentralen Intelligenz über die entsprechenden Netzwerke. Für die Organisationsformen wird das in der Praxis bedeuten, daß dezentrale Verwaltungsstellen reduziert werden, daß auf der anderen Seite sehr konzentriert auf die Hauptverwaltung, Expertensysteme, Kundenbetreuungsbereiche, Produktsteuerungs- und Produktentwicklungsbereiche sowie die Systeme steuernde Bereiche sowie auf der anderen Seite vor Ort kundennahe Erfaß-, Beratungs- und Steuerungseinrichtungen wachsen werden.

Es entsteht eine Polarisation der Arbeit. Einerseits wird die Arbeit vor Ort intensiviert beim Außendienst in der kundennahen Filiale oder auch beim Kunden selbst, andererseits wird der andere Pol, die Zentrale, wachsen.

Die Entwicklungsprozesse in diese Zielrichtung sind sehr langwierige und sehr aufwendige Prozesse. Wenn ich vorhin angedeutet habe, daß die Gefahr bestand, beim Einsatz von Großrechnern, mehr zu investieren als man an Rationalisierungseffekten herausholt, so ist diese Gefahr heute bei der Vielzahl der gegebenen Instrumente Großrechner, Abteilungsrechner, PC's noch erheblich angewachsen. Dazu kommt eine noch mächtigere und teurere Software als die Geräte es sind, mit denen diese Prozesse verarbeitet werden. Diese Entwicklung wird die Unternehmens- und Kostenentwicklung wesentlich intensiver prägen, als die Entwicklung, die so aufsehenerregend in den vergangenen Jahren stattgefunden hat.

Hier besteht also ein erheblicher Steuerungs- auch Kostensteuerungsbedarf. Jeder Fehler ist teurer als je zuvor:

Man stelle sich vor, man entscheidet sich für eine Zentralisierung, wenn eine Dezentralisierung sich später in 4-5 Jahren als marktgerecht herausstellt, oder man entscheidet sich für eine Dezentralisierung, wenn die Zentralisierung sich als das richtige Marktverhalten herausgestellt hätte. Dann sind allein im personellen Bereich etliche Millionen vertan und parallel (= zusätzlich) amortisieren sich sämtliche Maschineninvestitionen nicht, die diese Entwicklung unterstützt, eventuell sogar getragen haben.

Die Differenz im Aufwand zwischen ungesteuerter und optimal gesteuerter Entwicklung wird gerade im verschärften Wettbewerb ein entscheidender Überlebensfaktor sein.

Diese Verschärfung des Wettbewerbs wird zweifellos eintreten. Im Rahmen der Öffnung des Marktes 1992/93 werden es nicht unbedingt die ausländischen Versicherungsunternehmen sein, die durch neue und/oder flexiblere Produkte und/oder härter kalkulierte Preise den Markt verschärfen. Es kann und wird nach meiner Meinung so sein, daß im Zuge der Vorbereitung auf ein derartig denkbares Eingreifen von nichtbundesdeutschen Unternehmen in den deutschen Markt, deutsche Unternehmen Produktmöglichkeiten und Preise entwickeln, und in den Jahren 93 und später auf den Markt bringen werden, die heute noch nicht vorhanden, vielleicht noch gar nicht angedacht sind. Es kann also sein, daß der deutsche Markt aus Vorsorge vor außerdeutschen Eingriffen sich durch eigene neue Produkte, neue Angebote und Preise selbst verschärft.

Unabhängig davon, ob bundesdeutsche oder nicht deutsche Unternehmen den Wettbewerb verschärfen müssen, ist eine optimal gesteuerte Entwicklung allein aus einfachsten Konkurrenzgründen anzustreben.

Wesentlich dafür ist es, daß man weiß wo es hingeht,

- daß man also eine Langfristvorstellung - eine Vision - hat,
- daß man dann den Weg zu dieser Vision zu diesem Ziel hin beschreibt und versucht, ihn jeweils in jedem einzelnen Schritt vertrags- und kostenoptimal durchzuführen,
- daß man nicht die Kontrolle verliert über den Weg, den man eingehen will.

Die Differenz im Aufwand zwischen ungesteuerter und optimal gesteuerter Entwicklung wird im verschärften Wettbewerb ein entscheidender Überlebensfaktor sein.

Wesentlich dafür:

Wissen, wo es hingeht
(Vision)

Gradliniger Weg
(ertrags/kostenoptimales Verhalten)

Entscheiden der Einflußgrößen
(Konzentration auf das Wesentliche)

Kontrolle der Entwicklung und Geschwindigkeit
(Sicherheit)

Abb. 16

Was nutzt einem die schönste Vision wenn man sicher sein kann, daß man diese und die Marktführerschaft in 10 Jahren zwar erreichen kann, aber auf dem Weg dorthin zwischenzeitlich das Unternehmen ruiniert.

Man muß die entscheidenden Einflußgrößen auf diesem Weg herausarbeiten, damit man sich auf das wesentliche konzentrieren kann, keine "Nebenkriegsschauplätze" zulassen, die nichts anderes bewirken als eine Verwirrung bei Führungskräften und Sachbearbeitern, möglicherweise aber auch eine Fehlorientierung, weg vom eigentlichen Ziel. Damit dies nicht passiert und damit man auch kein allzu großes Risiko eingeht, bei diesem langen, oftmals auf 10 Jahre und mehr Jahre angelegten Weg falsch orientiert zu sein, weil sich die Umgebung/die Umwelt geändert hat, muß man permanent die Entwicklung und die Geschwindigkeit der Entwicklung kontrollieren. Man muß die Vision an sich ändernden Umwelteinflüssen prüfen und insbesondere die Entwicklung hinsichtlich der permanenten Realisierung von Nutzenkomponenten auf diesem Weg verfolgen. Dieser Weg darf sich nicht teuer akkumulieren zu einem großen Aufwand, der sich unterwegs nicht amortisiert. Es müssen Teilziele abgesteckt werden, die ganz konkret den Amortisationszeitpunkt berücksichtigen und von allen Beteiligten gewährleistet werden können.

Nun wollen wir uns die entscheidenden Einflußgrößen einmal etwas näher ansehen; d.h. wir wollen jetzt Ansätze von innerbetrieblichen Strategien erarbeiten. Hierbei möchte ich mich auf dieses in der Literatur und auch in Seminaren sehr viel weniger behandelte Gebiet der innerbetrieblichen strategischen Komponenten beschränken.

Marktstrategien, Unternehmenspolitik, Unternehmensstrategien usw. sind ja weithin bekannt und erörtert, und ich möchte sie bei all ihrer Wichtigkeit, eben wegen ihrer Bekanntheit, jetzt nicht näher erörtern.

Wesentliche Komponenten einer internen Strategie sind gerade für Versicherungsunternehmen, ich kann mir aber auch vorstellen für Banken, folgende drei wesentliche Punkte:

Wesentliche Komponenten:

Intern

I. Datenmodellierung
  - Datendefinition, -struktur

  - Anwendungen und Struktur

einheitliche und umfassende
Nutzung von Hardware und "Tools"
Kosten
flexible Einsatzmöglichkeit
von Anwendungen/Tools
Produktgestaltungsflexibilität
(Angebot/Verkauf)

II. Kommunikationsstrategie
  - gradliniger kosten/leistungs-
    optimierter langfristig ge-
    steuerter Aufbau

  - Informationsbehandlung
  - Zuständigkeit

Erreichbarkeitsoptimierung
(intern bis Kunde) bei gleichzeitiger Aufwands-
u. Ertragsoptimierung
Produktivität

redundanzfreier, reibungsloser
Umgang mit Infos + Miteinander
Personalkosten
Produktivität

III. Personal
  - Flexibilität
  - Kreativität
  - Disziplin

Optimale Steuerung und Umsetzung
von I, II bis zum Verkauf
Erfolg/Gewinn

Aus diesen drei internen Komponenten resultiert auch die Optimierung von
  - Organisation
  - Produkten, ihrer "Verpackung" und Kundenempfänglichkeit

Bei diesen beiden allerdings kann man die Erfolge von I, II, III messen.

Extern

IV. Marktstrategie, Unternehmenspolitik usw. (allseits bekannt).

Abb. 17

Die Daten- und Anwendungsmodellierung
(Datenmodellierung vgl. Abb. 14)

Man muß seine Daten klar definieren und die Datenstrukturen sauber erarbeiten. Bestände, die gleichartig sind, z.b. bei Versicherungsunternehmen die einzelnen Spartenbestände, müssen möglichst einheitlich modelliert und strukturiert werden, damit man einheitlich und umfassend gleichartige Hardware einsetzen kann und gleichartige Tools auf diese Strukturen aufsetzen kann. So gibt man das Geld für eine Anwendung in der Regel nur einmal aus und kann diese für mehrere Sparten anwenden. Man wäre sehr schlecht beraten und die Entwicklung wäre nicht zu bezahlen, würde man für jede einzelne Sparte einen eigenen Komplex von Anwendungen schaffen, der völlig unterschiedlich ist zu dem Betrieb der anderen Sparten. Damit ist der zweite Punkt angesprochen: "Die Anwendungsmodellierung".

Ziel muß es sein sowohl von der Entwicklung, vom Bezahlen der Anwendung her gesehen und auch unter dem Gesichtspunkt des Handlings der Anwendungen durch Außendienstler, Kunden und Innendienstmitarbeiter, daß diese Anwendungen sich möglichst einheitlich anbieten. Darüber hinaus ist es erforderlich, daß man mit einer Anwendung eine möglichst breite Einsatzmöglichkeit hat, letztlich um möglichst viel Produktbestandteile preiswert und flexibel miteinander kombinieren zu können.

Der Markt - vorhin bereits angedeutet - wird es erfordern, daß wir risikospezifisch/personengruppenspezifisch Risikoeinheiten zusammensetzen können, zu neuen, genau dem Verbraucherbedarf anpaßbaren Produktkombinationen. Dies ist nur möglich, wenn wir dies über sehr flexible Anwendungen steuern. Es ist nicht durchführbar und bezahlbar, mit einer jeweils neu "zu strickenden" bzw. manuell neu zu entwickelnden Produktpalette auf dem Markt anzutreten.

Die Kommunikationsstrategie

Der zweite Hauptpunkt einer innerbetrieblichen Strategie ist die Kommunikationsstrategie. Hier ist der Aufbau von Hardware und Software und der Umgang mit den Informationen gemeint. Zunächst einmal ist es ganz wichtig, daß wir gradlinig und jeweils kosten- und leistungsoptimiert unsere Maschinen- und Softwareinstrumente aufbauen. Ziel des Aufbaus ist, daß wir unsere Partner sowohl im Innen- und Außendienst als auch die Kunden möglichst leicht, möglichst schnell und qualitativ hervorragend betreuen und erreichen können. Eine Zielrichtung der Kommunikationsstrategie kann man also als Erreichbarkeitsoptimierung beschreiben und diese Erreichbarkeitsoptimierung führt zu nichts anderem, als zu einer weiteren Erhöhung der Produktivität. Diese Produktivitätserhöhung hat permanent zu erfolgen, d.h. jeder einzelne Schritt beim sukzessiven Aufbau dieser Techniken muß sich (s.o.) amortisieren. Stellen sie sich vor, es wären jährlich 200 PC's im Außendienst installiert. Dann hat man es nicht mit einer Einmal-aufwendung zu tun, sondern dieser Aufwand wiederholt sich nach ca. 5 Jahren wieder. Dann müssen nämlich die ersten 200 angeschafften Geräte wieder ersetzt, also neu beschafft werden. Das bedeutet, daß sich die ersten 200 investierten Geräte innerhalb ihrer Lebenszeit amortisieren müssen. Dies gilt für jede Hardware und für jede Software. Das alleinige Amortisieren reicht nicht. Wir wollen auch Effekte der Verbesserung der Kosten- und Leistungssituation erreichen, in dem Sinne, daß die Vision, die ich vorhin angedeutet habe, angenähert wird. Wir müssen personalunabhängiger arbeiten und mit einer im Preis/Leistungsverhältnis günstigeren Technik, als es vorher das Personal war, produktiver arbeiten.

Der zweite wichtige Punkt unter dem Titel Kommunikationsstrategie ist die Behandlung der In-formationen und der Umgang mit ihnen. Man muß sich darüber im klaren sein, daß wir bei der permanent wachsenden Fülle an Informationen, mit der wir es zu tun haben, dafür zu sorgen haben, daß wir miteinander noch reden können. Wenn undiszipliniert Informationen erstellt werden - jeder macht seine eigene Statistik, die ihn oder seinen Bereich möglichst optimal aus-sehen läßt - dann führt das zum permanenten Reibungskonflikt. Diese Reibungskonflikte, die aus dem Mißbrauch von Informationen entstehen, sind teurer, und zwar wesentlich teurer als die Beschaffung sämtlicher dafür erforderlicher Hardware und Software. Wir haben dafür zu sorgen, daß wir redundanzfrei und reibungslos mit den Informationen und auch miteinander umgehen. Wir müssen unsere Personalkosten für die Beschaffung und inhaltliche Verwaltung unserer Information niedrig halten und keine Produktivitätsverluste für Statistiken, nur für evtl. "Aha"-Erlebnisse, akzeptieren.

Ein ganz wichtiger Punkt hierbei ist, zweifelsfrei zu klären: Wer ist für die Definition, wer ist für die Erzeugung von Informationen (Statistiken) zuständig? Die Umsetzung und die folgende reibungslose Kommunikation ist letztlich eine Frage ausschließlich der Disziplin (Sprache, Um-gang --> Kultur).

Die Personalstrategie

Die dritte letztlich auch die beiden anderen prägende innerbetriebliche Komponente ist das Per-sonal. Die ersten beiden Punkte sind in ihrer Entwicklung abhängig von der Flexibilität und der Kreativität des Personals. Man muß vom Personal mehr als früher, eine sehr hohe geistige Dis-ziplin erwarten. Es ist nicht mehr so sehr die Disziplin gefordert, gerade und mit gespitztem Bleistift am Arbeitsplatz zu sitzen, sondern hier wird die Disziplin verlangt, mit Informationen logisch einwandfrei umzugehen, diszipliniert in und an den Strukturen zu arbeiten und sehr konsequent diese Strukturen zu realisieren, ggf. sie auch sich ändernden Marktverhältnissen an-zupassen (siehe auch oben: Sprachdisziplin).

Durch diese 3 Punkte, im wesentlich also ursächlich geprägt vom Personal, entscheidet sich die optimale Steuerung der Unternehmung und die Umsetzung bis hin zum Verkauf und damit bis hin zum Erfolg, zum Gewinn. Oftmals werden in diesem Zusammenhang noch andere Komponenten angesprochen, nämlich die Organisation, die Produktstrategie, die Produktpalette: Wie verpacke ich meine Produkte und wie bringe ich sie erfolgreich rüber zum Kunden?! Wenn Sie die ersten 3 Hauptpunkte realisiert haben, dann folgt die Organisation der neuen bzw. neu erarbeiteten Strukturen nahezu automatisch. Die Produkte und ihre Verpackung brauchen die Datenmodellierung, die Kommunikationsstrategie und das umsetzende Personal. Wenn das allerdings vorhanden ist, dann entstehen diese Produkte auch nahezu automatisch, weil Voraussetzungen dafür da sind, die diese Erfolgskomponenten ermöglichen, ja fast erzwingen.

Allerdings, das muß man ganz deutlich sehen, wird der Erfolg einer solchen Gesamtstrategie gerade bei den Produkten und ihrer Empfänglichkeit beim Kunden gemessen: Der Umsatz ist das, was letzten Endes den Erfolg beschreibt. Nur ist der Umsatz, der Gewinn <u>eine Folge der Entwicklungen aus diesen vorhin beschriebenen Komponenten heraus.</u>

Nun kann die Frage aufkommen: Müssen wir jetzt die Datenmodellierung vor der Kommunikationsstrategie oder die Personalentwicklung vor der Datenmodellierung usw. betreiben?

Die 3 Punkte Datenmodellierung, Kommunikationsstrategie, Personalstrategie müssen gleichmäßig parallel entwickelt werden. Wenn einer dieser Punkte weit voran ist, z.B. die Datenmodelle hervorragend erarbeitet sind, aber im Grunde genommen nicht umgesetzt werden können, weil keine entsprechenden Techniken zur Verfügung stehen um diese Modelle produktiv am Markt zu realisieren, dann wird man diese Investition im Bereich der Datenmodellierung zunächst einmal auf absehbare Zeit nicht nutzbringend umsetzen können. Umgekehrt hat man Techniken zur Verfügung, die auf ungesunde schlechte Datenstrukturen aufgesetzt werden, dann werden diese Techniken sehr teuer und sie liefern im Grunde genommen nicht das, was man erreichen wollte. Beispielsweise nutzt einem keine Informationssoftware, wenn die Daten in den Beständen nicht die Möglichkeit für die Information anbieten. Ähnliches gilt für das Personal: Wenn man hochqualifiziertes Personal hat, dem aber keine entsprechenden Techniken und Strukturen anbieten kann, dann ist die Personalfluktuation gleich mit der Beschaffung des überqualifizierten Personals implementiert. Umgekehrt hat man hervorragende Modelle erarbeitet, hat man hervorragende Techniken und hat nicht das geeignete Personal zum Umgang mit diesen Dingen, dann wird diese Technik, dann werden diese Daten und Anwendungsstrukturen sehr schnell, nicht nur unzweckmäßig angewendet, sondern eventuell sogar zerstört durch Mißbrauch.

```
Die gleichmäßige parallele Entwicklung dieser Komponenten
unter Ertrags- und Aufwandsoptimierung wird den Kosten-
wettbewerb entscheiden

        das heißt nicht

"High tech" um jeden Preis und mit größter Geschwindigkeit

        sondern

- optimieren des Vorhandenen

- zielgerechte Weiter-(Neu)entwicklung bei Schwachstellen

        dabei

- sich Zeit lassen, den richtigen Zeitpunkt wählen

- dann schnell, unbürokratisch aber kontrolliert handeln.

                                                    Abb. 18
```

Also wird die gleichmäßige parallele Entwicklung dieser Komponenten unter permanenter Ertrags- und Aufwandsoptimierung für die Zukunft entscheidend sein. Ich möchte nicht den Eindruck erwecken, "High tech" um jeden Preis und mit größter Geschwindigkeit zu fordern. Versicherungsunternehmen und auch Banken sind keine Forschungsinstitute. Wir haben Produkte auf dem Markt anzubieten und diese Produkte auch zu verkaufen und dies mit jährlichem und jährlich steigendem Erfolg. Das heißt also nicht "High tech" um jeden Preis, sondern: Zunächst müssen wir das Vorhandene optimieren, müssen prüfen, paßt es in unsere Richtung der Vision hinein. Um auf diese Vision hin zielgerichtet weiterzuarbeiten, muß man dann, wenn Schwachstellen sich zeigen und Unproduktivität folgt, mit Einsatz neuer, sich amortisierender Technik auf die Vision hinarbeiten. Man muß sich bei diesem Umsetzen der Vision Zeit lassen und genau analysieren, wann der richtige Zeitpunkt für eine Investition gegeben ist. Es ist Unsinn, die neueste Soft- und Hardware permanent verfügbar zu haben, sie ist nämlich teuer.

Wir wissen, daß in 2 - 3 Jahren Produkte, die neu entwickelt sehr teuer sind, zu einem Bruchteil des Preises und in verbesserter Qualität erhältlich sein werden. Es ist also auch durch Warten das Preis/Leistungs-Verhältnis zu steuern. Weiterhin kann man auch das Personal nicht permanent mit neuer Technik und damit verbundenen Umstellungen belasten. Hier ist eine natürliche Verzögerungserfordernis gegeben.

Personelle Prozesse sind die entscheidenden auf dem Weg. Wir müssen unsere Mitarbeiter langsam und stetig hinführen auf neue Anwendungen und auf neue Produkte. Wir müssen uns also Zeit lassen, die richtigen Zeitpunkte wählen und vorbereiten, dann aber nicht große Analysen machen, sondern dann das, was schon lange vorbereitet und angestrebt war, schnell, unbürokratisch und kontrolliert umsetzen und durchsetzen.

Diese Punkte sind unter dem Namen Ertrags- und Kostenoptimierungsstrategien in der Entwicklung. Im innerbetrieblichen Bereich ist mir nicht viel an Literatur zu diesen Strategiethemen bekannt. Der fast triviale Aspekt tritt stärker in den Vordergrund, daß ein Unternehmen aus sich heraus, aus seinen Mitarbeitern und aus dem Know how heraus am Markt wachsen muß und sich am Markt verstehen muß. Umgekehrt ist nicht zu erhoffen, daß ein Unternehmen mit innerbetrieblicher Ineffizienz sich durch hohe Außendiensteffizienz langfristig halten kann.

Fazit

Die Kostensteuerung der Zukunft verlangt immer noch und wird auch weiterhin die operative Steuerung verlangen. Aber immer entscheidender wird die langfristige strategische Steuerung der Strukturen, Daten, Technik, Personal und daraus resultierend auch die Organisationsform, die Produkte. Dies war immer so, doch es war nie so entscheidend wie heute.

Diese Punkte sind Bestandteile neuerer Kostensteuerungsansätze,
die es zwar irgendwie immer schon gegeben hat und die jetzt als

Ertrags/Kosten-Strategien
(strategische Kostensenkungsmaßnahmen)

als pragmatisch handhabbare Instrumente entwickelt werden
langfristige Produktivitätsverbesserung ist dabei ein Teilziel.

Fazit:

Die Kostensteuerung der Zukunft

verlangt immer noch die operative Steuerung

aber immer entscheidender die langfristige, strategische

Steuerung der Stukturen

- Daten

- Technik

- Personal

- Organisation

und zwar insbesondere unter Kosten/Leistungs-Gesichtspunkten

Das war zwar immer so, doch nie so entscheidend wie heute.

Abb. 19

Früher haben die "Patriarchen", z.B. Unternehmensgründer, die Unternehmen nach Visionen geführt, mit ihrem Tod ging die Vision oftmals verloren. Die Unternehmen verloren ihre Schlagkraft und ihre Entwicklungskraft. Heute gibt es kaum noch Patriarchen, heute müssen wir Instrumente schaffen, mit denen wir Unternehmen langfristig in die Zukunft führen und in die Zukunft steuern können. Dazu beizutragen ist eine Aufgabe auch des Controllers.

Prof. Dr. Bernd Rolfes
Fachgebiet Banken & Finanzierung
Universität -GH- Duisburg

Rentabilitätsnormen als Kernstück ertragsorientierten Bankmanagements

Wie die vorangegangenen Referate gezeigt haben, erfordert ein effizientes Produktivitäts-management die nutzenorientierte Analyse und Gestaltung der Arbeits- und Produktionsabläufe einer Bank. Dazu ist eine leistungsträgerbezogene Stückkostenrechnung auf Standard(prozeß)-kostenbasis aufzubauen. Eine solche, analytisch fundierte "Feinsteuerung" der Kosten wird nun allerdings nur dann auch den gewünschten Erfolg bringen, wenn den Schwächen in der Kostenstruktur mit konsequenten Entscheidungen begegnet wird. Nur allzu häufig fehlt es in der Praxis dann aber letztlich doch genau an dieser Konsequenz, weil die Entscheidungsträger sich bei aller "Micro-Steuerung" und den damit verbundenen guten Vorsätzen, die existenziellen Mindestgewinn-Anforderungen und die bei Mitwettbewerbern bestehenden Produktivitäts-vorteile nicht in ausreichendem Maße ins Bewußtsein rufen.

Mein Anliegen ist es daher - hierbei bewußt nur von der "Macro-Ebene" kommend -, bewußt zu machen, daß sich die Mindestanforderungen an die Rentabilität und damit auch an die Gesamt-produktivität einer Bank analytisch ableiten lassen und deren Durchsetzung nicht nur eine Frage der Kosten-Feinsteuerung, sondern vor allem auch eine Frage des unbedingten Wollens und der Einhaltung bestimmter, durchaus globaler Produktivitätsgrundsätze darstellt. Dabei bildet die systematische Ableitung und Dekomposition globaler Rentabilitätsnormen das Herzstück einer solchen, gesamtheitlich orientierten Produktivitätspolitik. Deren Bedeutung und Funk-tionen sollen im folgenden kurz skizziert werden.

I. Funktionen von Rentabilitätsnormen

Rentabilitätsnormen sind unverzichtbarer Bestandteil ertragsorientierter Bank- und Produktivi-tätssteuerung. Denn sie bringen die Ergebnisanforderungen einer Bank zum Ausdruck und bilden in dieser Funktion die zentrale Richtlinie für die Formulierung von Zielbeiträgen und "Eckwerten", deren Bedeutung für die Vertriebssteuerung Herr Dr. Schüller schon heraus-gestellt hat.

Rentabilitätskennzahlen eignen sich vor allem deshalb in besonderer Weise zur Analyse struktu-reller Ergebnis-Zusammenhänge, weil sie ihrem Charakter als Verhältniszahlen entsprechend von absoluten Größen abstrahieren und daher vielfältigen Vergleichsmöglichkeiten offenstehen. Dabei stehen für die Formulierung von Rentabilitätsnormen auf Gesamtbankebene vor allem zwei Kennziffern im Vordergrund: Die Nettozinsspanne, die die Relation des Betriebsergeb-nisses zum Geschäftsvolumen darstellt, und die Aufwandsrentabilität, mit der gemessen wird, welchen Ertrag eine Bank durchschnittlich mit 1 DM "investierter" Betriebskosten erzielt. Der

Unterschied zwischen der Nettozinsspanne und der Aufwandsrentabilität besteht also "lediglich" darin, daß die Nettozinsspanne die volumensbezogene **Differenz** zwischen den Betriebserträgen und Betriebskosten, die Aufwandsrentabilität dagegen die **Relation** von Betriebserträgen zu den Betriebskosten angibt.

Konkret haben Rentabilitätsnormen bei der Umsetzung eines ertragsorientierten Bankmanagements mehrere Funktionen zu erfüllen. Sie sollen dazu beitragen, daß die Unternehmensziele in ergebnisbezogene Handlungsmaßstäbe dekomponiert und den Marktverantwortlichen fundierte Entscheidungshilfen im Kundengeschäft an die Hand gegeben werden können. Erst in Verbindung mit solchen Rentabilitätsnormen erlangen die verfolgten Unternehmensziele einen anzustrebenden hohen Verbindlichkeitsgrad. Dies gilt nicht zuletzt für die höchsten Entscheidungsträger selbst, deren Entscheidungen angesichts tatsächlicher, in vielen Fällen auch scheinbarer "Marktzwänge" oder "strategischer Notwendigkeiten" im Widerspruch zu den Ertragszielen der Bank stehen.

Des weiteren ermöglicht erst die Formulierung und das Herunterbrechen von Rentabilitätsnormen ein dezentral ausgestaltetes "Management by objectives", bei dem im Sinne des Self-Controlling "starre" Ausgaben und Kostenbudgets, wie sie für die Budgetierung bei den öffentlichen Haushalten typisch sind, durch Ergebnisbudgets substituiert werden. Die angestrebte Verhaltenssteuerung der in wesentlichen Teilen eigenständig agierenden Marktbereiche wird darüberhinaus mit Rentabilitätsnormen auch dadurch gefördert, daß dezentral das ökonomische Grundprinzip und die Simultanbeziehung von Erlösen und Kosten bewußt gemacht werden. Dies gilt in besonderem Maße für die Kennziffer "Aufwandsrentabilität". Gerade sie sorgt für eine aktive Auseinandersetzung mit der eigenen Effizienz, und mit der Vorgabe einer entsprechenden Richtziffer wird die Motivation der Mitarbeiter, Wachstum und einzelne Erlöse in direktem Zusammenhang zu den damit verbundenen Kosten kritisch zu hinterfragen, gefördert. Auch werden in der Praxis häufig vorzufindende einseitige Strategien entweder der reinen Kosten- oder aber der reinen Erlös- bzw. Wachstumsorientierung mit solchermaßen definierten Kenngrößen tendenziell verhinderbar.

Schließlich führen Rentabilitätsnormen, die vor allem auf die Marktbereiche einen gewissen Druck ausüben, auch zu der notwendigen kritischen Rückkopplung im Sinne eines kritischen Hinterfragens der Effektivität in den zentralen Produktions- wie auch Overheadbereichen. Denn letztlich sind es die Marktbereiche, die - über die Rentabilitätsnormen vorgegeben - die zentralen Kostenblöcke mit "verdienen" müssen. Ein System von Rentabilitätsnormen schafft somit indirekt auch einen umgekehrten Druck der dezentralen Stellen auf die zentralen Leistungsbereiche und gibt damit insgesamt Impulse für mehr Leistungstransparenz.

Die Ertrags- und Kostenentwicklung der deutschen Banken hat nun insgesamt gesehen in der jüngsten Vergangenheit durchaus einen recht erfreulichen Verlauf angenommen. So sind schon in den Jahren 1987 bis 1989 in allen Bankengruppen die (auf das Geschäftsvolumen bezogenen) Betriebskostenspannen - zum Teil deutlich - zurückgegangen (vgl. Schaubild 1, "weiße" Säulen).

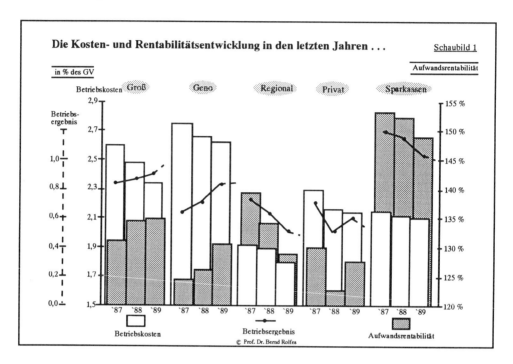

Allerdings hat die erreichte Verbesserung der Kostensituation nur in zwei Sektoren, nämlich bei den Großbanken und den Genossenschaftsbanken (und das nur jeweils im Durchschnitt) auch zu einer durchgängigen Verbesserung der Betriebsergebnis- oder Nettozinsspanne ("Linien" im Schaubild 1) und der Aufwandsrentabilität ("dunkle" Säulen) geführt. Die negative Entwicklung der Aufwandsrentabilität bei den Regionalbanken und den Sparkassen macht deutlich, daß die investierten Betriebskosten in diesen beiden Gruppen tendenziell in die weniger ertragreichen Geschäftsfelder geflossen sind bzw. die Ertragspolitik in unzureichendem Maße auf die tatsächliche Allokation der Personal- und Sachressourcen abgestimmt war. Dies galt in besonderer Weise für die Regionalbanken, während die Sparkassen - auch im Vergleich zu den Groß- und Genossenschaftsbanken - trotz der in den Jahren 1987 bis 1989 verzeichneten Negativentwicklung sowohl im Niveau der Nettozinsspanne als auch im Niveau der Aufwandsrentabilität immer noch die unumstrittenen Spitzenreiter in der deutschen Bankenszene sind. Desweiteren läßt sich aus der dargestellten Entwicklung herauslesen, daß die Zielgrößen "Nettozinsspanne" und "Aufwandsrentabilität", die im Einzelfall durchaus in einen "Konfliktkorridor" hineinlaufen können, sich im betrachteten Zeitraum stets in die gleiche Richtung entwickelten. Ein solcher "Konfliktkorridor" öffnet sich dann, wenn sich Nettozinsspanne und Aufwandsrentabilität in unterschiedliche Richtungen entwickeln. Das Problem, welche dieser beiden Kennziffern als Ziel- oder Bewertungsgröße zu verwenden ist, tritt z. B. beim Vergleich zwischen den Großbanken und den Landesbanken auf. Während nämlich Landesbanken bei vergleichsweise sehr niedrigen Betriebsergebnisspannen hohe Aufwandsrentabilitäten realisieren (wegen der auch sehr geringen Kostenspannen), verzeichnen die Großbanken im Vergleich dazu nur geringe Aufwandsrentabilitäten bei allerdings sehr viel höheren Betriebsergebnisspannen. Häufig wird daraus der einseitige Schluß gezogen, daß geschäftsvolumensbezogene Erfolgsspannen für die größeren Banken mit sehr großen Einzelgeschäftsvolumina keine geeignete Zielgröße darstellen, sondern die Aufwandsrentabilität die maßgebliche Zielgröße darstelle. Bei näherer Betrachtung läßt sich allerdings der Verdacht, daß mit dieser Argumentation vor allem Großgeschäfte mit Niedrigst- oder sogar Negativmargen gerechtfertigt werden sollen, nicht ganz ausräumen. Denn die nachfolgenden Ausführungen zur Ableitung von Rentabilitätsnormen werden analytisch unzweifelhaft aufzeigen, daß die auf das Geschäftsvolumen bezogene Zielgröße "Nettozinsspanne" sehr wohl auch für die großen Banken eine zwingende Zielgröße darstellt.

II. Die Normierung zentraler Steuerungsgrößen

Die Ableitung von zentralen Rentabilitätsnormen wird im wesentlichen durch drei Faktoren determiniert. Zum ersten gilt es, die von unterschiedlichsten Seiten gestellten finanziellen Ansprüche auf Teile des Gewinns zu befriedigen. Neben den Dividendenerwartungen der Anteilseigner und den steuerlichen Ansprüchen des Staates wird eine Bank - und dies ist eine Besonderheit dieser Branche - von aufsichtsrechtlicher Seite quasi dazu gezwungen, in Abhängigkeit von ihrer Risikostruktur und ihrem Geschäftswachstum einen bestimmten Gewinnanteil für sich selbst zur Eigenkapitalbildung zu beanspruchen. Dieser "erzwungene Selbstschutz" dokumentiert sich in der Eigenmittelvorschrift des Grundsatzes I des BAK, nach der pro ausgeliehener DM Risikovolumen allermindestens 5,56 Pfennige (1/18) an Eigenkapital vorgehalten werden muß, bzw. ab 1993 - wenn auch mit einer erweiterten Definition der Risikopositionen und Eigenmittel - in der Solvabilitätsrichtlinie, nach der dann jede DM Risikovolumen durch ein Eigenkapital in Höhe von allermindestens 8 Pfennig unterlegt sein muß. Die von einer Bank zu erzielende **existenzielle Mindestrentabilität** ergibt sich dann aus der Summe des für die Eigenkapitalbildung erforderlichen Gewinns, des für die Ausschüttung erforderlichen Gewinns und der - bevor es dazu erst kommen kann - vom Staat beanspruchten Steuern.

Neben dieser existenziellen Mindestrentabilität als absolute Untergrenze ist bei der Formulierung der zentralen Rentabilitätsnorm zweitens auch die **individuelle Ausgangssituation** zu berücksichtigen. Dies dient dazu, den notwendigen Realitätsbezug bei der Zielgrößenformulierung sicherzustellen. Denn auch überzogene und in dem gesteckten Zeitrahmen nicht realisierbare Zielvorgaben können zu erheblichen Motivationsstörungen und einem Unterlaufen der Rentabilitätsstrategie führen. In umgekehrter Richtung wird aber auch verhindert, daß eine ertragsmäßig gute Ausgangssituation bis zur existenziellen Mindestrentabilität "heruntergefahren" wird.

Drittens schließlich ist neben der aus den beiden erstgenannten Faktoren sich ergebenden ökonomischen Grundlinie auch die **Leistungsfähigkeit der Wettbewerber** in die Überlegungen miteinzubeziehen. Dies betrifft insbesondere deren Kostensituation. Denn je günstiger die Konkurrenz produzieren kann, umso stärker ist man auch in der eigenen Bank gezwungen, die Kosten zu senken, um am Markt wettbewerbsfähig zu bleiben. Die permanente Orientierung an der Leistungsfähigkeit der Konkurrenten schärft darüberhinaus schließlich den Blick für strukturelle Veränderungen der Produktionstechnik und -abläufe.

1. Das Mindest-Betriebsergebnis einer Bank

Am Beispiel einer deutschen Großbank, deren Bilanzdaten modifiziert wurden, wird im folgenden gezeigt, wie sich das von einer Bank mindestens zu erzielende Betriebsergebnis bestimmt. Dabei wird deutlich werden, daß sich keine Bank der Ziel- und Steuerungsgröße "Nettozinsspanne" entziehen kann, sondern deren Mindesthöhe analytisch klar determiniert ist.

Die Ausgangssituation der betrachteten Großbank ist dadurch gekennzeichnet, daß das nach der EG-Solvabilitätsrichtlinie angerechnete (!) Risikovolumen sich auf 78 Mrd. DM beläuft und damit bezogen auf der Geschäftsvolumen von 120 Mrd. DM einer Risikoquote von 65 % entspricht. Dem steht nach der Eigenmitteldefinition dieser Richtlinie ein haftendes Eigenkapital in Höhe von 6,4 Mrd. DM gegenüber, so daß die Solvabilität, d. h. die Eigenkapitalunterlegung des Risikovolumens, 8,2 % beträgt und damit knapp über der vorgeschriebenen Untergrenze von 8 % liegt.

Die Bank plant nun für das kommende Jahr ein Geschäftswachstum in Höhe von 5 % auf 126 Mrd. DM. Dabei geht sie davon aus, daß der Strukturanteil des Risikovolumens mit 65 % stabil bleibt. Dies bedeutet, daß mit dem Geschäftsvolumenswachstum um 6 Mrd. DM das Risikovolumen um 3,9 Mrd. DM zunimmt (vgl. Schaubild 2).

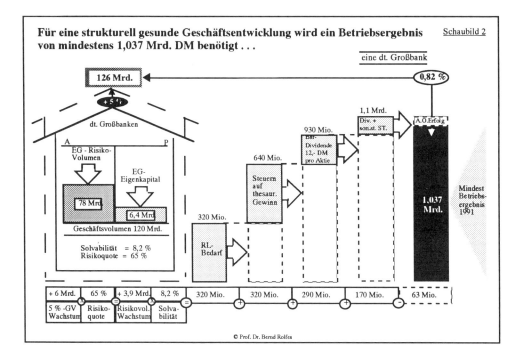

Für eine strukturell gesunde Geschäftsentwicklung wird ein Betriebsergebnis von mindestens 1,037 Mrd. DM benötigt . . .   Schaubild 2

© Prof. Dr. Bernd Rolfes

Um den Solvabilitätskoeffizienten in Höhe von 8,2 % nun halten zu können, benötigt die Bank ein zusätzliches Eigenkapital in Höhe von 320 Mio. DM. Geht man davon aus, daß dieser Eigenkapitalbedarf nicht aus einer Kapitalerhöhung finanziert werden soll, die den Gewinnbedarf im übrigen nur kurzfristig entlasten und aufgrund der daraufhin später erhöhten Dividendenanforderungen nur zeitlich nach hinten verschieben würde, so entspricht der Eigenkapitalbedarf in Höhe von 320 Mio. DM dem am Ende des kommenden Jahres erforderlichen Thesaurierungsbetrag. Vor Steuern erfordert dies angesichts des Körperschaftssteuersatzes von 50 % schon die Erzielung eines thesaurierungsbedingten Gewinns in Höhe von 640 Mio. DM.

Hinzu kommen nun die für Dividendenzahlungen erforderlichen Gewinnansprüche. Die Bank will dabei die schon in den Vorjahren gezahlte Dividende in Höhe von 12 DM pro Aktie durchhalten, was einen zusätzlichen Gewinnbedarf in Höhe von 290 Mio. DM verursacht. Zu dem bis dahin kumulierten Gewinnanspruch in Höhe von 930 Mio. DM treten dann noch einmal die auf ausgeschüttete Gewinne zu zahlenden und die sonstigen EEV-Steuern, die auf 170 Mio. DM beziffert werden und den Reingewinnbedarf damit auf insgesamt 1,1 Mrd. DM erhöhen.

Selbst wenn die Bank annimmt, daß sie ihr (in den letzten Jahren ohnehin nur einmal aufgetretenes) positives außerordentliches Ergebnis in Höhe von 63 Mio. DM halten kann, muß sie zur Finanzierung ihres fünfprozentigen Geschäftswachstums noch mindestens ein Betriebsergebnis in Höhe von 1,037 Mrd. DM erwirtschaften. Bezogen auf das geplante Geschäftsvolume in Höhe von 126 Mrd. DM benötigt die Bank für eine strukturell gesunde Geschäftsentwicklung somit eine Nettozinsspanne in Höhe von 0,82 %.

Vergleicht man diesen Wert mit der im gerade abgelaufenen Geschäftsjahr erzielten Nettozinsspanne in Höhe von nur 0,62 % des Geschäftsvolumens, so macht schon dieses fünfprozentige Wachstum eine mindestens 30 %-ige Steigerung der Nettozinsspanne erforderlich (vgl. Schaubild 3). Dabei ist die angesetzte Wachstumsrate von 5 % etwa im Vergleich zu den in den beiden Vorjahren erzielten Wachstumsraten von etwa 18 % noch als ein sehr moderates Wachstumsziel anzusehen. Die durch das Hinzukommen der jungen Bundesländer ausgelösten Wachstumseffekte sind in diesen Werten außerdem erst teilweise enthalten.

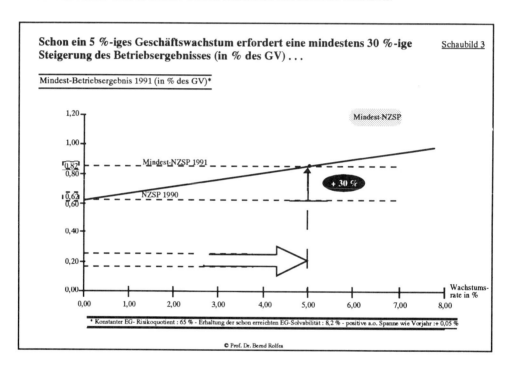

2. Abstimmung von Ertrags- und Kostenpotentialen

Auf den ersten Blick scheint die Mindestanforderung einer 30 %-igen Steigerung der Nettozinsspanne nun sehr schwierig erreichbar zu sein. Daß es sich dabei um eine anspruchsvolle Aufgabe handelt, soll auch keineswegs in Abrede gestellt werden. Allerdings wäre es fatal, aus diesem Grund die konsequente Ausformulierung und Überführung des Mindestgewinns in eine zentrale Rentabilitätsnorm abzubrechen. Denn die praktischen Erfahrungen zeigen, daß mit konsequentem Verhalten zumeist eben doch auf den ersten Blick nicht gesehene Ertrags- und Produktivitätspotentiale mobilisiert werden können.

Die Überführung der existenziellen Mindestrentabilität macht nun - und dies immer noch auf der Gesamtbankebene - eine Abstimmung zwischen dem Ertrags- und Kostenpotential der Bank notwendig. Konkret stellt sich die Frage, mit welcher **Relation** von Bruttoerträgen zu den Betriebskosten (Aufwandsrentabilität) die mindestens erforderliche **Differenz** zwischen den Bruttoerträgen und Betriebskosten angesteuert werden kann und soll. Die globale Abschätzung von Ertrags- und Kostenpotentialen basiert in diesem Stadium im wesentlichen noch auf einer vergleichenden Situationsanalyse, bei der nicht nur die jüngste Entwicklung und momentane Ausgangssituation bezüglich der eigenen Ertrags- und Kostenspannen, sondern insbesondere auch beispielhafte Ergebnisentwicklungen von Konkurrenten bzw. vergleichbaren Verbund- instituten die Realisierbarkeit von Ertrags- und Kostenverbesserungen global beurteilen helfen. Selbstverständlich sollte auch schon in dieser Phase - soweit es das Informationssystem der Bank ermöglicht - eine Verifizierung über entsprechende Analysen der Geschäftsfeldstruktur und der dezentralen Markt- und zentralen Kostenbereiche erfolgen. Ist letzteres aufgrund eines noch nicht ausgereiften Analysesystems nicht möglich, so enthebt dies die Bankleitung aber nicht der Notwendigkeit, Ertrags- und Kostenpotentiale global abzuschätzen, um daraus eine zunächst zentrale Rentabilitätsnorm zu ermitteln.

Im folgenden geht es zunächst einmal darum, alternative Ertrags- und Kostenszenarien aufzu- stellen, die allesamt zu der zu erwirtschaftenden Nettozinsspanne in Höhe von 0,82 % führen müssen. Dabei sei - ausgehend von den Ertrags- und Kostenspannen des Vorjahres - zunächst einmal die Bandbreite der als noch realisierbar gesehenen Kombinationen aus Bruttoertrags- spanne (BESP), die die Zinsüberschüsse und Provisionsüberschüsse beinhaltet, und der Betriebskosten- bzw. Bruttobedarfsspanne (BBSP), bei denen das Mindest-Betriebsergebnis von 0,82 % erreicht würde, eingegrenzt. Die Formulierung einer solchen Bandbreite ist schon deshalb notwendig, um zinsphasenabhängige Ertrags- oder extern determinierte Kosten- entwicklungen berücksichtigen zu können.

Im Beispiel (vgl. Schaubild 4) erstreckt sich diese Bandbreite von einer nach oben begrenzten Ertragsspanne in Höhe von 2,85 % (Vorjahr: 2,62 %), bei der dann eine Kostenspanne in Höhe von 2,03 % (Vorjahr: 2,00 %) zulässig wäre, bis zu einer nach unten begrenzten Kosten- spanne in Höhe von 1,68 %, bei der dann nur eine Ertragsspanne in Höhe von 2,50 % realisiert werden müßte. Schon letzteres Kostenszenario erscheint aus Gesamtbanksicht angesichts der recht moderaten Wachstumsrate des Geschäftsvolumens von 5 % kaum realisierbar, und ein stärkeres Wachstum, das die Kostenspanne vielleicht auf 1,68 % herunterdrücken würde, würde zu einer wesentlich höheren Ergebnisanforderung (Mindest-Nettozinsspanne) führen.

Die existentielle Mindestrentabilität muß durch die Abstimmung zwischen Bruttoerträgen und Betriebskosten in eine gesamtheitliche Rentabilitätsnorm überführt werden

Schaubild 4

Mindest-ergebnis	Ertrags-szenarien	Kosten-szenarien	AR	1. Kostenszenario		2. Kostenszenario		3. Kostenszenario	
NZSP*	BESP*	BBSP		SKSP¹	PKSP¹	SKSP²	PKSP²	SKSP³	PKSP³
0,82	2,85	2,03	140,4	0,71	1,32	0,69	1,34	0,67	1,36
0,82	2,80	1,98	141,4	0,71	1,27	0,69	1,29	0,67	1,31
0,82	2,75	1,93	142,5	0,71	1,22	0,69	1,24	0,67	1,26
0,82	2,70	1,88	143,6	0,71	1,17	0,69	1.19	0,67	1,21
0,82	2,65	1,83	144,8	0,71	1,12	0,69	1.14	0,67	1,16
0,82	2,60	1,78	146,1	0,71	1,07	0,69	1,09	0,67	1,11
0,82	2,55	1,73	147,4	0,71	1,02	0,69	1,04	0,67	1,06
0,82	2,50	1,68	148,8	0,71	0,97	0,69	0,99	0,67	1,01

Ausgangswerte der Vorperiode:

NZSP: 0,62 %
BESP: 2,62 %
BBSP: 2,00 %
SKSP: 0,70 %
PKSP: 1,30 %

AR: 131 %

Konkurrenz
158 %

Eine Kostenspanne in Höhe von 1,93 % möge nun nach einem Blick auf die grob nach Sach- und Personalkosten differenzierten Kostenszenarien als realisierbar angesehen werden. Dies würde nämlich lediglich eine Verbesserung der Kostenspanne um 0,07 %-Punkte (= 1,93 % - 2 %) bedeuten. Die drei im Beispiel aufgeführten Kostenszenarien (vgl. Schaubild 4) sind jeweils wieder so gestaltet, daß die jeweiligen Sach- und Personalkostenspannen in der Summe genau zu der Bruttobedarfsspanne - hier in diesem Fall in Höhe von 1,93 % - führen. Dabei wird das dritte Kostenszenario als realistisch angesehen. Danach werden jeweils leichte Verbesserungen der Sachkostenspanne von 0,70 % auf 0,67 % und der Personalkostenspanne von 1,30 % auf 1,26 % als realistisch angesehen. Tatsächlich läßt auch die in den letzten Jahren zu beobachtende Kostenspannenentwicklung eine solche Verbesserung nicht als unrealistisch erscheinen.

Auch auf der Ertragsseite ist bei einer derartig moderaten Kostenverbesserung eine Steigerung notwendig. So muß die Bruttoertragsspanne auf 2,75 % (von 2,62 %) steigen, um bei der für realisierbar gehaltenen Kostenspanne in Höhe von 1,93 % auch das Mindest-Betriebsergebnis in Höhe von 0,82 % zu erreichen. Auch dies erscheint, unterstützt durch das steigende Zinsniveau, mit etwas mehr Konsequenz in der Markt- und Konditionspolitik erreichbar. Tatsächlich konnten im gerade abgelaufenen Geschäftsjahr 1991 die Ergebnisse der deutschen Banken z. T. sogar noch deutlich stärker verbessert werden.

Die in dieser Weise für die Gesamtbanken normierte Ertrags-/Kostenkombination, die im weiteren Budgetierungsprozeß durch zusätzliche Detailanalysen zu verifizieren ist, führt in unserem Beispiel nun zu einer gesamtheitlichen Rentabilitätsnorm (Aufwandsrentabilität) in Höhe von 142,5 %. Diese würde auf der Basis der projektierten Kostenspanne von 1,93 % die Mindest-Nettozinsspanne in Höhe von 0,82 % sicherstellen. Die dazu erforderliche Steigerung der Aufwandsrentabilität von 131 % in der Ausgangssituation auf knapp 143 % ist dabei durchaus beachtenswert. Allerdings zeigt sich nicht nur bei der Modifikation der Macro-Komponenten auf Zinsspannenbasis, daß viele Ansatzpunkte für im einzelnen geringfügige, aber in der Summe große Ergebnisverbesserungen gegeben sind, sondern auch, daß die so fixierte Rentabilitätsnorm im Vergleich mit der Konkurrenz immer noch unterdurchschnittlich ist. So liegt der Vergleichswert einer anderen deutschen Großbank bei 158 % und verdeutlicht, daß eine noch deutlich höhere Aufwandsrentabilität nicht nur möglich, sondern im Sinne einer ausreichenden Wettbewerbsstärke auch erforderlich ist. Allein dies sollte genügend Stimulanz dafür sein, in der eigenen Bank als "erstes Etappenziel" wenigstens eine Aufwandsrentabilität von knapp 143 % zu erreichen.

Im einzelnen erzwingt eine solche Rentabilitätsnorm zweifellos auch konsequente Entscheidungen insbesondere im Kostenbereich. Zunächst einmal ist natürlich zu beachten, daß sich bestimmte tarifliche Kosten-, aber auch sonstige Preissteigerungen nicht abwenden lassen, die angesichts der moderaten Wachstumsrate in Höhe von 5 % zunächst einmal bestenfalls eine Stabilisierung der Kostenspannen realisierbar erscheinen lassen. Daher bedeutet Kostenmanagement vor allem, daß gezielt kapazitätswirksame Kostenentscheidungen getroffen werden müssen. In welchem Maße die Kapazität global gesehen zurückgeschraubt werden muß, um die analysierten Kostenziele zu erreichen, läßt sich erst unter Berücksichtigung der "normalen", d. h. unausweichlichen Kostenveränderungen, bestimmen. Die Vorgehensweise sei in unserem Beispiel für die Personalkosten beschrieben. Dabei ist zu beachten, daß die oben normierte Personalkostenspanne in Höhe von 1,26 % schon das Ergebnis der nun folgenden Abschätzung der kapazitätswirksamen Kosteneinsparungen darstellt.

Ausgangspunkt sind zunächst allgemein wiederum die drei unterstellten Kostenszenarien. Dabei wird angenommen, daß die unausweichliche tarifliche Steigerung der Personalkosten sich auf 6 % belaufen wird. Dies allein hätte angesichts des nur fünfprozentigen Geschäftswachstums zur Folge, daß allein schon zur Stabilisierung der Kostenspanne kapazitätswirksame Personalkosteneinsparungen erforderlich wären. Dies wird beispielsweise daran deutlich, daß im Rahmen des dritten Kostenszenarios (vgl. Schaubild 4) zur Erreichung einer Personalkostenspanne in Höhe von 1,31 %, die also höher wäre als in der Ausgangssituation (1,30 %), eine kapazitätswirksame Personalkostenveränderung in Höhe von - 0,2 % (vgl. Schaubild 5) erforderlich wäre:

Kapazitätswirksame Personalkostenveränderung

$$= \frac{PKSP^{1/2/3} \cdot (1 + \text{Wachstumsrate}) - PKSP^0 \cdot (1 + \text{Tarifsteigerung})}{PKSP^0 \cdot (1 + \text{Tarifsteigerung})}$$

$$= \frac{1{,}31 \cdot 1{,}05 - 1{,}30 \cdot 1{,}06}{1{,}30 \cdot 1{,}06}$$

$$= -0{,}2\,\%$$

Um nun eine Personalkostenspanne in Höhe von 1,26 % zu erreichen, müßten kapazitätswirksame Kosteneinsparungen in Höhe von - 4 % (vgl. Schaubild 5) umgesetzt werden.

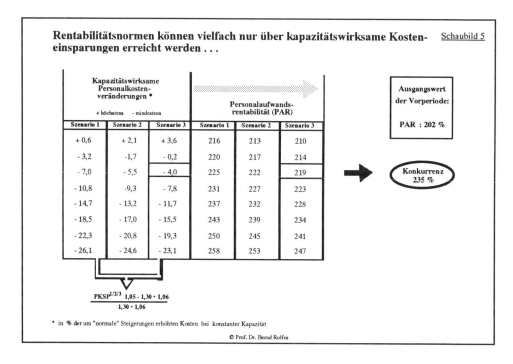

Soweit dies nicht über eine "natürliche Fluktuation" erreichbar ist, wären dafür zusätzlich entsprechende Personalentscheidungen zu treffen, und zwar zuvorderst in den Bereichen, in denen unterdurchschnittliche Aufwandsrentabilitäten festgestellt werden.

Bezogen allein auf die Personalkosten ergäbe sich bei dieser Planung eine Norm für die sog. **Personalaufwandsrentabilität (PAR)** in Höhe von 219 % (= 2,75 % : 1,26 %). Mit anderen Worten: Pro eingesetzter DM Personalaufwand müßte die Bank im Durchschnitt 2,19 DM Erträge erzielen. Auch dies würde eine beachtliche Steigerung von 202 % in der Ausgangssituation erforderlich machen. Auf der anderen Seite ist wieder zu beachten, daß der

216

Konkurrenzwert schon bei 235 % liegt, und die geplante Steigerung der Personalaufwands-rentabilität keineswegs überzogen ist.

Der Gesamtüberblick über die Macro-Komponenten des Betriebsergebnisses zeigt durch die direkte Gegenüberstellung zwischen den Istwerten und den analytisch abgeleiteten Sollvor-gaben, in welchen Bereichen die Anpassung der Ergebnissituation an das Mindest-Betriebs-ergebnis umzusetzen ist (vgl. Schaubild 6). Er verdeutlicht noch einmal, daß ein rentabilitäts-orientiertes Produktivitätsmanagement an vielen Einzelkomponenten sowohl in der Ertrags- als auch in der Kostenstruktur ansetzen muß, um in der Summe nachhaltige Verbesserungen des Betriebsergebnisses und letztlich die existenzielle Mindest-Rentabilität zu erzielen. So erfordert auch die aus der Mindest-Nettozinsspanne abgeleitete Produktivitätsnorm in Höhe von 143 % sowohl eine Bereinigung der Ertragsstruktur als auch kapazitätswirksame Kosteneinsparungen.

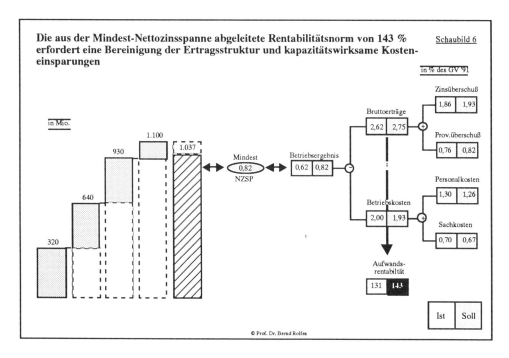

3. Kostenstruktur und Dekomposition der Aufwandsrentabilität

Die auf solche Weise aus der analytisch ermittelten Mindest-Nettozinsspanne abgeleitete Norm für die gesamtbankbezogene Kennzahl "Aufwandsrentabilität" stellt nun allerdings noch keine operationale Steuerungsnorm für die dezentralen Marktbereiche dar. Vielmehr muß die Norm für die Aufwandsrentabilität noch in eine Norm für die ∅ **Marktproduktivität** "übersetzt" werden. Denn aus Gesamtbanksicht haben die Marktbereiche nicht nur ihre direkten, in das

Marktergebnis eines Marktbereichs eingehenden Vertriebs- und Produktionskosten zu decken, sondern zusätzlich auch die Gemein- und Leerkosten des Vertriebs und der Produktion, die zentralen Projektkosten, die zentralen Overheadkosten und schließlich die Mindestgewinnanforderungen zusätzlich "mit zu erwirtschaften". Mit anderen Worten: Die Marktbereiche tragen letztlich die gesamte Ertragslast, wobei unter Marktbereiche auch die zentralen Ergebnisquellen "Zentraldisposition" und "Handelsgeschäft" zu subsumieren sind.

Zu welcher Ertragslast der Marktbereiche die gesamtheitliche Rentabilitätsnorm letztlich führt, hängt entscheidend von den prozentualen Anteilen der **nicht** direkt auf die Marktleistungen verrechenbaren Kosten an den Gesamtkosten der Bank ab. Dies soll an einem anderen Beispiel aus der Praxis verdeutlicht werden. Dabei handelt es sich um eine Bank, deren Kostenstruktur global dadurch gekennzeichnet ist, daß 43,5 % der gesamten Betriebskosten als direkte Kosten des Vertriebs und der Produktion verrechnet werden können (vgl. Schaubild 7).

Schaubild 7

Die durchschnittliche Aufwandsrentabilität der Gesamtbank muß heute i.d.R. mit mehr als dem 3-fachen der direkt zurechenbaren (Standard-) Stückkosten "produziert" werden ...

Praxisbeispiel

Kostenstruktur	in % der Gesamtkosten		in % der direkten Kosten
Dir. Kosten Vertrieb / Prod.	43,5 %		100 %
Gemein- / Leerkosten / Vertr./Prod.	24,5 %		56 %
Projektkosten	10 %		23 %
Overheadkosten	22 %		51 %
T o t a l	**100 %**		**230 %**
Aufwandsrentabilität	138 %	Ø Marktproduktivität	317 %

© Prof. Dr. Bernd Rolfes

Setzt man die direkten Kosten gleich 100 %, so kommen darauf bezogen noch 56 % an Gemein- bzw. Leerkosten aus Vertrieb und Produktion (= 24,5 % der Gesamtkosten), 23 % an Projektkosten (= 10 % der Gesamtkosten) und 51 % an Overheadkosten (= 22 % der Gesamtkosten) hinzu. Dies bedeutet, daß pro DM "investierter" direkter Kosten im Durchschnitt mindestens 2,30 DM verdient werden müssen, um überhaupt **kostendeckend** zu arbeiten. Angesichts der erreichten (Gesamt-) Aufwandsrentabilität in Höhe von 138 % müßte die durchschnittliche Marktproduktivität sich sogar auf 317 % belaufen. Mit anderen Worten: Die durchschnittliche Aufwandsrentabilität der Gesamtbank muß heute in der Regel mit mehr als dem **Dreifachen** der direkt zurechenbaren (Standard-)Stückkosten "produziert" werden.

Die Erfüllung von Rentabilitätsnormen und die notwendige Verbesserung der Aufwandsrentabilität ist vor dem Hintergrund solcher Kostenstrukturen somit nicht allein eine Angelegenheit der Vertriebssteuerung. Vielmehr müssen in ein nachhaltiges Produktivitätsmanagement über Rentabilitätsnormen alle Unternehmensbereiche eingebunden sein. Wird beispielsweise mittelfristig (bei dieser Bank bis 1993) eine Verbesserung der Aufwandsrentabilität von 138 % auf 162 % angestrebt (vgl. Schaubild 8), so haben nicht nur die Vertriebsbereiche ihre Kapazitäten effizienter einzusetzen und ihre durchschnittliche Marktproduktivität von 317 % auf 329 % zu verbessern, sondern auch die Belastung durch die indirekten Kostenblöcke muß abnehmen.

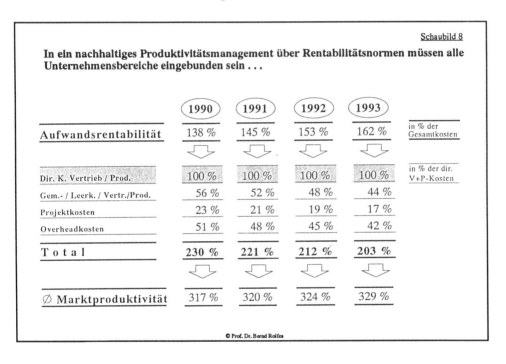

Bei der hier betrachteten Bank müßte die Belastung der "Produktivkosten" durch Gemein- und Leerkosten des Vertriebs und der Produktion bis 1993 z. B. von 56 % auf 44 %, die Belastung durch Projektkosten von 23 % auf 17 % und die Belastung durch Overheadkosten von 51 % auf 42 % zurückgehen. Damit könnte die Gesamtbelastung der direkten Kosten dann von 230 % auf 203 % verringert werden und zusätzlich mit einem ertragsbetonteren Einsatz der direkten Kosten die durchschnittliche Marktproduktivität auf 329 % gesteigert werden. Ohne einen gleichzeitigen Abbau der indirekten Kostenblöcke wäre eine solche Rentabilitätsnorm kaum zu erreichen, weil schlicht zu hohe Ertragsanforderungen an die "Produktivbereiche"

gestellt würden. Gerade im Bereich der Leer-, Projekt- und Overheadkosten aber ist einmal mehr Konsequenz und Willenskraft erforderlich, verbergen sich doch gerade dort auch häufig "Heilige Kühe" einzelner Entscheidungsträger.

III. Praktische Ansätze für produktivitätsorientiertes Rentabilitätsmanagement

1. Die häufigsten Schwächen als Ansatzpunkte

Der in der Regel effektivste Schritt zur Verbesserung der Ertragslage und Steigerung der Leistungsfähigkeit besteht darin, sich zunächst einmal der im Vergleich zu anderen Banken bestehenden eigenen Schwachstellen bewußt zu werden. Ist dieser Schritt erst getan, so fällt es in der Praxis deutlich weniger schwer, Entscheidungen zu treffen und Produktivitätsreserven zu mobilisieren.

Zu einer der häufigsten Schwächen im Produktivitätsverhalten zählt die Tatsache, daß Rentabilitäts- und Produktivitätsnormen in Banken erst gar nicht formuliert werden. Dabei spielt vor allem auch eine Rolle, daß Banken schon hinsichtlich der globalen Ergebniskomponenten ihre eigene Situation nicht systematisch und kritisch hinterfragen. Dazu gehört einerseits, daß bis hin zu den höchsten Entscheidungsträgern die existenzielle Mindestrentabilität der eigenen Bank gar nicht bekannt ist, und andererseits, daß schon in Globalanalysen feststellbare Schwächen in der Ergebnisstruktur zumeist mit dem Hinweis auf "strukturelle Besonderheiten" unter den Tisch gekehrt werden. Die Häufigkeit gerade der zuletzt genannten Argumentation korreliert im übrigen deutlich mit dem Geschäftsvolumen einer Bank, d. h., je größer eine Bank ist, umso häufiger und deutlicher wird auf die "Unvergleichbarkeit" hingewiesen.

Häufig ist es aber auch die zu große Liebe zum Detail, die in der Bankenpraxis den Blick für die zentralen Ursachen von Unproduktivitäten, nämlich schlicht ein zu hoher Personaleinsatz und z. T. unzulängliche, verbesserbare Ertragsstrukturen, trübt. So wird an für die eigene Bank unattraktiven Geschäftsfeldern (z. B. Ausland; institutionelle Kunden, etc.) häufig "aus strategischen Gründen" festgehalten, die bei näherem Hinsehen aber außer der wohlklingenden Formulierung oft jede analytische Basis vermissen lassen.

Hinsichtlich des zu hohen oder auch falschen Personaleinsatzes wird vielfach auch einfach die "Leistungselastizität" der Mitarbeiter im klassischen Bankgeschäft unterschätzt. Dabei lassen sich dererlei, häufig einfach historisch bedingte Schwächen über Betriebsvergleiche deutlich und schnell herauskristallisieren. Dies sei im folgenden an einem Beispiel aus einem insgesamt überdurchschnittlich produktiven Sektor, nämlich dem Sparkassenbereich, verdeutlicht (vgl. Schaubild 9). Dazu sollen drei Sparkassen mit nahezu gleichen Geschäftsvolumina und sehr ähnlichen Größenstrukturen im Kredit- und Einlagengeschäft (und von etwa gleicher Geschäftsstellenstärke) miteinander verglichen werden. Gewichtige Einflußfaktoren für unterschiedlich hohe Kostenspannen bei den drei Sparkassen sind damit etwa gleichmäßig ausgeprägt, und der Hinweis auf "strukturelle Besonderheiten" zählt bei diesen Sparkassen ganz sicher nicht.

Schaubild 9

Die hohe "Leistungselastizität" im klassischen Bankgeschäft und selbst in überdurchschnittlich produktiven Sektoren wird über Betriebs- und Konkurrenzvergleiche besonders augenfällig

Live - Beispiel dreier Sparkassen 1990 *

	in % der ∅ BS					∅ BS pro MA in Mio
	Brutto-ertrag	Betriebs-kosten	Personal-kosten	Aufwands-rentabilität	Personal-aufwands-rentabilität	Volumens-produktivität
Sparkasse 1	3,54	2,56	1,58	138 %	224 %	4,6
Sparkasse 2	3,77	2,59	1,68	146 %	224 %	4,4
Sparkasse 3	3,64	2,08	1,24	175 %	294 %	6,4

Seit mindestens 10 Jahren um 50 % produktiver als die Kollegen

* nahezu gleiche Geschäftsstellen-, Volumens- und Größenstrukturen im Kredit- und Einlagengeschäft

Bei den Bruttoertragsspannen (Zinsüberschuß + Provisionsüberschuß) weisen die drei Sparkassen mit einer Bandbreite von 3,54 - 3,77 % zwar durchaus beachtenswerte Unterschiede auf, der entscheidende Unterschied zwischen den beiden Sparkassen 1 und 2 und der Sparkasse 3 liegt jedoch in der Kostenspanne. So erwirtschaftet die Sparkasse 3 mit einer Betriebskostenspanne von nur 2,08 %, die damit um einen knappen halben Prozentpunkt niedriger liegt als bei der Sparkasse 1 (2,56 %), eine Bruttoertragsspanne in Höhe von 3,64 %, die sogar noch um 0,1 %-Punkte höher liegt als bei der Sparkasse 1. Zwar konnte die Sparkasse 2 eine noch etwas höhere Bruttoertragsspanne in Höhe von 3,77 % erzielen, sie hat dafür aber auch die höchste Betriebskostenspanne (2,59 %) "investiert".

Bezogen nur auf die Personalkosten erzielen die Sparkassen 1 und 2 eine gleichhohe Personalaufwandsrentabilität in Höhe von 2,24 %. Eine weit höhere Personalaufwandsrentabilität verzeichnet nun die Sparkasse 3 mit 294 %. Mit anderen Worten: Pro DM "investierter" Personalkosten erwirtschaftet die Sparkasse 3 einen um 70 Pfennig höheren Ertrag.

Vor dem Hintergrund der nahezu gleichen Strukturen arbeitet die Sparkasse 3 damit offensichtlich erheblich produktiver. Dies offenbart sich auch in der einfachen (Bilanz-) Volumensproduktivität pro Mitarbeiter, bei der in der Sparkasse 3 auf einen Mitarbeiter durchschnittlich ein Volumen in Höhe von 6,4 Mio. DM entfällt, während dieser Wert bei den Sparkassen 1 und 2 nur 4,6 Mio. DM bzw. 4,4 Mio. DM ausmacht. Die Tatsache, daß sich - wie mit einem Zehnjahresvergleich nachgehalten - derartige Produktivitätsunterschiede über den gesamten Analysezeitraum zurückverfolgen lassen, zeigt nicht nur, daß die Mitarbeiter der Sparkasse 3 seit mindestens 10 Jahren um etwa 50 % produktiver agieren als die Kollegen von den anderen Sparkassen, sondern zweitens auch, daß die Kapazitäts- und Kostenentwicklung einer Bank häufig auch nur ein "Gewohnheitsproblem" darstellt. Die Sparkasse 3 ist es offensichtlich seit langem nicht anders gewohnt, das gleiche Ergebnis wie andere Sparkassen mit deutlich geringerem Personaleinsatz zu erreichen. Deutlicher läßt sich die hohe "Leistungselastizität" der Mitarbeiter kaum herausstellen.

2. Strategische Ansätze

Das Kostenproblem der deutschen Kreditinstitute wird von kompetenten Vertretern der deutschen Bankwirtschaft (vgl. hierzu u.a. die Beiträge von Dr. Krumnow und Dr. Thiemann) vor allem in den augenfälligen Überkapazitäten gesehen. Vor diesem Hintergrund gewinnen neue strategische Ansätze bezüglich der bankbetrieblichen Produktionsstrukturen zunehmend an Bedeutung. Ein Stichwort, unter dem eine effizientere Kostengestaltung diskutiert wird, ist dabei das sog. "Outsourcing". Es kennzeichnet die Auslagerung traditionell von einer Bank selbst wahrgenommener Funktionen (insbes. im Produktionsbereich) und den damit möglichen Abbau der eigenen Ressourcenlast und "Bereitstellungskosten". Konkret verbirgt sich dahinter die klassische "Make or buy"-Entscheidung.

Tatsächlich erscheint es beim genaueren Vergleich unterschiedlich ausgerichteter Bankengruppen überlegenswert, ob gerade die Produktionsleistungen nicht extern von darauf spezialisierten Instituten kostengünstiger erstellt werden können als in der eigenen Bank. Diese Frage müssen sich viele Banken und Sparkassen angesichts der vor allem aufgrund von Strukturverschiebungen auf der Passivseite zu verzeichnenden Margen-Errosion und angesichts der Gefahr, daß ihnen von Konkurrenzsystemen auf der Kostenseite der Rang abgelaufen wird, immer dringlicher stellen.

Ein sektorübergreifender Kostenvergleich soll im folgenden einmal - auch wenn die Bedingungen nicht völlig vergleichbar sind - das Bewußtsein für strategische Überlegungen hinsichtlich der eigenen Leistungsbreite und -tiefe wecken. Dazu seien die Kostenstrukturen der oben schon betrachteten Bank etwas differenzierter betrachtet (vgl. Schaubild 10).

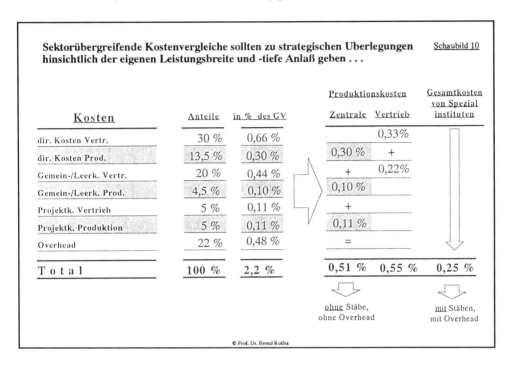

Danach entfallen bei dieser Universalbank, die eine Kostenspanne von insgesamt 2,2 % des Geschäftsvolumens aufweist, lt. der Kostenstrukturanalyse auf den Produktionsbereich insgesamt Kostenanteile in Höhe von 23 % (13,5 % direkte Kosten + 4,5 % Gemein-/ Leerkosten + 5 % Projektkosten in der Produktion). Da in dieser Kostenstrukturanalyse lediglich die **zentralen** Produktions- resp. Abwicklungskosten als "Produktionskosten" ausgewiesen sind, sind von der gesamten Betriebskostenspanne in Höhe von 2,2 % allein 0,51 %-Punkte dem zentralen Produktionsbereich zuzurechnen. Allein diese Größe, in der noch keine Stabs- und Overheadkosten enthalten sind, ist schon mehr als doppelt so hoch wie die durchschnittliche Gesamtkostenspanne deutscher Spezialinstitute (Hypothekenbanken etc.) mit nur 0,25 % (inkl. der Overheadkosten). Berücksichtigt man desweiteren, daß auch in den Vertriebsbereichen dieser Bank etwa 50 % der Tätigkeit mit Abwicklungsaufgaben belastet ist (dies ist sogar noch ein vergleichsweise niedriger Wert), so wären in der Summe noch etwa 25 % der Gesamtkosten oder 0,55 %-Punkte des Geschäftsvolumens an Produktionskosten im Vertrieb anzusetzen. Insgesamt betragen die in der Zentrale und im Vertrieb anfallenden Produktionskosten volumensbezogen mit 1,06 % also mehr als das Vierfache der Gesamtkostenspanne von Spezialinstituten. Selbst wenn man also davon ausgeht, daß sich vielleicht nur etwa die Hälfte der "Produktionskosten" durch "Outsourcing" abbauen ließe, so würde der auf die Universalbank und die Spezialinstitute aufzuteilende Nettovorteil immer noch mehr als 1/4 % bezogen auf das Geschäftsvolumen ausmachen. Allein diese sehr grob gehaltene Gegenüberstellung möge verdeutlichen, welch enormes Kostensenkungspotential in der Zukunft noch auszuschöpfen ist und wohl auch ausgeschöpft werden muß. Dies betrifft umso mehr die vielen im Vergleich zu dieser mittelgroßen Bank noch mit erheblich höheren Kostenspannen operierenden Banken und Sparkassen.

Kostenstrategien beschränken sich allerdings keineswegs auf das reine "Abwerfen" von fixen Kapazitätslasten in der Produktion. Der zunehmende Trend ins provisionsabhängige Geschäft wird in Zukunft auch eine stärkere "Variabilisierung" der Vertriebskosten erzwingen. Dies gilt insbesondere für das strikt performance-orientierte Anlagegeschäft für vermögende Privatkunden mit Risikobereitschaft. Allerdings bedarf auch ein solcher strategischer Ansatz, bei dem vor allem die Personalkosten des Vertriebs aufgrund "selbständiger" Mitarbeiter variabilisiert werden, in der Regel einer formellen und faktischen Ausgliederung dieser Bereiche, weil sich derartige Vergütungssysteme sowohl hinsichtlich der Tarifbestimmungen als auch hinsichtlich der Bereichskulturen kaum miteinander vertragen.

Schließlich konzentrieren sich strategische Optionen im Kostenmanagement keineswegs ausschließlich auf den Abbau von Personalkosten. Vielmehr kann es in bestimmten Fällen - allerdings auch hier in der Regel wieder im Rahmen einer ausgegliederten Gesellschaft - sinnvoll sein, der personellen Abwicklung einfach strukturierter Bankleistungen aus Kostengründen den Vorzug vor einer alternativen "Vollautomation" zu geben.

Grundsätzlich müssen sich die von einer Bank gewählten strategischen Ansätze aber stets an der spezifischen Problemsituation des eigenen Hauses orientieren, und dies schließt im Sinne eines gesamtheitlichen Rentabilitätsmanagements das in den bisherigen Ausführungen etwas in den Hintergrund getretene Ertragsmanagement mit ein. So gilt es zunächst einmal grundsätzlich, danach zu fragen, auf welcher Seite, der Ertrags- und/oder Kostenseite die Hauptschwächen liegen, um daraus abgeleitet entsprechende Schwerpunkte in der Rentabilitätssteuerung zu setzen. So ist bei "ertragslastigen" Banken die Aufwandsrentabilität vor allem über ausgewogenere Ertragsstrukturen und eine konsequenter an den Engpässen orientierte Konditionenpolitik zu verbessern. Dies betrifft beispielsweise die größenordnungsmäßig bis in den Großbankenbereich vorstoßenden Regionalbanken. Gerade diese müssen sich die Frage stellen, ob sie Großgeschäfte mit minimalen Margen vor dem Hintergrund der zukünftig steigenden Ertragsanforderungen durchhalten können, wenn diese das haftende Eigenkapital belasten und Grundsatz I-Spielräume verbrauchen.

Für Kreditinstitute, z. B. für Genossenschaftsbanken, muß es dagegen im Schwerpunkt darum gehen, angesichts der überdurchschnittlich hohen Ertragsspannen die hohen Kostenspannen zu senken (vgl. Schaubild 11).

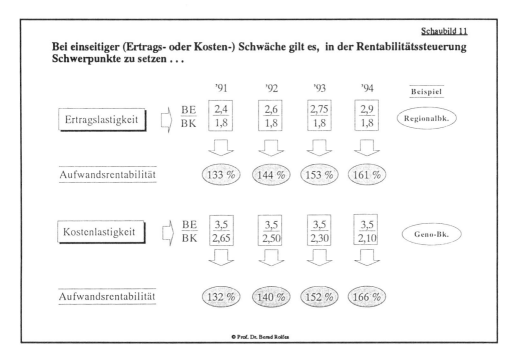

Für diese Banken dürfte es die Schwerpunktaufgabe sein, die hohen Bruttoerträge (Zinsüberschüsse + Provisionsüberschüsse) möglichst zu halten und auf der anderen Seite die Kostenreserven zu mobilisieren, um auf diesem Weg die Aufwandsrentabilität zu verbessern. Wie im Groben gerade solche Unterschiede zwischen einzelnen Bankengruppen zeigen, daß es bei der Rentabilitätssteuerung stets um eine In- **und** Output-Steuerung geht, so mag daraus auch deutlich werden, daß es kein Patentrezept für die Produktivitätssteuerung gibt, sondern jedes Konzept auf die jeweils eigene Banksituation zuzuschneiden ist.

3. Rentabilitätsnormen für die 90er Jahre

Die 90er Jahre werden durch den deutlich härter werdenden Wettbewerb unter den Geschäftsbanken um die Kundeneinlagen und unter den Finanzintermediären allgemein um die Vermögensbildung gekennzeichnet sein. Dies wird - wie sich in jüngster Zeit deutlich abzeichnet - zur Folge haben, daß die Einlagenmargen, denen viele Banken in der Vergangenheit ihr Überleben zu verdanken haben, deutlich nach unten gehen werden. Dies betrifft vor allem die Kreditinstitute mit "klassischen" Passivstrukturen, also insbesondere die Sparkassen und

Genossenschaftsbanken. Auf der anderen Seite haben aber auch die Banken, deren hauptsächliche Erfolgsquelle die Fristentransformation darstellt, seit zwei Jahren wegen der flachinversen Zinsstruktur eine schwere "Durststrecke" zu überwinden. Daran haben beispielsweise die besonders von Transformationserfolgen abhängigen Landesbanken und genossenschaftlichen Zentralbanken zu leiden.

Dem stehen die für die meisten deutschen Banken doch verschärften Eigenmittelanforderungen gegenüber, die auf kurz oder lang zu entsprechenden Gewinnanforderungen führen und letztlich eine gute Ertragslage erzwingen werden. Diese beiden Faktoren werden im Zusammenhang vor allem dahin führen, daß die Zinsmargen zunehmend im Kredit- und damit im Eigenkapitalbedarf verursachenden Geschäft selbst bzw. "ausweichend" im Provisionsgeschäft verdient werden müssen, weil die in der Vergangenheit noch mögliche und betriebene Subventionierung durch die oben genannten Erfolgsquellen in der Zukunft kaum noch möglich sein wird.

Auf der Basis der heutigen Geschäftsstrukturen dürfte die existenzielle Mindestrentabilität der Banken m. E. bei mindestens 1 % des Geschäftsvolumens liegen müssen. Mit geringeren Betriebsergebnisspannen werden nur die Banken auskommen, deren Risikovolumina unterdurchschnittliche Anteile am Geschäftsvolumen aufweisen. Dabei stellt sich der Anpassungsbedarf - wie die sehr unterschiedliche Personalaufwandsrentabilität im deutschen Bankensektor zeigt (vgl. Schaubild 12) - recht unterschiedlich dar.

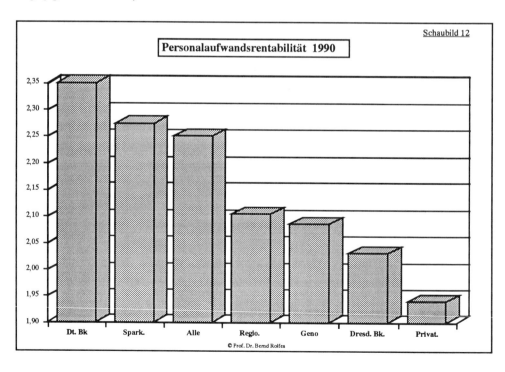

So ist es unter den Großbanken nur die Deutsche Bank und nach dieser der Sparkassensektor, die sich im Globalvergleich in einer guten Startposition befinden. Alle anderen Institute resp. Institutsgruppen (ohne differenziertere Betrachtung der natürlich recht unterschiedlichen Verhältnisse im einzelnen) haben noch erhebliche Anstrengungen vor sich, um die solvabilitätsmäßig implizierten Rentabilitätsnormen in Zukunft dauerhaft zu erreichen.

Geht man in einer groben Durchschnittsbetrachtung unter Berücksichtigung des unterschiedlichen Niveaus der Ertrags- und Kostenspannen und der heutigen Risikostrukturen in den einzelnen Bankengruppen einmal von einer Mindest-Nettozinsspanne (Betriebsergebnis) von 1 % (bzw. bei den Landesbanken und genossenschaftlichen Zentralbanken von 0,5 %) aus, dann müssen sich die Aufwandsrentabilitäten der deutschen Banken in den nächsten Jahren größtenteils erheblich verbessern (vgl. Schaubild 13).

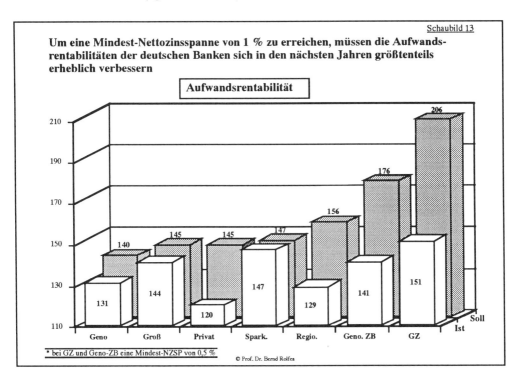

© Prof. Dr. Bernd Rolfes

Vergleicht man die Ausgangswerte (= 1990) mit den berechneten Soll- resp. Mindestwerten für die Aufwandsrentabilität, so zeigen sich die größten strategischen Ergebnislücken bei den Privat- und Regionalbanken einerseits und den genossenschaftlichen Zentralbanken und den Landesbanken andererseits. Allerdings darf z. B. die Nähe des Istwertes zum Sollwert im Großbankenbereich nicht darüber hinweg täuschen, daß hier die Deutsche Bank die beiden anderen Großbanken, die Dresdner Bank und die Commerzbank, im Durchschnittswert deutlich "subventioniert". Tatsächlich ist der Anpassungsbedarf bei den beiden letztgenannten Banken erheblich. Ähnlich differenzierte Aussagen wären natürlich auch für den Sparkassensektor zu treffen, die im Durchschnitt als einzige Bankengruppe ihren strategischen Sollwert schon erreicht haben. Dies liegt vor allem darin begründet, daß es die Sparkassen trotz massiver Spanneneinbußen geschafft haben, im Durchschnitt knapp über einer Betriebsergebnisspanne von 1 % zu bleiben.

Bei aller Pauschalierung, die diesen Aussagen zugrunde liegt und eine differenzierte Betrachtung des Einzelfalls erforderlich macht, und bei allen Möglichkeiten, die kurzfristig für eine nicht ertragsmäßig abgesicherte Einhaltung der EG-Eigenkapitalnorm zur Verfügung stehen, sollten abschließend noch einmal zwei zentrale Aspekte ins Bewußtsein zurückgerufen werden:

1. Mittel- bis langfristig wird keine Bank, auch nicht eine Großbank, umhin kommen, ihre strukturelle Mindestrentabilität zu erwirtschaften. Die Tatsache, daß die größten Banken der Welt von den großen Rating-Gesellschaften keine Bestnoten erhalten und die drei noch verbleibenden Triple-A-Banken (Deutsche Bank, Schweizerischer Bankverein, Schweizerische Bankgesellschaft) intensiv beobachtet werden, sollte Anlaß genug für eine betont ertragsorientierte und damit existenzsichernde Geschäftspolitik sein.

2. Bei aller Komplexität eines erfolgreichen Produktivitätsmanagements und aller notwendigen Diskussion um die "Vergleichbarkeit" sollten die Entscheidungsträger in den Banken einen noch immer aktuellen Grundsatz - und ich darf hier Herrn Kollegen Schierenbeck zitieren - beherzigen: "Nicht die Mühe zählt, sondern das, was dabei herauskommt".

LITERATURANGABEN

Flechsig, R.: Kundenkalkulation in Kreditinstituten, Schriftenreihe des Instituts für Kreditwesen der Westfälischen Wilhelms-Universität Münster, Bd. 24, Frankfurt a. M. 1982.

Jacob, A.-F.: Die Steuerung einer Universalbank mit einem System von Erfolgskomponenten, in: Controlling in Banken und Sparkassen, Hrsg.: Mülhaupt, L./Schierenbeck, H./ Wielens, H., Frankfurt a. M. 1981, S. 59 - 72.

Köllhofer, D.: Gewinnplanung und strategische Erfolgsfaktoren, in: Gewinnplanung in Kreditinstituten - Neuere Ansätze der Erfolgssteuerung, Hrsg.: Scheidl, K., Frankfurt a. M. 1987, S. 101 - 126.

Prahn, W./ Schäfer, G.: Kontrollmöglichkeiten im Betriebsvergleich der Sparkassen, in:B.Bl., 34. Jg. 1985, S. 287 - 292.

Reichmann, Th.: Controlling mit Kennzahlen, 2. Aufl., München 1990.

Rolfes, B./ Bergfried, H.: Die zinsänderungsoptimale Geschäftsstruktur einer Bank. Ein Simultanmodell zur Abstimmung von strukturellem Gewinnbedarf und Gewinnpotential, in: ÖBA, 36. Jg 1988, S. 329 ff.

Rolfes, B./ Schröer, E.: Praktisches Controlling mit Hilfe von Kennzahlenvergleichen, in: BI, 14. Jg. 1987, Heft 6, S. 20 - 26.

Schierenbeck, H./ Rolfes, B.: Die Planung des strukturellen Gewinnbedarfs eines Kreditinstituts, in: ZfbF, 36. Jg. 1984, S. 887 - 902.

Schierenbeck, H./ Schimmelmann, W.v./ Rolfes, B. (Hrsg.): Bank-Controlling 1988 - Beiträge zum Münsteraner Controlling-Workshop, Frankfurt a. M. 1988.

Schierenbeck, H.: Ertragsorientiertes Bankmanagement, 3. Aufl., Bern/Wiesbaden 1991.

Voss, B.W.: Aufgliederung der Eigenkapitalrentabilität in einem internationalen Bank-Konzern, in: Bank-Controlling als Managementaufgabe, Hrsg.: Kolbeck, R., Frankfurt a. M. 1987, S. 121 - 138.

Wielens, H.: Kostensenkung und Leistungssteigerung als strategische Aufgabe im Kreditwesen, in: BK, 32. Jg. 1983, S. 261 - 266.

Das Unternehmen: Das **Zentrum für Ertragsorientiertes Bankmangement** hat sich das Ziel gesteckt, aufbauend auf dem Gedankengut der Ertragsorientierten Banksteuerung, Kreditinstitute bei der Entwicklung ihrer Steuerungskonzeption und deren Implementierung zu unterstützen.

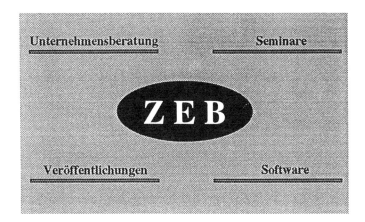

Das Konzept: Durch die Verzahnung von Praxis und Wissenschaft erfolgt ein Erfahrungsaustausch, der zur Transformation von wissenschaftlichen Erkenntnissen zum Ertragsorientierten Bankmanagement in praktische Anwendungssysteme führt.

Die Beratungsleistungen: ☞ Wissenschaftlich gestützte Unternehmensberatung

☞ Bankwirtschaftliche Strategiestudien

☞ Software-Entwicklung für bankwirtschaftliche Informations- und Steuerungssysteme

Die Seminare: ☞ Top-Management-Seminare

☞ Bankmanagement-Lehrgänge

☞ Workshops

Die Adresse: **ZEB · Zentrum für Ertragsorientiertes Bankmanagement**
Rolfes, Schierenbeck und Partner GmbH
Nordstraße 22, 4400 Münster
Tel. 0251/92781-0 · Fax. 0251/92781-18